教育信息化改革创新示范教材
高等院校通识教育"十三五"规划教材

名师名校新形态通识教育
"十三五"规划教材

军事理论教程

慕课版│双色版

⊕ 国防大学大学生军训教研室 编

⊕ 刘玉清 潘星星 主编

⊕ 宋士兵 杨军 副主编　⊕ 崔济温 主讲

人民邮电出版社

北　京

图书在版编目（CIP）数据

军事理论教程：慕课版：双色版 / 国防大学大学生军训教研室编. -- 北京：人民邮电出版社，2017.7
高等院校通识教育"十三五"规划教材
ISBN 978-7-115-43239-1

Ⅰ. ①军… Ⅱ. ①国… Ⅲ. ①军事理论－高等学校－教材 Ⅳ. ①E0

中国版本图书馆CIP数据核字(2017)第090811号

内 容 提 要

本书根据《中华人民共和国国防教育法》、国家国防动员委员会颁发的《全民国防教育大纲》和中华人民共和国教育部、原中国人民解放军总参谋部、原中国人民解放军总政治部2007年重新颁发的《普通高等学校军事课教学大纲》规定的课程内容组织编写。书中包括国防基本知识、军事思想、战略环境、军事高技术、现代战争知识与局部战争战例分析。本书紧扣大纲要求，结构合理，体系完整，内容全面，简明易懂而又不失逻辑性，融方便教学与减轻学生负担于一体，既突出规范性、时代性和科学性，又不失理论性、知识性和可读性，是大学生军事理论教学的必备教材。

本书为"慕课版 双色版"教材，配套慕课由崔济温（少将，中国人民解放军国防大学教授，博士生导师）主讲。

◆ 编　　　　国防大学大学生军训教研室
　　主　　编　刘玉清　潘星星
　　副 主 编　宋士兵　杨　军
　　主　　讲　崔济温
　　责任编辑　王亚娜
　　责任印制　彭志环
◆ 人民邮电出版社出版发行　　北京市丰台区成寿寺路 11 号
　　邮编　100164　电子邮件　315@ptpress.com.cn
　　网址　http://www.ptpress.com.cn
　　北京鑫丰华彩印有限公司印刷
◆ 开本：787×1092　1/16
　　印张：13　　　　　　　　　2017 年 7 月第 1 版
　　字数：362 千字　　　　　　2025 年 8 月北京第 28 次印刷

定价：42.00 元
读者服务热线：**(010)81055256**　印装质量热线：**(010)81055316**
反盗版热线：**(010)81055315**

前言

Preface

　　全民国防教育是建设和巩固国防的基础，是增强民族凝聚力、提高全民素质的重要途径。学校国防教育是全民国防教育的重要阵地，是实施素质教育的重要内容。学生军事训练工作是学校国防教育的基本形式，是国家人才培养和国防后备力量建设的重要举措。军事理论课是学生军事训练工作的重要组成部分，是普通高等学校教学的重要内容之一。在青年学生中开展军事训练，对推进素质教育、为国家培养合格人才，强化全民国防观念、加强国防现代化建设，加强思想政治工作、坚定理想信念，造就有理想、有道德、有文化、有纪律的具有一定军事知识和技能的高素质后备兵员，具有重要的战略意义。

　　军事理论教学涉及的领域很多，内容十分丰富。为提高学生的学习效率，我们根据《中华人民共和国国防教育法》、国家国防动员委员会颁发的《全民国防教育大纲》和中华人民共和国教育部、原中国人民解放军总参谋部、原中国人民解放军总政治部 2007 年颁发的《普通高等学校军事课教学大纲》规定的课程内容，着眼维护国家安全统一和保障国家发展利益的需要，遵循国防和军队现代化建设的理论、方针和原则，组织力量编写了本书。

　　编写本书，是在以信息技术为核心的高新技术迅猛发展，世界新军事变革方兴未艾，军事科学发展日新月异的大背景下，依据国际形势的新变化，吸纳中外军事理论研究的新成果，结合青年学生的知识结构和年龄特点，从博大精深的军事科学理论体系和变幻莫测的国际风云中，精选出国防基本知识、军事思想、战略环境、军事高技术、现代战争知识、局部战争战例分析等方面的内容为框架脉络，目的是使学生认清国防与国家安危、民族荣辱的密切关系，增强其国防观念和国家安全意识；了解我国源远流长的军事思想和党在领导国防和军队现代化建设以及军事斗争准备的伟大实践中所形成的既一脉相承又与时俱进的科学体系，树立科学的战争观和指导战争的方法论；关注国际风云变幻及其对我国安全环境构成的威胁与挑战，进一步增强广大青年学生建设国防的责任感、使命感和紧迫感；跟踪军事高技术在军事领域应用的发展趋势及其对现代战争的影响，激发其学习科学文化知识的热情；分析近期几场局部战争的战例，

Preface

增强其对未来战争的感性认识，最终使青年学生群体形成热爱国防、关心国防、支持国防、献身国防的爱国主义精神，为振兴中华努力奋斗。

为编好本书，我们组织国防大学从事地方高等学校军事理论教学的一线专家、教授，总结多年教材使用的经验，发挥集体智慧，联合攻关；力求使本书结构合理，体系完整，内容全面，简明易懂而又不失逻辑性，融方便教学与减轻学生负担于一体，既突出规范性、时代性和科学性，又不失理论性、知识性和可读性，成为大学生军事理论教学的必备教材。

我们在本书中部分反映了新时代重大战略思想，加入了国际形势的变化内容，体现了技术的新发展，添加了《中华人民共和国国防动员法》、修订的《中华人民共和国兵役法》中有关学生军训的新内容。同时，我们对教材的框架结构进行了部分调整，部分内容进行了优化，力争使本书的结构更加合理，内容与时代更加贴近。本书由刘玉清、潘星星任主编，宋士兵、杨军任副主编，参加编写人员还有陈军生、张伟、谭力、季焕胜、曹毅、林建忠。本书在编写过程中得到了相关领域的专家学者的悉心指导和热情帮助，在此深表谢意！

本书为"慕课版 双色版"教材，配套慕课由崔济温（少将，中国人民解放军国防大学教授，博士生导师）主讲。

由于编者学术水平和研究能力有限，本书难免有疏漏，敬请广大读者批评指正。

编 者

2017 年 3 月

目录

Contents

Chapter 01

第1章

国防基本知识

学习目标

① 了解我国的国防历史和国防建设的现状及其发展趋势。

② 熟悉国防法规的基本内容，明确公民的国防权利和义务，增强依法建设国防的观念。

③ 明确人民军队的性质、任务和军队建设指导思想，掌握国防建设的基本内容。

④ 了解国防动员的功能，熟悉国防动员的基本内容。

　　国防基本知识主要是指人们在国防实践中所形成的基本认识和经验的总和，是涉及国防建设各个领域的理性化的内容体系，是军事理论教育的主要内容之一。它是一个动态的概念，随着武器装备的更新和战争的发展而不断丰富。掌握国防基本知识，对增强维护国家安全的责任感、使命感和紧迫感，关注国家的安危和兴衰，树立正确的国防观念起着重要的奠基作用；对丰富国防知识，增强国防意识，培养建设国防和打赢现代战争所需后备人才，具有明显的促进作用；对激发爱国之情，增强报国之志，自觉履行国防义务，维护国家发展利益，起着积极的推动作用。

　　本章主要从国防历史、国防法规、武装力量和国防动员四个方面介绍国防基本知识。

第一节 ⊙ 中国国防

"国无防不立，民无兵不安。"一个国家、一个民族，最重要的无非两件大事：一是生存与安全问题，二是发展与富强问题。只要国家存在，就必须建设有效维护国家安全利益和发展利益的强大国防。关注国防、了解国防、建设国防，是每个公民义不容辞的责任。

一、国防概述

国防，顾名思义就是国家的防务。它是人类社会安全与发展需要的产物，是国家生存和发展的安全保障，关系到国家的生死存亡和民族的兴衰荣辱。

> **概念窗**
>
> 国防，是国家为防备和抵抗侵略，制止武装颠覆，保卫国家的主权、统一、领土完整和安全所进行的军事活动，以及与军事有关的政治、经济、外交、科技、教育等方面的活动。

（一）国防与国家

国防是国家的重要组成部分，国家与国防密不可分、相辅相成。建设与我国国际地位相称、与国家安全和发展利益相适应的巩固国防和强大军队，是我国现代化建设的战略任务，是维护国家主权、安全和领土完整，实现中华民族伟大复兴中国梦的重要保障。

国防伴随国家产生而出现。国防随国家的产生而产生，肩负着三个基本职能而存在：一是维护统治阶级的统治；二是从宏观上保障发展本国经济，以求得国家的生存和发展；三是抵御外国的侵略和颠覆，维护国家的安全利益。有国无防就不能立国，国防虚弱就无力抵御外来侵略。古往今来，任何国家都需要建立巩固的国防。

国防为国家利益服务。国防通过为国家和民族提供安全保障，达到为国家和民族利益服务的目的。如果没有强大的国防，国家安全和稳定就得不到有效保障，国家将陷入战争与动乱之中，经济建设无法正常进行，维护国家稳定和发展也就无从谈起，国家的核心利益就无法得到保障。

国防受国家性质、制度和政策的制约。国防是国家建设的重要组成部分，它服从、服务于国家利益。不同的国家有着不同的利益需求，这些利益需求又是由国家的性质、社会制度和政策决定的。因此，国防必须服从、服务于国家的根本政治制度和政策，国家的社会制度和政策决定国防的性质和利益需求。例如，奉行霸权主义的国家，追求全球利益，其国防政策具有扩张性和侵略性。我国是社会主义国家，在国际关系中强调和平共处、平等互利，因而，我国的国防在积极防御战略思想指导下，以反侵略和维护和平为目的。

（二）国防的基本类型

不同性质、不同社会制度、不同政策的国家，有着不同目标和不同特征的国防。目前，世界上的国防类型主要有扩张型、自卫型、联盟型和中立型四大类。

扩张型。扩张型国防是以国家安全和防务需要为幌子，将其他国家和地区纳入自己的势力范围，对其进行侵略、颠覆或渗透。

自卫型。自卫型国防是以防止外敌入侵为主要目的。在国防建设上主要依靠本国的力量，广泛争取国际同情和支持，维护本国安全，促进周边地区和世界的和平与稳定。

联盟型。联盟型国防是通过结盟的形式，弥补自身防卫力量的不足，实现国家的安全与稳定。根据联盟各成员国之间的关系，联盟型国防又可分为一元体和多元体联盟。一元体联盟，是以某一大国为主，其余国家处于从属地位；多元体联盟，各联盟国之间是伙伴关系，通过共同协商确定防卫政策。

中立型。中立型国防是在国际冲突或战争面前，严守和平中立的政策。奉行中立型国防政策的国家，有的采取全民防卫式的武装中立，有的则完全不设防。

我国奉行独立自主的和平外交政策和防御性的国防政策，致力于与各国一道推动建设持久和平、共同繁荣的和谐世界，决定了我国国防是自卫型国防，与奉行霸权主义、强权政治国家的国防有本质的区别。

（三）国防的地位和作用

国防在国家职能中的地位和作用十分重要，其强弱与国家安危、荣辱和兴衰息息相关。

国防是国家安全的重要保障。为保障国家安全，促进国家发展，世界各国从本国实际出发，努力加强国防建设，为国家的发展营造有利的条件和环境。在新的历史条件下，我国巩固的国防不仅是在异常激烈、错综复杂的国际环境中赢得战略主动的重要条件，也是完成祖国统一大业、全面构建和谐社会的重要保障。

国防是国家独立的基本前提。主权独立和领土完整是国家独立的重要标志，捍卫国家主权，维护国家的尊严是国防的重要职能。有国无防，或国防不强，国家安全就得不到保障，民族复兴就不可能实现，国家独立必然受到挑战。建设巩固的国防和强大的军队，是确保国家安全、独立自主和人民安居乐业的前提。

国防是国家发展的重要条件。一个国家只有有了巩固的国防，国家的其他建设事业才能顺利进行。如果没有巩固的国防，国家政权就无法稳定，经济发展的目标也难以实现。因此，国家的生存、政权的稳固和核心利益的维护，以及国际地位的巩固、形象的保持，都必须有一个巩固且有效的国防。强国必须强军，军强才能国安。

（四）现代国防的基本特征

现代国防是传统国防的继承和发展，是一种全新的国防理念和实践活动，其基本特征主要表现在以下五个方面。

1. 安全防务的整体性

伴随着经济的发展，特别是科技的进步，国家安全利益不断扩展，国家发展利益不断延伸。现代国防的职能正在由维护地缘明确的"硬疆界"，扩展到争取有利于己的"软环境"；由保卫本土不受侵犯，扩展为在全球或地区范围争取政治、经济和安全秩序的影响力与主导权；由打赢战争扩展到在战争和非战争状态下都能保证国家利益的实现。一个国家只有经济不断强大、科技不断发展、国防实力不断增强、国防安全意识不断巩固以及与周边国家睦邻友好，才能真正实现国家的长治久安。

2. 国防力量的综合性

现代国防力量是以综合国力为基础的综合国防力。有了雄厚的综合国力才有可能建设强大的国防力量。同样，强大的国防实力，也是多种因素相互交织力量的综合。尽管军事力量依然是国防力量的主体，但现代国防力量的构成不再局限于单一的军事力量，而是更加突出复合力量建设。

3. 国防手段的多元性

国家利益的威胁来自诸多方面，除了兵戎相见的"硬对抗"外，还有各种"软伤害"的威胁。现代国防斗争，不仅可以使用军事手段在战场上进行武力对抗，而且也需要通过政治对话、外交谈判、经济封锁、心理施压、军备控制等非战争手段在更广阔的空间进行激烈的较量。在某一时期、某一方面，需要根据情况的不同，选择使用某一种手段，并与其他手段相配合，不能固守一种方式。

4. 国防建设的系统性

现代国防建设是一个以科技为龙头，以经济为骨干，通过总体性的战略运筹，谋求综合国防效益的有机系统。现代国防斗争不仅重视数量优势，更重视质量优势，特别重视发挥整个系统的威力。因此，世界各国普遍着眼于从宏观规划上合理调整军队、准军事组织和后备役部队的比重，军队内部各军种、兵种的比例以及如何在发展武器装备、改进编制体制、强化军事训练、完善战场建设等方面相互协调行动，发挥系统的整体效能。

5. 国防事业的社会性

国防不只是"军防"，而是关系各个领域、各条战线和每个公民的共同事业，与整个社会密不可分。随着国防内涵的扩展，依靠国家和社会的综合力量来建设国防，越来越受到各国重视。中国有句古训："天下兴亡，匹夫有责。"古代尚有布衣曹刿论战大败齐师，商人弦高假命退秦师，今天更应牢记："保卫祖国、抵抗侵略是每个公民的神圣职责。"

二、中国国防历史

中国国防的历史源远流长。随着人类社会的不断演进和发展，中国社会先后经历了不同的发展阶段，国防也经历了屈辱与荣耀、衰败与昌盛的历史。它记录了中华民族悲壮的过去，有着沉痛的教训；也积累了成功的经验，充满着中华民族的勇敢和智慧。

（一）中国古代国防

中国古代国防始于公元前 21 世纪夏王朝的建立，止于 1840 年的鸦片战争。历经约 4000 年、20 多个朝代的兴衰更迭，呈现出兴衰交替和曲折发展的历程。

从我国整个历史来看，古代前期，即从春秋战国到秦汉和盛唐，国防日趋发展，不断强盛，直至鼎盛。夏王朝的建立，标志着中国国防的产生。秦始皇统一全国后，国防才真正担负起巩固政权和抗击外敌入侵的双重任务。为巩固国防，秦王朝采取了一系列综合治理措施：设郡而治，筑路通邮，实施军屯等。盛唐时期，非常重视国防建设，注重讲武，苦练精兵，改良兵器，执行"怀柔四方、华夷一体"的防务政策，使唐朝北部边疆出现了数十年无兵灾战祸的太平盛世。古代后期，即从中唐到两宋、晚清，国防的基本趋势是由弱到强，再从强盛走向衰落。具体到各个朝代，国防也大都由兴而盛，由盛及衰。其间固然不乏极盛之前的短暂衰落，衰败之后的一时复兴，但终其一朝，由盛及衰的基本趋势和规律是没有改变的。

中国古代国防建设是一个不断发展和丰富的过程。一是建立了不同的军制。军制就是军事制度，包括武装力量体制、军事领导体制、兵役制度等。在武装力量体制上，一般区分为中央军、地方军和边防军。中央军通常由御林军和其他较为精锐的部队组成，担任警卫京师和宫廷的任务；地方军担负该地区的卫戍任务，由地方军政长官统率；边防军是戍守边疆，并兼有屯田任务的军队。秦统一全国后，设立了专门管理军事的机构，最高军事长官是太尉。隋朝专门设立了主管军事的部门——兵部。各朝代在军事领导体制方面的做法虽然不尽一致，但皇权至上，军队的调拨使用大权始终掌握在皇帝手中。各个朝代的兵役制度，随着各个历史时期的政治、经济、人口状况和军事需要而发展变化，曾经实行过民军制、征兵制、世兵制、府兵制、募兵制等各种兵役制度。二是进行了以传统防御工程体系为标志的边海防建设。城池是中国古代国防建设中时间最早和数量最多的工程。长城是城池建设的延续和发展，始建于春秋战国时期，后经各朝代多次修建连接，至明代形成了西起嘉峪关、东至鸭绿江边的万里长城。古代海防建设始于明朝，主要是防御倭寇的入侵。三是发展了军事技术。中国古代的军事技术，走在世界的前列，并对世界军事乃至世界经济的发展产生过深远的影响。公元 8 世纪，唐朝发明了火药并用于军事，引起了军事上划时代的变革。四是加强了军事理论研究，并产生了许多不朽的军事著作，如《孙子兵法》和其他军事理论著作，对于指导战争和加强国防起到了重要作用。

知识窗

近代中国被侵占了多少土地？

列强逼迫清政府签订了许多不平等条约、协定，其中在 1842—1911 年间列强逼迫中国签订的不平等条约有上百个，以下是比较重要的约定。

1842 年 8 月中英《南京条约》。割让香港岛。

1858 年 5 月中俄《瑷珲条约》。沙俄侵占黑龙江以北、外兴安岭以南 60 万多平方千米的中国领土。

1860 年 11 月中俄《北京条约》。沙俄侵占乌苏里江以东约 40 万平方千米的中国领土。

1864 年 10 月据中俄《北京条约》条款签《勘分西北界约记》。沙俄侵占中国西部领土 44 万多平方千米。

1881 年 2 月中俄《伊犁条约》。沙俄通过此约及 1882—1884 年的 5 个勘界议定书侵占伊犁西面霍尔果斯河以西和北疆斋桑湖以东地区中国领土 7 万多平方千米。

1895 年 4 月中日《马关条约》。割让辽东半岛、台湾全岛及附属各岛屿、澎湖列岛给日本。

据粗略统计，从鸦片战争到辛亥革命前的 70 多年间，列强通过各种手段侵占中国领土约 160 万平方千米。

（二）中国近代国防

中国近代国防是一部充满着屡弱、衰败和屈辱的历史。1840年，英国凭借船坚炮利，打破了清王朝紧锁的国门。在西方列强的侵略面前，腐朽的统治者奉行消极防御的指导思想，居安思奢，卖国求荣，结果是有国无防，大片国土被侵占，人民惨遭蹂躏和屠杀。

1. 清朝后期的国防

鸦片战争爆发后，西方列强大举入侵，从此清王朝一蹶不振，每况愈下，有国无防，内乱外患交织，逐步沦为半殖民地半封建社会。

清朝后期的军制。鸦片战争后，清朝开始实施"洋务新政"，成立了总理衙门。八国联军入侵中国后，清朝深感军备落后，企图通过改革军制以加强军事，遂改总理衙门为外务部，裁撤兵部，成立陆军部。在武装力量体制方面，清入关前，军队是八旗兵；入关后为弥补兵力的不足，将汉人编组成立了绿营。1851年以后，为镇压太平天国运动，清廷号召各地乡绅编练乡勇，湘军和淮军逐渐成为清军的主力。中日甲午战争之后，开始编练新军。在兵役制度方面，八旗兵实行的是兵民合一的民军制。甲午战争中，湘军和淮军大部溃散，清朝开始"仿用西法，编练新军"。新军采用招募的形式，在入伍的年龄、体格及文化程度方面均有较严格的要求。

清朝后期的边海防建设。鸦片战争后，清廷朝政日益腐败，防务日渐废弛。海防要塞火炮年久失修，技术性能落后，炮弹威力甚小且不能及远。西方列强乘虚而入，打开了中国封闭的国门。清政府先后在第一次鸦片战争、第二次鸦片战争、中法战争、中日甲午战争、八国联军侵华战争中战败，沦为半殖民地半封建社会。当时中国1.8万多千米的海岸线上，竟找不到一个中国自己享有主权的港口。国家有海无防，有边不固，绝大部分中国领土成了西方列强的势力范围。俄国在长城以北，英国在长江流域，日本在中国台湾、福建，德国在山东，法国在云南，中华民族美丽富饶的国土被西方列强撕扯得支离破碎。

2. 民国时期的国防

辛亥革命虽然推翻了清朝的统治，建立了中华民国，但并没有改变中国任人宰割的历史。西方列强为维护其在华利益，纷纷扶植各派军阀为自己的代理人，加紧对中国的掠夺。各派军阀为争权夺利，混战不已，中国依然是有边不固，有海无防。先是袁世凯称帝，后有张勋复辟，各派军阀以西方列强为靠山，割据称雄，混战不休。直皖奉三大派系军阀先后窃据中央政权，贿选国会议员和总统，出卖国家和民族利益。《二十一条》的签订和"巴黎和会"中国外交的失败，充分暴露出北洋政府的腐败无能，使中国面临被西方列强进一步瓜分的命运，从而激发了中华民族同仇敌忾、共御外侮的决心和勇气。

以"五四"运动为标志，中国反帝反封建的资产阶级民主革命发展到了新阶段。1921年7月23日，中国共产党的成立，是一件开天辟地的大事，给灾难深重的中国人民带来了光明和希望，中国革命的面目为之一新。1931年9月18日，"九一八事变"爆发，南京国民政府奉行"攘外必先安内"的政策，一味妥协退让，出卖民族利益，使东北大片国土迅速沦陷。1937年7月7日，日本发动"卢沟桥事变"，全面入侵中国，中华民族到了生死存亡的紧要关头。中国共产党高举团结抗日的旗帜，与国民党再度实行合作，组成了广泛的抗日民族统一战线，使抗日战争的正面战场作战、敌后游击战场作战和全民抗日作战行动得以有力结合，经过14年艰苦卓绝的奋战，终于取得了中国近代史上第一次抗击外敌侵略的彻底胜利。抗日战争胜利后，全国人民迫切需要一个和平安全的建设环境，但国民党当局背信弃义，妄图消灭中国共产党及其领导的军队。经过3年解放战争，中国共产党领导人民，终于推翻了国民党的反动统治，成立了中华人民共和国，从此结束了100多年来中华民族有国无防的屈辱历史，开始了中国国防的新篇章。

（三）中国国防历史的启示

我国数千年的国防历史给了我们许多启示，特别是从鸦片战争到抗日战争的近百年中，"仓促应战——败涂地—屈辱求和——割地赔款"，成为近代中国反侵略战争的四部曲。堂堂中华，泱泱大国，五千年文明，何以沦为如此地步？不能不引起我们认真思考。

发展经济是富国强军的基础。经济是国防的物质基础，国防的强大有赖于经济的发展。早在春秋时期，齐国的政治家管仲就提出"富国强兵"的思想。他认为"粟多则国富，国富者兵强，兵强者战胜，战胜者地广"。"甲兵之本，必先于田宅"。秦以后的汉、唐、明、清各代前期也都注意劝课农桑，发展生产，从而奠定了国防强大的基础，造就了国防史上的伟业。与此相反，以上各朝代的衰败，也都毫无例外地是由于经济的破产，动摇了国家的基础。

政治昌明是国防巩固的根本。政治与国防紧密相关，国家的政治是否开明，制度是否进步，直接关系到国防能否巩固，只有政治的昌明，才能有巩固的国防。我国古代凡是兴盛的时期和朝代都十分注意修明政治，实行比较开明的治国之策。秦原为西部小国，自商鞅变法以来，修政治、明法度、发展生产，国力日渐强大，奠定了统一中国的基础。与此相反，凡是衰落的时期和朝代，都是政治腐败、国防虚弱。唐朝中期以后，两宋以至晚清都是如此。

科技进步是国防发展的动力。近代中国长期闭关锁国，科技水平落后，武器装备与世界列强相比出现了代差。古代的中华民族曾经以"四大发明"令世人瞩目，但是到了16世纪，近代世界兴起新的一轮科学技术革命和工业革命，把中国远远抛在了后面。创新是一个民族进步的灵魂，是国家兴旺发达的不竭动力。没有创新就不可能有进步，也就不可能有先进的科学技术，更不可能有强大的国防。

知识窗

日本夺走我国多少财产？

近代中国蒙受了许多屈辱，仅向帝国主义国家支付的战争赔款就达16亿多两白银，其中日本攫取的最多。1874年发生琉球事件，中国向日本支付了折合银元65万元的赔款。1894年甲午战争，中国向日本支付了更多的赔款，仅军费一项就有2亿两白银，另外威海驻军费150万两白银。同时，中国为支付对日赔款借了三笔外债，其利息就达2.3222亿两，还有赎辽费3000万两，四项合计4.6372亿两白银。根据《辛丑条约》，日本从中国的赔款中得到的赔款及利息折合银元1.1831亿元，中国实际支付9154万元。综合以上几项，近代日本通过战争从中国攫取的战争赔款折合银元达7.0259亿元。日本利用这些赔款发展经济、加强战争机器，而带给中国的是沉重的经济负担和灾难。

国家统一和民族团结是国防强大的关键。纵观我国几千年的国防史，凡是国家统一、民族团结的时期，国防就强大；凡是国家分裂、民族矛盾尖锐的时期，国防就虚弱。清王朝晚期，在西方列强的进攻面前，不仅不敢进行反侵略战争，不依靠、不支持人民群众进行战争，反而认为"患不在外而在内""防民甚于防火"，对人民群众自发组织的反侵略斗争实行镇压的方针，最终造成屡战屡败，割地赔款，逐步沦为半殖民地半封建社会。抗

日战争时期，在中国共产党的倡导和组织下，建立了抗日民族统一战线。在敌强我弱的条件下，中国共产党坚持人民战争的战略战术，充分动员和组织人民，团结一切可以团结的力量，共同抗击侵略，最终取得了抗日战争的全面胜利。

抚今追昔，前事不忘，后事之师！这些历史的经验教训和启示，我们永远都要汲取。要牢记中华民族五千年兴衰成败的历史，特别是要牢记近百年国耻凝聚成的"落后就要挨打"的血的教训，发愤图强，巩固我们的国防，建设我们的国家，让中华民族永远屹立在世界民族之林！

三、中国国防建设

1949 年 10 月 1 日中华人民共和国成立，中国有了真正意义上的国防。60 多年来，中国国防与时代偕行、与祖国共进。今天，国家发展已经站在了一个新的历史起点上，国防发展也同样站在了一个新的历史起点上。革命化、现代化、正规化建设全面加强，中国特色军事变革加速推进，军事斗争准备卓有成效，我军已从一支陆战型半机械化军队发展成为诸军兵种合成、具有一定机械化水平并开始向信息化迈进的强大军队，为维护国家安全和发展、为维护世界和平产生了"中国式"的影响。回首走过的足迹、创造的辉煌，新中国国防大体经历了四个发展阶段。

第一阶段是 1949—1953 年。国家处在外御帝国主义侵略，内治战争创伤和经济恢复时期。这一时期的国防建设主要完成了三个方面的任务。一是解放了全国大陆和除台、澎、金、马之外的全部沿海岛屿，肃清了大陆上国民党的残余武装，平息了匪患，建立了边防和守备部队，加强了海边防的守卫。二是抗美援朝，保家卫国。1950 年 10 月至 1953 年 7 月，经过两年九个月艰苦卓绝的战斗，共毙伤俘敌 71.8 万余人，其中美军 29.7 万余人。迫使"联合国军"于 1953 年 7 月 27 日在朝鲜停战协定上签字，取得了抗美援朝战争的辉煌胜利。三是建立、健全了统一的军事领导机构和军事制度。建立了全军的领导机关和各级军事领导机构，加强对全国武装力量的领导；建立了初具规模的海军、空军和各兵种部队，逐步开始从单一陆军向诸军兵种全面建设过渡；建立了 100 余所军事院校，为国防建设培养了大批现代化军事人才；统一了部队编制体制；制定了各项规章制度。

第二阶段是 1953—1965 年。这一阶段是我国国防现代化建设突飞猛进的重要时期。1953 年 12 月召开的全国军事系统党的高级干部会议，确定了我国国防建设的主要任务是：防御帝国主义侵略，保卫社会主义建设，保卫亚洲与世界和平。制定了"积极防御"的战略方针，提出了实现国防现代化的重大战略措施，其中包括精简军队、压缩国防开支、加速发展工业，为实现国防现代化打基础；加强国防工程建设，在沿海、边防和纵深要地建设防御工程体系；实行义务兵、军官薪金、军衔三大制度；大办军事院校，重新划分战区，完善战略、战役指挥体系；加强动员准备，建立各级动员机构和动员制度。这些措施有力地促进了国防现代化建设的全面发展，初步形成了具有中国特色的国防体系。经过 10 多年的艰苦努力，国防体系建设基本完成，某些领域已接近当时的世界先进水平，并成功地爆炸了第一颗原子弹，震惊了世界，极大地提升了我国国防实力和国际地位。

第三阶段是 1965—1976 年。这一阶段是"文化大革命"时期。毛泽东、周恩来等党和国家主要领导人十分警觉地注意维护我国的安全，排除各种干扰，保持了军队的稳定，顶住了霸权主义的压力。同时，对国防尖端技术的研究始终没有放松，我国成功进行了氢弹试验，并成功发射了第一颗人造地球卫星，国防科研取得了丰硕成果。

第四阶段是 1978 年党的十一届三中全会至今。改革开放在给 13 亿人口的中国带来历史巨变的同时，国防和军队建设在党的创新理论引领下，同样发生了历史性巨变。

20世纪70年代末至80年代，人民解放军走上中国特色精兵之路。依据和平与发展成为时代主题的科学判断，实现军队建设指导思想的战略性转变，即由准备"早打、大打、打核战争"转到和平时期建设的轨道上来，在服从和服务于国家建设大局的前提下，有计划、有步骤地推进现代化建设。确立建设强大的现代化、正规化革命军队的总目标，开创有中国特色的精兵之路。军队进行重大调整改革，裁减员额100万，朝着精兵、合成、高效的方向迈出重要一步。

20世纪90年代，在国防和军队建设上积极推进中国特色军事变革。确立以打赢现代技术特别是高技术条件下局部战争为基点的新时期积极防御军事战略方针，实施科技强军战略，制定国防和军队现代化"三步走"的发展战略，推进国防建设与经济建设协调发展。把中国特色军事变革作为军队现代化发展的必由之路，提出建设信息化军队、打赢信息化战争的战略目标。军队以军事斗争准备为牵引，加快武器装备发展，加强军兵种和快速机动作战部队建设，优化体制编制，裁减员额70万，防卫作战能力显著提升。

进入21世纪，国防和军队建设开创现代化建设新局面。坚持把科学发展观作为国防和军队建设的重要指导方针，贯彻统筹经济建设和国防建设、实现富国和强军统一的战略思想，全面履行新的历史使命，增强应对多种安全威胁、完成多样化军事任务的能力。军队加快机械化和信息化复合发展，积极开展信息化条件下的军事训练，推进军事理论、军事技术、军事组织和军事管理创新，不断提高打赢信息化条件下局部战争的核心军事能力和实施非战争军事行动的能力。

进入新时代，着眼实现中国梦强军梦，全力推进国防和军队现代化。中国特色社会主义进入了新时代，中国日益走近世界舞台中央，中国的"朋友圈"越来越大、"好伙伴"越来越多，海外利益分布也越来越广。国家安全内涵和外延比历史上任何时候都要丰富，时空领域比历史上任何时候都要宽广，内外因素比历史上任何时候都要复杂。面对国家安全环境的深刻变化，面对强国强军的时代要求，着眼实现中华民族伟大复兴这个最高利益，瞄准"两个一百年"奋斗目标，深入推进政治建军、改革强军、科技兴军、依法治军，人民军队实现政治生态重塑、组织形态重塑、力量体系重塑、作风形象重塑，国防和军队建设站在新的历史起点上。

今后，国防和军队建设必须全面贯彻新时代党的强军思想，贯彻新形势下军事战略方针，建设强大的现代化陆军、海军、空军、火箭军和战略支援部队，打造坚强高效的战区联合作战指挥机构，构建中国特色现代作战体系，适应世界新军事革命发展趋势和国家安全需求，提高建设质量和效益，确保到二〇二〇年基本实现机械化，信息化建设取得重大进展，战略能力有大的提升。同国家现代化进程相一致，全面推进军事理论现代化、军队组织形态现代化、军事人员现代化、武器装备现代化，力争到二〇三五年基本实现国防和军队现代化，到本世纪中叶把人民军队全面建成世界一流军队。同时，提高国防科技自主创新能力，加快现代后勤建设和装备发展，加强全民国防教育、国防动员和后备力量建设，促进经济建设和国防建设协调、平衡、兼容发展，深化国防科技工业体制改革，推动军民融合深度发展。

思考题

1. 国防的含义是什么？
2. 现代国防的基本特征有哪些？
3. 如何理解国防的地位和作用？
4. 中国国防实践给我们的启示有哪些？

第二节 国防法规

国防法规是由国防和武装力量建设领域的法律法规及相关制度而构成的。在全面依法治国、中国特色社会主义法律体系已经形成的新形势下，国防法规对于保障国防和军队建设的顺利进行，做好军事斗争准备，实施全民国防教育，具有十分重要的意义。

一、国防法规的产生和发展

国防法规是随着国家和战争的出现而产生的。我国古代典籍中有"师出于律""刑始于兵"的记载，表明国防法规产生于战争实践。由于国防活动的主要形式是军事斗争，所以国防法规早先称之为军事法规。

> **概念窗**
>
> 国防法规是调整国防和武装力量建设领域各种社会关系、法律规范的总和，是国家法律体系的重要组成部分，是加强国防和武装力量建设的基本依据。

在奴隶社会，军事法规的主要形式是临战前统治者发布的誓命文诰，如《尚书》中甘誓、汤誓、牧誓、大诰、费誓等篇章。这些既是战争动员令，也是最初的军事法规。由此可见，有了国家，有了战争，也就产生了军事法规。

进入封建社会，军事法规的形式发生了明显改变。这时临时性的军事誓言已被稳定的成文法取代，军事法规的调整范围不断拓展，军事立法、司法以及监督制度也逐步建立起来。例如，秦是我国历史上第一个统一的封建制王朝，秦朝非常注重以法治国、以法治军。据湖北云梦睡虎地出土的竹简证明，秦朝的法律有 29 种，其中包括《军爵律》《戍律》《傅律》等多部军事法律。《军爵律》是根据军功授予本人爵位或赎免亲属罪责的法律，《戍律》是关于边防、城防的法律，《傅律》是关于兵役制度的法律。

近代中国借鉴西方法治思想，军事法制建设有所进步。1933 年 6 月，民国政府颁布了我国历史上第一部《兵役法》，规定实行征兵制，并建立了预备役制度。但是，由于国民党政治腐败，国家面临内忧外患，形势混乱，《兵役法》没有得到有效实行。

中华人民共和国成立后，国家非常重视国防法规建设，国防和军队建设逐步走上法制化轨道。第一部《中华人民共和国兵役法》（以下简称《兵役法》）于 1955 年 7 月 30 日经第一届全国人民代表大会第二次会议通过颁布；军队的各项条令条例和《民兵组织条例》等也相继制定。改革开放后，国家加大了国防立法的力度，制定了一系列国防法规。1997 年 3 月 14 日第八届全国人民代表大会第五次会议通过《中华人民共和国国防法》（以下简称《国防法》），2001 年 4 月 28 日第九届全国人民代表大会常务委员会第二十一次会议通过《中华人民共和国国防教育法》（以下简称《国防教育法》），2010 年 2 月 26 日第十一届全国人民代表大会常务委员会第十三次会议通过《中华人民共和国国防动员法》（以下简称《国防动员法》），2016 年 9 月 3 日第十二届全国人民代表大会常务委员会第二十二次会议通过《中华人民共和国国防交通法》（以下简称《国防交通法》）。从而，基本形成了与国家法律制度相适应、具有中国特色的国防法规体系，满足了国防和军队建设的需要。

二、国防法规的特性

国防法规是国家法律的组成部分，除具有法律的一般特性，即鲜明的阶级性、高度的权威性、严格的强制性、普遍的适用性和相对的稳定性外，还具有区别于其他法规的特殊性。

（一）调整对象的军事性

法律是调整社会关系的行为规范，不同的法律规范用来调整不同领域的社会关系。国防法规所调整的是国防和武装力量建设领域的各种社会关系，包括军队内部的社会关系、武装力量内部的社会关系、武装力量与外部的社会关系等。这些带有军事性的社会关系是国防法规特有的调整对象，是其他任何法律规范所不能代替的，这是国防法规特性的基本表现。调整对象的军事性并不意味着国防法规只适用军队不适用地方。国防是国家行为，国防和武装力量建设领域的社会关系是军事性的，但这些社会关系所涉及的行为主体并不都是军队或军人，政治、经济、外交、文化、科技、教育等各个部门和社会各阶层人士都与国防有关，都必须按照国防法规的要求，履行自己的国防义务。

（二）司法适用的优先性

优先适用不是指的先后顺序，而是一种排他性的单项选择。国防法规优先适用，是指在解决与国防利益、军事利益有关的法律问题时，如果国防法规和普通法都有相关的规定或发生冲突时，要以国防法规的规定作为评判是非的标准和采取行动的准则。"特别法优先于普通法"是国际公认的法律适用原则。特别法是对特定人、特定领域、特定事项在特定时间内有效的法律。国防法规属于特别法，司法适用具有优先性。

（三）处罚措施的严厉性

国防法规所保护的国防利益，是关系民族兴衰存亡的国家根本利益，因此，对危害国防利益的犯罪都实施比较严厉的处罚。例如，《中华人民共和国刑法》（以下简称《刑法》）规定，抢劫罪通常处 3 年以上 10 年以下有期徒刑；而冒充军警人员抢劫的，抢劫军用物资的，处 10 年以上有期徒刑、无期徒刑或者死刑。《兵役法》《刑法》的许多条款都申明战时从重处罚。所谓战时，是指国家宣布进入战争状态、部队受领作战任务或者遭敌袭击时，部队执行戒严任务或者处置突发性暴力事件也以战时论处。例如，《兵役法》规定，平时应征公民拒绝、逃避征集拒不改正的，不得录用为公务员或者参照公务员法管理的工作人员，两年内不得出国（境）或者升学，还可同时处以罚款。战时，应征公民拒绝、逃避征集的，预备役人员拒绝、逃避参加军事训练、执行军事勤务和征召的，国防生毕业后拒绝服现役的，要依法追究刑事责任。

三、国防法规体系

国防法规体系是指由不同层次、不同门类的国防法律规范构成的相互联系、相互制约和协调的有机整体。我国的国防法规体系，按立法权限区分为四个层次：第一是法律，由全国人民代表大会及其常务委员会制定；第二是法规，由国务院和中央军委制定，由中央军委制定的为军事法规；第三是规章，由中央军委各部委、各战区各军兵种制定的为军事规章，由国务院有关部委与原军委有关总部联合制定的为军事行政规章；第四是地方性法规，由各省、自治区、直辖市人民代表大会及其常务委员会制定的贯彻执行国家国防法规的实施办法、实施细则、补充规定等。

我国的国防法规按调整领域划分为16个门类：国防基本法类，国防组织法类，兵役法类，军事管理法类，军事刑法类，军事诉讼法类，国防经济法类，国防科技工业法类，国防动员法类，国防教育法类，军人权益保护法类，军事设施保护法类，特区驻军法类，紧急状态法类，战争法类，对外军事关系法类。不同门类的国防法规，调整、规范国防和军事活动的领域也不相同。

1991年中央军委将依法治军确立为军队建设的指导方针，在此之后，国防法规发展加快了步伐，取得了历史性的进步。截至2016年12月底，全国人大及其常委会制定的国防和军事方面的法律和有关法律问题的决定19件，国务院、中央军委联合制定的军事行政法规99件，中央军委制定的军事法规242件，各军委机关、战区、军兵种和武警部队制定的军事规章3700多件。《国防法》《兵役法》《军事设施保护法》《现役军官法》《预备役军官法》《国防教育法》《国防动员法》《国防交通法》等一批重要法律以及大量军事法规、军事规章相继出台，中国特色的军事法规制度体系基本形成。

四、公民的国防权利和义务

国防权利与国防义务各有不同的含义，权利是主动的，义务是被动的；权利可以放弃，义务必须履行。

（一）公民的国防权利

《国防法》第五十四条规定："公民和组织有对国防建设提出建议的权利，有对危害国防的行为进行制止或者检举的权利。"第五十五条规定："公民和组织因国防建设和军事活动在经济上受到直接损失的，可以依照国家有关规定取得补偿。"

1. 提出建议权

公民依法对国防建设的指导思想、方针、原则、规章制度、实施方法等提出建议，是公民依照宪法享有的对国家事务建议权在国防建设方面的体现。

2. 制止和检举权

制止危害国防利益的行为，是指公民依法采取一定的方式、方法使危害国防的行为停止下来，从而维护国防利益。对于危害国防安全的行为，公民有权采取一切合法手段制止其发生、发展。检举危害国防利益的行为，是指危害国防的行为发生后，公民对违法行为进行揭发。《国防法》规定公民享有制止和检举权，对及时发现和有效地制止、打击侵害国防利益的违法犯罪行为，维护国防利益，加强国防建设有着重要作用。

3. 获得补偿权

《国防法》规定公民享有获得补偿权。国家进行国防建设，武装力量开展军事活动，在某些情况下可能对公民的合法权益产生一定的影响甚至造成经济损失，公民可以按照国家有关规定请求政府或军事机关予以补偿。在战时和其他紧急状态下，有些补偿措施是在事后落实的，不应把预先得到补偿作为接受征用的条件。同时"补偿"不同于"赔偿"。补偿是由国家机关工作人员或军事人员的合法行为引起的，是国家对公民因国防活动受到损失所采取的补救措施，仅限于直接经济损失，不包括间接经济损失和精神损失，因此，必须实事求是地进行申请与核实。

（二）公民的国防义务

1. 兵役义务

兵役义务是公民在参加国家武装力量和以其他形式接受军事训练方面应当履行的责任。《兵役法》第三条规定："中华人民共和国公民，不分民族、种族、职业、家庭出身、宗教信仰和教育程度，都有义务依照本法的规定服兵役。"公民履行兵役义务的主要形式有三种。

服现役。现役是公民在军队中所服的兵役。参加中国人民解放军和武装警察部队都是服现役。按照新修订的《兵役法》规定，每年 12 月 31 日以前，年满 18 岁的男性公民，应当被征集服现役。当年未被征集的，在 22 岁以前，仍可以被征集服现役，普通高等学校毕业生的征集年龄可以放宽至 24 周岁。根据军队需要，可以按照前款规定征集女性公民服现役。根据军队需要和本人自愿，可以征集当年 12 月 31 日以前年满 17 周岁未满 18 周岁的公民服现役。兵役登记时间由每年 9 月 30 日提前到 6 月 30 日，以便与各级各类学校学生毕业的时间衔接起来。同时还规定，不得征集正在受到侦查、起诉、审判或者被判刑的应征公民。根据军队现代化建设需要高素质兵员的实际，近年来国务院、中央军委决定在普通高等学校开展征集兵员的工作，同时用法规的形式，对应征入伍大学生予以鼓励。2011 年《兵役法》修正案对征集大学生入伍的优惠政策作了一些制度性规定，相继出台的《退役士兵安置条例》对大学生士兵退役安置也有一些优惠政策规定。例如，士兵退出现役报考公务员、应聘事业单位职位的，在军队服役经历视为基层工作经历，同等条件下优先录用或者聘用；大学在校生入伍保留学籍，入伍后可以报考军校，退役后可以复学；大学毕业生、在校生入伍的，享受国家规定的减免学费和学费补偿政策；大学生士兵在选取士官上优先，大学毕业生士兵符合条件的可以直接提升为军官；大学生士兵退伍复学后参加国防生选拔、参加国家组织的农村基层服务项目人选选拔以及毕业后参加军官人选选拔的，优先录取。这些优惠政策，对调动大学生参军入伍的积极性、为部队输送优秀兵员和大学生的成长成才起到积极作用。除了征集新兵，军队平时还采取其他一些方式从适龄公民中选拔人员。军事院校从应届高中毕业生中招收学员，部分普通高等学校招收国防生，军队招收普通高等学校毕业生入伍，从非军事部门具有专业技能的公民中招收士官。符合服兵役条件的公民，可以通过以上途径参加人民解放军或武警部队服现役。战时，预备役人员应随时准备应召服现役，在接到通知后，必须准时到指定的地点报到。遇有特殊情况，国务院和中央军委可以决定征召 36 ~ 45 岁的男性公民服现役。

服预备役。预备役是公民在军队以外所服的兵役，是国家储备后备兵员的形式。根据《兵役法》规定，预备役分为军官预备役和士兵预备役，并区分为第一类预备役和第二类预备役。公民服士兵预备役的年龄为 18 ~ 35 岁。其中，18 ~ 28 岁为第一类士兵预备役，29 ~ 35 岁为第二类士兵预备役。一是兵役登记服预备役。《兵役法》规定，经过兵役登记的应征公民，未被征集服现役的，办理士兵预备役登记。每年 6 月 30 日之前，兵役机关要对到年底满 18 岁的男性公民进行兵役登记。二是编入民兵组织。民兵是不脱离生产的群众武装组织，是国家武装力量的重要组成部分，是中国人民解放军的助手和后备力量。民兵分为基干民兵和普通民兵。28 岁以下退出现役的士兵和经过军事训练的人员，以及选定参加军事训练的人员，编为基干民兵；其余 18～35 岁的男性公民，编为普通民兵。根据需要，吸收部分女性公民参加基干民兵。我国实行民兵与预备役相结合的制度，所有的民兵同时都是预备役人员，参加民兵组织也是服预备役。三是编入预备役部队。预备役部队是以现役军人为骨干，以预备役军人为基础，按照军队的编制体制建立起来的军事组织，是战时成建制快速动员的重要形式。

参加学生军事训练。新修订的《兵役法》第四十五条规定："普通高等院校的学生在就学期间，必须接受基本军事训练。"第四十七条规定："普通高中和中等职业学校，配备军事教员，对学生实施军事训练。"这些规定表明，接受军事训练是学生必须履行的兵役义务。学生军事训练依据国家教育部和解放军原总参谋部、原总政治部联合制定的《普通高等学校军事课教学大纲》《高级中学和相当于高级中学军事课教学大纲》组织实施。高等院校和高级中学将军事课（含军事理论教学和军事技能训练）作为必修课，纳入教学计划。军事理论教学时间为 36 学时，军事技能训练时间为 2～3 周，实际训练时间不得少于 14 天。各项教学和训练都规定有明确的内容和目标，必须严格执行。考试成绩记入学生档案，考试不合格的，按高等院校学籍管理办法和有关规定处理。高级中学和相当于高级中学的学校将军事训练纳入学生必修内容，将考试成绩记入学生的学籍档案，作为考评学生综合素质和报考高一级学校的重要依据。高级中学的学生军训包括集中军事训练和军事知识讲座两部分，时间为 7～14 天。在高等院校和高级中学就读的学生，应自觉服从学校的军事训练安排，认真履行应承担的军训义务，完成军事训练科目，达到训练目标。

2. 接受国防教育的义务

国防教育是国家为防备和抵抗侵略，制止武装颠覆，保卫国家的主权统一、领土完整和安全，对全体公民所进行的一种具有特定目的和内容的教育活动，是国家整体教育事业的组成部分。国防教育是建设和巩固国防的基础，是增强民族凝聚力、提高全民素质的重要途径。国家通过立法把国防教育作为公民的法律义务规定下来。

> **知识窗**
>
> #### 何为军事禁区？
>
> 为保障军事行动和军事设施安全保密而划定的禁止或限制人员、车辆、船舶、航空器通行的区域称为军事禁区，包括陆地军事禁区、海上军事禁区、空中军事禁区。陆地军事禁区通常包括重要军事设施和地区，如营区、国防工程、武器生产试验基地、战略储备基地、重要机场、港口等。海上军事禁区和空中军事禁区，是为军事需要而在一个国家的领海和领空内划定的禁止或限制船舶航行和航空器飞行的区域。军事禁区分永久性禁区和临时性禁区两种。重要的、有特殊要求的军事禁区，还可由军队和地方政府共同设立专门机构，负责安全保卫工作，必要时派军队守卫。

我国的《宪法》《国防法》《教育法》《国防教育法》《全民所有制工业企业法》等，都对国防教育作出了明确规定。2001 年 4 月 28 日第九届全国人民代表大会常务委员会第二十一次会议通过的《国防教育法》，对国防教育的地位、目的、方针、原则，国防教育领导、保障，学校的国防教育、社会的国防教育、法律责任等作出了具体规定。2001 年 8 月 31 日第九届全国人民代表大会常务委员会第二十三次会议通过《关于设立全民国防教育日的决定》，确定每年 9 月第三个星期六为全民国防教育日。依照法律规定，全体公民都是国防教育的对象，都有接受国防教育的权利和义务。《国防教育法》第三条规定："国家通过开展国防教育，使公民增强国防观念，掌握基本的国防知识，学习必要的军事技能，激发爱国热情，自觉履行国防义务。"第四条规定："国防教育贯彻全民参与、长期坚持、讲求实效的方针，实行经常教育与集中教育相结合、普及教育与重点教育相结合、理论教育与行为教育相结合的原则，针对不同对象确定相应的教育内容分类组织实施。" 并在第五条明确规定"中华人民共和国公民都有接受国防教育的权利和义务"。

3. 保护国防设施的义务

国防设施是指国家直接用于国防目的的建筑、场地和设备，包括军事设施、人民防空设施、国防交通设施和其他用于国防目的的设施。国防设施是国防建设的成果，是国防活动的依托，是抵抗侵略、保卫祖国的物质条件。在巩固国防、维护国家安全利益方面具有重要作用。

国家采取一切必要措施保护国防设施。2014年6月27日第十二届全国人民代表大会常务委员会第九次会议通过新修订的《中华人民共和国军事设施保护法》规定，国家对军事设施实行"分类保护、确保重点"的方针，根据军事设施的性质、作用、安全保密的需要和使用效能的要求，将军事设施的保护分为三类。一是划定军事禁区予以保护；二是划定军事管理区予以保护；三是没有划入军事禁区、军事管理区的军事设施，如通信线路、铁路和公路线、导航和助航标志等，采取有效措施予以保护。公民在从事经济、文化和其他社会活动时，应当遵守法律规定，自觉保护国防设施。公民对于破坏、危害国防设施的行为，应当检举、控告或制止。破坏、危害国防设施的，要承担相应的法律责任。

4. 保守国防秘密的义务

国防秘密是指关系国家安全利益，在一定时间内只限一定范围人员知悉的军事或与军事有关的政治、经济、外交、科技、教育等方面的事项。国防秘密的主要表现形式是国防秘密信息和国防秘密载体。保守国防秘密事关国家的安危。公民应当遵守《中华人民共和国保守国家秘密法》，以及有关的保密规定，严格保守国防方面的国家秘密。发现国防方面的国家秘密已经泄露或者可能泄露时，立即采取补救措施并及时报告。国防秘密的范围等同于国家秘密的范围：一是国家事务的重大决策中的秘密事项；二是国防建设和武装力量活动中的秘密事项；三是外交和外事活动中的秘密事项以及对外承担的保密义务的事项；四是国民经济和社会发展中的秘密事项；五是科学技术中的秘密事项；六是维护国家安全活动和追查刑事犯罪中的秘密事项；七是其他经国家保密工作部门确定应当保守的国家秘密事项等。在信息时代，特别要防范高技术手段窃密、网络泄密等问题。

知识窗

国防秘密的等级

国防秘密的等级分为"绝密""机密""秘密"三级。其标准是："绝密"是最重要的国家秘密，泄露后会使国家的安全和发展利益受到特别严重的损害；"机密"是重要的国家秘密，泄露后会使国家的安全和发展利益受到严重的损害；"秘密"是一般的国家秘密，泄露后会使国家的安全和发展利益受到损害。国防秘密的保密期限，按《国家秘密保密期限的规定》的规定，除有特殊规定的外，绝密级事项的保密期限不超过30年，机密级事项不超过20年，秘密级事项不超过10年。

5. 支持国防建设、协助军事活动的义务

我国的国防是全民国防，公民应当积极参与和支持国防建设。国防建设是指国家为了维护领土完整、主权不受侵犯，保护国家根本利益而采取的一系列有关防务性建设。包括武装力量、兵役制度、国防动员、国防经济（国防工业）、国防科技、国防教育、战场准备、战场工程、民防以及战备交通、电信等方面的建设。公民所做的一切有利于国防建设的事都是支持国防建设。

在我国，对于协助军事活动的义务，是一种内涵更为广泛的国防义务，平时主要通过公民的日常行为表现出来，公民和组织应当根据自己的能力和条件，自觉地提供便利和协助。例如，当部队和军用交通工具执行紧急任务时，公民应当让其优先通行；当军队从事军事活动需要征用民用物资时，公民应当积极予以提供；当军人家属、残疾军人和烈士、因公牺牲军人、病故军人的遗属遇到生活困难或者权益受到侵害时，公民应当给予关爱和帮助，对侵害行为加以谴责和制止等。

> **知识窗**
>
> 国防勤务，是指支援保障军队作战、承担预防与救助战争灾害以及协助维护社会秩序的任务。

6. 国防勤务

中华人民共和国第十一届全国人民代表大会常务委员会第十三次会议于 2010 年 2 月 26 日通过自 2010 年 7 月 1 日起施行的《中华人民共和国国防动员法》（以下简称《国防动员法》），增加了公民履行国防勤务的义务。《国防动员法》第四十九条规定："十八周岁至六十周岁的男性公民和十八周岁至五十五周岁的女性公民，应当担负国防勤务；但有下列情形之一的，免予担负国防勤务：（一）在托儿所、幼儿园和孤儿院、养老院、残疾人康复机构、救助站等社会福利机构从事管理和服务工作的公民；（二）从事义务教育阶段学校教学、管理和服务工作的公民；（三）怀孕和在哺乳期内的女性公民；（四）患病无法担负国防勤务的公民；（五）丧失劳动能力的公民；（六）在联合国等政府间国际组织任职的公民；（七）其他经县级以上人民政府决定免予担负国防勤务的公民。有特殊专长的专业技术人员担负特定的国防勤务，不受前款规定的年龄限制。"《中华人民共和国国防动员法》第五十条规定："被确定担负国防勤务的人员，应当服从指挥、履行职责、遵守纪律、保守秘密。担负国防勤务的人员所在单位应当给予支持和协助。"

> **思考题**
>
> 1. 什么是国防法规？国防法规的主要特性是什么？
> 2. 中国国防法规体系由哪些层次和门类构成？
> 3. 公民、组织的国防义务和权利有哪些？
> 4. 公民履行兵役义务的途径有哪些？
> 5. 国防教育的目的、方针和原则有哪些？

第三节　中国武装力量

武装力量，是国家或政治集团所拥有的各种武装组织的总称。一般以军队为主体，由军队和其他正规与非正规的武装组织构成，是国防力量的主体。中国武装力量是以全国人民为基础，在中国共产党领导下，经过长期的战争和社会建设实践，逐步形成并发展起来的。为了适应新的时代环境，根据国际国内形势的发展变化，经过60多年的实践和探索，逐步形成具有中国特色的武装力量体制。

一、中国武装力量的构成

《国防法》规定："中华人民共和国的武装力量，由中国人民解放军、中国人民武装警察部队和民兵组成。"武装力量的组织与构成，通常受国家政治制度、经济实力、军事战略、地理环境、人口和历史传统等多种因素的制约。中国武装力量实行的是"三结合"武装力量体制。

（一）中国人民解放军

中国人民解放军是中国武装力量的主体。它建立于1927年8月1日，历经中国工农红军、八路军（新四军）和人民解放军等发展阶段，由小到大，由弱到强，在长期的武装斗争中，先后打败了国内外一切反动派和侵略者，为中华人民共和国的诞生建立了不朽功勋。中华人民共和国成立后，又取得了抗美援朝和历次边境反击作战的胜利，捍卫了国家的主权和尊严，成为保卫祖国和社会主义建设事业的坚强柱石。

中国人民解放军由现役部队和预备役部队组成。现役部队，是国家的常备军，由陆军、海军、空军、火箭军和战略支援部队组成，主要担负防卫作战任务，必要时可以依照法律规定协助维护社会秩序。预备役部队是以现役军人为骨干、预备役官兵为基础，按照军队统一的体制编制组成的武装力量，实行军队与地方党委、政府双重领导制度。预备役部队各级军政主官、部门主要领导、部分机关人员和专业技术骨干，由现役军人担任。预备役军官主要从符合条件的退役军人、地方干部、人民武装干部、民兵干部、地方与军事专业对口的技术人员中选配。预备役士兵主要从符合条件的退役士兵、经过训练的基干民兵和地方与军事专业对口的人员中选编。预备役部队按统一编制编成，平时按照规定进行训练，必要时可以依照法律规定协助维护社会秩序，战时根据国家发布的动员令转为现役部队。预备役部队组建于1983年。预备役部队平时隶属于省军区（卫戍区、警备区），战时转入现役后隶属现役部队。

中国人民解放军的性质：中国共产党缔造和领导的，用马克思列宁主义、毛泽东思想、邓小平理论和"三个代表"重要思想武装的人民军队，是中华人民共和国的武装力量，人民民主专政的坚强柱石。

中国人民解放军的宗旨：紧紧地和人民站在一起，全心全意为人民服务。

中国人民解放军的任务：巩固国防，抵抗侵略，保卫祖国，保卫人民的和平劳动，参加国家建设事业，努力为人民服务。

（二）中国人民武装警察部队

中国人民武装警察部队成立于 1982 年 6 月 19 日。它诞生于人民军队的摇篮，传承着红军的血脉，是党领导的人民武装力量的重要组成部分，是保卫社会主义现代化建设的重要力量。

根据党中央决定，2018 年 1 月 1 日零时起，武警部队由党中央、中央军委进行集中统一领导，实行中央军委—武警部队—部队领导指挥体制。这一领导指挥体制，强化党中央和中央军委对武警部队集中统一领导，坚定贯彻中央军委主席负责制。调整武警部队指挥管理体制，优化力量结构和部队编成，实现领导管理和高效指挥的有机统一，对实现党在新时代的强军目标、推进国家治理体系和治理能力现代化、实现党和国家长治久安具有重大而深远的意义。

2018 年 1 月 10 日，中央军委举行仪式向武警部队授旗。中共中央总书记、国家主席、中央军委主席习近平向武警部队授旗并致训词。

按照党中央和中央军委赋予的新时代使命任务，中国人民武装警察部队担负维护国家政治安全和社会稳定、海上维权执法、防卫作战三类主要任务。即担负执勤、处突、反恐、海上维权、抢险救援、防卫作战等任务，拓展了维护国家领土主权完整和国家安全职能，在维护政治安全特别是政权安全、制度安全中发挥着重要作用。

根据《深化党和国家机构改革方案》，着眼全面落实党对人民解放军和其他武装力量的绝对领导，贯彻落实党中央关于调整武警部队领导指挥体制的决定，按照军是军、警是警、民是民原则，将列武警部队序列、国务院部门领导管理的现役力量全部退出武警，将国家海洋局领导管理的海警队伍转隶武警部队，将武警部队担负民事属性任务的黄金、森林、水电部队整体移交国家相关职能部门并改编为非现役专业队伍，同时撤收武警部队海关执勤兵力，彻底理顺武警部队领导管理和指挥使用关系。具体内容是，公安边防部队、公安消防部队、公安警卫部队不再列武警部队序列，全部退出现役；国家海洋局（中国海警局）领导管理的海警队伍及相关职能全部划归武警部队；武警部队不再领导管理武警黄金、森林、水电部队，官兵集体转业改编为非现役专业队伍；武警部队不再承担海关执勤任务。目前，武警部队内卫总队、机动总队和院校、科研机构、训练机构调整改革任务已基本完成。

武警部队将全面贯彻总体国家安全观，按照多能一体、有效维稳的战略要求，加快融入全军联合作战体系，加快构建军地协调联动新格局；聚力练兵备战，全面贯彻新形势下军事战略方针，大抓实战化军事训练，扎实做好执勤处突、反恐维稳等各项工作，努力建设一支听党指挥、能打胜仗、作风优良的现代化武装警察部队。

（三）中国民兵

中国民兵（以下简称民兵），是不脱离生产的群众武装组织，是中华人民共和国武装力量的组成部分，是中国人民解放军的助手和后备力量。民兵初建于第一次国内革命战争时期。革命战争年代，民兵为民族的解放、打败日本侵略者和中华人民共和国的建立做出了巨大的贡献。正如毛泽东所说："兵民是胜利之本"。中华人民共和国成立后，民兵仍是国家武装力量的组成部分，在建设祖国、保卫祖国中发挥了重大作用。

（1）民兵的使命。积极参加社会主义现代化建设，带头完成生产任务；担负战备勤务，保卫边疆，维护社会治安；随时准备参军作战，抵抗侵略，保卫祖国。

（2）民兵的组织领导体制。全国民兵工作在国务院、中央军委领导下，由国防动员部组织指导和领导管理民兵工作；省军区（卫戍区、警备区）、军分区和县（市）人民武装部，是本地区的民兵领导指挥机关；乡、镇、街道和企事业单位人民武装部，负责民兵和兵役工作。地方各级党委和人民政府，对民兵工作实行统一计划和部署。

（3）民兵制度。政治合格、身体好是民兵必须具备的基本条件。民兵分为基干民兵和普通民兵。基干民兵由28岁以下复员军人和经过选拔的军事素质过硬的男女青年组成，其中，女民兵人数控制在适当比例。普通民兵由18～35岁，符合服兵役条件的男性公民组成。边疆、海防、少数民族地区和特殊情况下，基干民兵的年龄可适当放宽。

（4）民兵建设。近年来，民兵建设坚持改革创新，调整规模结构，改善武器装备，突出质量建设。优化组织结构，加强支援保障部队作战力量和应急处突力量建设。调整民兵组织布局，工作重心逐步由农村向城镇、交通沿线和重点地区转移。提高科技含量，注重在新兴企业和高科技行业建立民兵组织。加大武器装备建设投入，按照成系统配套、成建制配备的原则，为主要方向和重点地区配发新型高炮和便携式防空导弹等一批新式民兵防空装备，加强应急维稳装备建设，对部分武器进行技术升级改造。在全国现有基干民兵800万人。

（5）民兵训练。民兵训练是公民履行兵役义务的重要形式。《兵役法》规定，未服过现役的基干民兵，在18～24岁期间应参加军事训练。民兵平时战备训练应以军事斗争准备为牵引，着眼平时能应急、战时能应战，加强针对性训练。年度训练时间通常按照不同专业需要确定，最少7天，最多25天。通常采取县（市）集中训练、与现役部队开展挂钩训练和模拟训练相结合等方法，按照统一要求，统筹组织。训练形式实行省军区、军分区、县（市、区）人民武装部和乡（镇）城市街道、企事业单位人民武装部四级训练体制。

二、中国人民解放军的编成、使命和发展

中国人民解放军由陆军、海军、空军、火箭军和战略支援部队组成。2016年2月1日，中国人民解放军成立东部战区、南部战区、西部战区、北部战区、中部战区五大战区，按照军委管总、战区主战、军种主建的总原则构建我军新的联合作战指挥机构。战区担负着应对本战略方向安全威胁、维护和平、遏制战争、打赢战争的使命，其指挥权责是中央军委赋予的。

（一）陆军

陆军，是主要担负在陆地遂行作战任务的军种，是可与其他军兵种联合作战的强大军种，也可单独作战。陆军由步兵、装甲兵、炮兵、防空兵、航空兵、工程兵、通信兵、防化兵、电子对抗兵等兵种和各种专业勤务部队组成。其使命是"抗击外敌入侵、保卫国家领土主权、维护国家和平统一和社会稳定"。在新的历史时期，提高遂行多样化任务的能力成为使命任务的重要方面。

1. 发展历程

人民解放军建立于1927年8月1日，建立之初仅由陆军组成。陆军长期以步兵为主，土地革命战争时期有了少量的骑兵、炮兵、工程兵和通信兵。解放战争时期建立了坦克兵和防化兵。20世纪50年代，成立了炮兵、装甲兵、工程兵和防化兵等兵种领导机关。20

世纪 80 年代以来，陆军结构发生重大变化，增设了陆军航空兵、电子对抗兵等兵种，并于 1985 年组建陆军集团军。2015 年 12 月 31 日，中国人民解放军陆军领导机构成立。

2. 体制编制

目前，陆军设立独立的领导机关，下辖五大战区陆军部，直接领导所属陆军部队。陆军部队包括机动作战部队、警卫警备部队、边海防部队和预备役部队等，实行集团军、师（旅）、团、营、连、排、班体制。集团军由师、旅编成，隶属于战区，为基本战役军团。师由团编成，隶属于集团军，为基本战术兵团。旅由营编成，隶属于集团军，为战术兵团。团由营编成，通常隶属于师，为基本战术部队。营由连编成，通常隶属于团或旅，为高级战术分队。连由排编成，为基本战术分队。

3. 部队建设

陆军全体官兵弘扬陆军光荣传统和优良作风，适应信息化时代陆军建设模式和运用方式的深刻变化，探索陆军发展特点和规律，按照机动作战、立体攻防的战略要求，加强顶层设计和领导管理，优化力量结构和部队编成，加快实现从区域防卫型向全域作战型转变，努力建设一支强大的现代化新型陆军。

陆军兵种建设取得重大进展。近年来，陆军加强新型作战力量建设，强化信息化条件下的军事训练，加快主战装备数字化升级改造、新型武器平台成建制换装，部队编成逐步向小型化、模块化、多能化方向发展，远程机动与综合突击能力显著增强。装甲兵加强数字化部队建设，加快摩托化部队改建机械化部队步伐，重型、轻型、两栖和空降突击作战体系不断完善。炮兵发展信息化程度较高的武器装备和新型弹药，形成战役战术全纵深火力打击体系，具备一定的侦察、控制、打击、评估一体的精确作战能力。防空兵加快发展新型雷达、指挥信息系统和中高空地空导弹，形成新型弹炮结合的火力拦截体系，具备较强的对空作战能力。陆军航空兵加快推进由支援保障型向主战突击型转变，进一步优化作战力量结构，根据任务需要实行模块化编组，改进武装、运输和勤务直升机性能，火力突击、战场投送和支援保障能力明显增强。工程兵加速建设平战结合、反应灵活、多能一体的新型作战保障力量，加强抢险救灾应急专业力量建设，综合作战保障能力和遂行非战争军事行动任务能力进一步提高。工程兵加速构建专业化与多能化相结合、平时与战时相结合的工程保障力量体系，形成了较强的全程伴随保障、快速破障、综合防护、反恐排爆和抢险救灾能力。防化兵积极推进平战结合、军民结合、军兵种结合的核生化防护一体化建设，形成较强的全时空、全地域核生化防护保障能力。

陆军边海防部队是保卫国家主权和领土完整、维护边境沿海地区安全稳定的骨干力量，按照陆海并重、科技强边、重点建设、协调发展的原则，坚持以战备执勤为中心，全面加强侦察监视、指挥控制、快速反应和自卫作战能力建设，不断强化边境沿海地区重要方向和敏感地段、水道、海域防卫警戒，适时组织加强边境管控、应急处突和抢险救灾等行动，与邻国广泛开展边防交往与合作，积极稳妥地处置边境沿海事务，为维护边海防安宁稳定，促进边境沿海地区改革开放和经济社会发展做出重要贡献。

（二）海军

海军是人民解放军的战略军种，是海上作战行动的主体力量，担负着保卫国家海上方向安全、领海主权和维护海洋权益等任务。海军主要由潜艇部队、水面舰艇部队、航空兵、陆战队、舰载航空兵部队、岸防部队等兵种组成。其使命是"防御外敌海上入侵，收复敌占岛屿，保卫我国领海主权，维护祖国统一和海洋权益"。发展远海合作与应对非传统安全威胁能力也成为海军使命任务的重要方面。

1. 发展历程

海军成立于 1949 年 4 月 23 日。1949—1955 年，先后组建水面舰艇部队、岸防兵、航空兵、潜艇部队和陆战队，确立了建设一支轻型海上作战力量的目标。1955—1960 年，先后组建了东海、南海和北海舰队。20 世纪 50 年代至 70 年代，海军的主要任务是在近岸海域实施防御作战。20 世纪 80 年代以来，海军实现了向近海防御的战略转变。进入 21 世纪，海军着眼信息化海上局部战争的特点规律，全面提高近海综合作战能力、战略威慑与反击能力，逐步发展远海合作与应对非传统安全威胁能力，推动海军建设整体转型。现在，海军已初步发展成为一支多兵种合成、具有核常双重作战手段的现代海上作战力量。

2. 体制编制

海军平时实行作战指挥与建设管理合一的领导体制，由海军机关、舰队、试验基地、院校、装备研究院等构成。海军下辖三个舰队。北海舰队机关位于山东青岛，东海舰队机关位于浙江宁波，南海舰队机关位于广东湛江。舰队下辖舰队航空兵、保障基地、舰艇支队、水警区、航空兵师和陆战旅等部队。

海军潜艇部队装备战略导弹核潜艇、攻击核潜艇和常规动力潜艇，编有潜艇基地、潜艇支队。水面舰艇部队主要装备驱逐舰、护卫舰、导弹艇、扫雷舰、登陆舰和勤务舰船等，编有驱逐舰、快艇、登陆舰、作战支援舰支队和水警区。2012 年 9 月 25 日，中华人民共和国国防部宣布，中国首艘航空母舰"辽宁号"正式交接入列。航空兵部队主要装备歼击机、歼击轰炸机、轰炸机、侦察机、巡逻机和直升机等，编有航空兵师。陆战队主要由陆战兵、两栖装甲兵、炮兵、工程兵和两栖侦察兵等构成，编有陆战旅。岸防部队主要由岸舰导弹、高射炮兵、海岸炮兵等组成，编有岸导团、高炮团等。

3. 部队建设

海军按照近海防御、远海护卫的战略要求，逐步实现近海防御型向近海防御与远海护卫型结合转变，构建合成、多能、高效的海上作战力量体系，提高战略威慑与反击、海上机动作战、海上联合作战、综合防御作战和综合保障能力。

（三）空军

空军是人民解放军的战略军种，是空中作战行动的主体力量，担负着保卫国家领空安全和领土主权、保持全国空防稳定等任务。空军主要由航空兵、地面防空兵、空降兵、通信兵、雷达兵、电子对抗兵、技术侦察兵、防化兵等兵种组成。其使命是"组织国土防空，夺取制空权，独立或联合（协同）其他军种作战，保卫祖国领土、领空、领海主权和国家利益，维护国家统一和安全，保障我国改革开放和经济建设的顺利进行"。

1. 发展历程

空军成立于 1949 年 11 月 11 日。1949—1953 年，陆续成立军委空军、军区空军领导机关，组建歼击、轰炸、强击、侦察、运输航空兵、空降兵部队和一批院校，并组成中国人民志愿军空军参加抗美援朝作战。1957 年空军和防空军合并，实行空防合一体制。20 世纪 60 年代至 70 年代，确立重点发展防空力量的指导思想，逐步发展成为一支国土防空型的空军。20 世纪 90 年代以来，空军进入快速发展时期，陆续列装了第三代作战飞机、第三代地空导弹以及一批较先进的信息化武器装备，加强了以战略理论为核心的军事理论建设，确立了攻防兼备的战略思想，空军开始由国土防空型向攻防兼备型转变。现在，空军已初步发展成为一支多兵种组成的战略军种，具备了较强的防空和空中进攻作战能力，一定的远程精确打击和战略投送能力。

2. 体制编制

空军平时实行作战指挥与建设管理合一的领导体制，由空军机关、战区空军、军（师）级指挥所、师（旅）、团构成。战区空军下辖航空兵师、地空导弹师（旅、团）、高炮旅（团）、雷达旅（团）、电子对抗旅（团、营），以及其他专业勤务部队，在重要方向和重点地区，设有军级或师级指挥所。

航空兵师通常按团、大队、中队体制编成，主要机种为歼击机、强击机、歼击轰炸机、轰炸机、运输机、侦察机、作战支援机等。航空兵师下辖航空兵团和驻地场站。航空兵团是基本战术单位。地空导弹部队以营为基本火力单位，通常按师、团、营或旅（团）、营体制编成。高射炮兵以连为基本火力单位，通常按旅（团）、营、连体制编成。空降兵按军、师、团、营、连体制编成。

3. 部队建设

空军按照空天一体、攻防兼备的战略要求，实现由国土防空型向攻防兼备型转变，构建适应信息化作战需要的空天防御力量体系，提高战略预警、空中打击、防空反导、信息对抗、空降作战、战略投送和综合保障能力，努力建设一支现代化的战略空军。

（四）火箭军

火箭军是我国战略威慑的核心力量，是我国大国地位的战略支撑，是维护国家安全的重要基石。主要担负遏制他国对中国使用核武器、遂行核反击和常规导弹精确打击任务。火箭军遵守国家不首先使用核武器政策，贯彻自卫防御核战略，严格执行中央军委命令，以保证国家免受外来核攻击为基本使命。火箭军所属导弹核武器，平时不瞄准任何国家；在国家受到核威胁时，核导弹部队将提升戒备状态，做好核反击准备，慑止敌人对中国使用核武器；在国家遭受核袭击时，使用导弹核武器，独立或联合其他军种核力量，对敌实施坚决反击。火箭军常规导弹部队主要担负对敌战略战役重要目标实施中远程精确打击任务。

1. 发展历程

火箭军，原为成立于 1966 年 7 月 1 日的第二炮兵。中国于 1956 年开始发展战略导弹武器，1957 年组建战略导弹科研、训练和教学机构，1959 年组建第一支地地导弹部队，1966 年 7 月 1 日以领导机关组建为标志正式成立第二炮兵。创建第二炮兵，是中国为应对核威胁、打破核垄断、维护国家安全，被迫做出的历史性选择。20 世纪 70 年代后期，第二炮兵确立建设中国特色的精干有效战略导弹部队的目标。20 世纪 90 年代，第二炮兵组建常规导弹部队，进入了核导弹与常规导弹力量协调发展的新阶段。进入 21 世纪，第二炮兵努力推进信息化建设跨越式发展，已建设成为一支精干有效、核常兼备的战略力量，具备陆基战略核反击能力和常规导弹精确打击能力。2015 年 12 月 31 日火箭军成立，习近平亲自向中国人民解放军火箭军部队授予军旗并致训词，要求火箭军部队坚持以党在新形势下的强军目标为引领，深入贯彻新形势下军事战略方针，全面实施改革强军战略，坚定不移走中国特色强军之路，时刻听从党和人民召唤，忠实履行党和人民赋予的神圣使命，为实现中国梦强军梦做出新的更大的贡献。

2. 火箭军的编成

火箭军主要由核导弹部队、常规导弹部队及各种保障部队组成。火箭军受中央军委的直接领导和指挥。它与海军潜地战略导弹部队和空军战略轰炸机部队构成我国"三位一体"的战略核力量。

火箭军的机关设有参谋部、政治工作部、后勤保障部、装备部。

火箭军部队的编制序列主要为火箭军、基地、旅等。

3. 部队建设

火箭军部队认真把握火箭军的职能定位和使命任务，按照核常兼备、全域慑战的战略要求，增强可信可靠的核威慑和核反击能力，加强中远程精确打击力量建设，增强战略制衡能力，努力建设一支强大的现代化火箭军。火箭军相对于第二炮兵最大的变化是"全域慑战、战略制衡"。

（五）战略支援部队

战略支援部队，成立于 2015 年 12 月 31 日，是在新型作战领域对陆军、海军、空军和火箭军作战实施战略支援的战略军种。战略支援部队由战略性、基础性、支撑性很强的各类保障力量经功能整合后组建而成，是维护国家安全的新型作战力量，是我军新质作战能力的重要增长点。

战略支援部队坚持体系融合、军民融合，高标准高起点推进新型作战力量加速发展、一体发展，努力建设一支强大的现代化战略支援部队。

> **思考题**
>
> **1.** 中国武装力量由哪几部分组成？
>
> **2.** 中国人民解放军由哪些军种组成？它们分别诞生于何时？担负的使命是什么？
>
> **3.** 中国武装力量的基本体制是什么？

第四节 国防动员

国防是一个国家防务的总称，是国家生存与发展的安全屏障。国防动员作为国家防务活动的产物，是联结国防建设与经济建设的桥梁和纽带；国防动员通过军民结合、寓军于民的组织形式，可以快速地把国防动员潜力转化为国防实力，是加强国防建设、维护国家安全、稳定和发展的战略手段。

一、国防动员概述

（一）国防动员的产生与发展

"动员"一词最早起源于普鲁士，在德语中，动员词为"mobilisation"，在军事上的含义是"使……做好战争准备""进行战争动员""进行战备"。第一部动员法令颁布于法国资产阶级大革命时期，为了应对当时英国、俄国、普鲁士、奥地利等国结成的反法同盟，法国国民公会实施了全国总动员，并于 1793 年 8 月 23 日颁布了《全国总动员法令》，在这个动员令下，法国的战争能量就像火山爆发、江河决堤一样被充分释放了出来，最终把英军赶入了大海，把多国联军赶出了法国。这个法令可以说具有划时代意义，不仅仅在于它第一次提出了"动员"的概念，而且它是人类战争史上第一部国家动员法令。20 世纪初，日、俄战争时期，侵华日军总参谋长儿玉源太郎将"mobilisation"意译为"动员"一词，其含义是指"出师准备"，由此也就传入了我国。今天，"动员"作为各国公认的固定概念，作为国际通行的军事术语，已被普遍使用。

> **知识窗**
>
> 国防动员是指国家为应对战争或其他安全威胁，使社会诸领域的全部或部分由平时状态转入战时状态或紧急状态的活动。

国防动员因其与战争紧密相连，最早称作战争动员。战争动员产生于奴隶社会，形成于封建社会，发展于资本主义社会。尤其是 20 世纪两次世界大战的爆发，战争动员进一步发展。

动员规模空前。例如，第二次世界大战，参战各国动员的总兵力达到 1.1 亿人。在 61 个参战国家中，德国 1700 万人，日本近 1000 万人，苏联 1136 万人，美国 1212.3 万人，人力、物力、财力的动员量高于以往任何战争。

动员领域扩展。将经济、政治、外交等领域纳入了战争动员范围，将工业、农业、商业、财政金融、交通运输、邮电通信等部门纳入了战时轨道，动员体系呈现"综合动员"的性质。

动员行动持续不断。连续多批次地实施人力、物力和财力的动员，已成为参战各国的普遍做法。

动员体制不断完善。各参战国纷纷建立或改组了战争动员领导机构，对战争动员实施统一的领导，如美国设立了战时资源委员会，法、德等国也分别设立了类似的专门机构。

动员法规日臻完善。如德国的《战时授权法案》、日本的《国家总动员法》、英国的《紧急全权国防法案》、法国的《总动员法》和苏联的《关于战时状态法令》等，对动员的基本和重大事项都作出了规定。

中国共产党成功领导了多次战争动员活动。在革命战争中，毛泽东曾指出："战争的伟力之最深厚的根源，存在于民众之中。"[1]"动员了全国的老百姓，就造成了陷敌于灭顶之灾的汪洋大海，造成了弥补武器等缺陷的补救条件，造成了克服一切战争困难的前提。"[2]"力量的对比不但是军力和经济力的对比，而且是人力和人心的对比。"[3] 在这些思想的指导下，中国共产党成功地进行了军事、政治、经济、文化等动员，为壮大人民军队、夺取革命战争的胜利发挥了巨大作用。为了夺取抗日战争的胜利，1937 年 8 月，中国共产党发表了《抗日救国十大纲领》，号召全国各族人民和社会各阶层、各民主党派团结起来，积极参加抗日战争，形成了全国的抗日民族统一战线，出现了全面抗战的总动员局面。中华人民共和国成立后的抗美援朝战争，在全国深入进行了"抗美援朝、保家卫国"的宣传教育，

---

① 《毛泽东选集》，第二卷，第 511 页，解放军出版社重印，1991 年 6 月第 2 版。

② 《毛泽东选集》，第二卷，第 480 页，解放军出版社重印，1991 年 6 月第 2 版。

③ 《毛泽东选集》，第二卷，第 469 页，解放军出版社重印，1991 年 6 月第 2 版。

激发了广大军民的爱国热情，并在全国开展的捐献运动，为保障战争的胜利作出了重要贡献。

（二）国防动员的功能和作用

国防动员是把国防潜力转化为战争实力的战略工程，是遏制战争、打赢战争的可靠保障。国防动员作为国防活动的重要内容之一，具备"平时服务、急时应急、战时应战"的功能，是促进社会发展、维护社会稳定和打赢战争的重要手段，在国家安全、稳定和发展中具有重要地位，在应对战争、突发事件和紧急状态进程中发挥作用。

1. 国防动员具有平时服务的功能，是促进社会发展的重要途径

国防动员实行"平战结合、军民结合、寓军于民"的原则，可节约国防开支，有利于国家集中力量发展经济。和平时期，国家的中心任务是提高社会生产力，改善人民生活，国防建设不可能有过多的投入，必须提高国防建设的效益。有限的国防经费，要想获得最大的国防效益，必须健全完善动员体制，建设一支精干的常备军和强大的后备力量相结合的武装力量，做到"平时少养兵，战时多出兵"。这样不仅可以经常保持较强的国防整体威力，为国家提供可靠的安全保障，而且可以减轻国家负担，促进经济和社会发展。

一方面，国防动员建设可以节约国防开支，从而间接地服务于国家的经济发展。习近平提出"军民融合发展既是兴国之举，又是强军之策"的思想，为国防建设指出了一条中国特色的军民融合发展的新路子。军民融合发展，可把国防动员建设的层次提得更高，范围扩得更大，程度变得更深，更好地服务于经济社会发展。例如，在进行大型基础设施建设时，必须要考虑到军队和国防建设。修建高速公路时，可建设一些简易飞机应急跑道，就像沈大高速公路部分路段一样。铺设光缆时，预留部分接口为军队服务等，这样可节约很大一笔军费。节省军费就是间接为经济建设服务。

另一方面，国防动员建设的成果可以直接为经济建设服务。从物质角度来说，在动员建设过程中，建设一批军工生产线，平时可以生产民用产品、为民服务。当前市场上很多民用品牌，如长虹彩电、长安铃木汽车、嘉陵摩托车等，都是军转民的成果。一些城市地下人防工程，可开发利用，搞成地下商场服务经济发展，还可为战争储备诸如粮食、石油等。这些都是国防动员平时服务、促进国民经济发展的具体体现。

2. 国防动员具有急时应急的功能，是应对非传统安全威胁的有效手段

国防动员的最初功能是应对战争的需要。新的历史条件下，随着非传统安全威胁日益增加，国防动员的功能不断拓展，使其在非战争行动中发挥应有的作用。当国家安全和发展利益受到威胁时，国防动员凭借自身的准备和特有的机制，使国家或地区在需要时进入一定的应急状态，动员国家、军队和社会的一定力量，抗御自然灾害，处置各种自然和人为的事故与灾难，使国家和社会处于正常运转状态，维护人民群众的生命财产安全。2008年初，50年难得一遇的冰雪灾害降临，我国19个省份电力、交通、能源、气象等几乎所有关乎国计民生领域都有所波及，且处在春运特殊的时期。电力告急！交通告急！广州告急！衡阳告急！郴州告急！面对这场突如其来的冰雪灾害，我国政府紧急启动应急动员机制，一个月的时间赢得了抗击冰雪灾害的伟大胜利。尤其是2008年5月12日，四川汶川特大地震发生后，举国动员迅速展开，武装力量系统不到2小时就成立了全军救灾应急指挥中心，连夜调兵遣将，车载、空投设备和人员，13万部队以水、陆、空立体方式日夜兼程向震区开进，5万民兵预备役人员携带各类救援设备向灾区挺进；医疗卫生系统大批的医护人员、大量的医疗设备火速驰援灾区；交通运输系统铁路、公路、水上、空中，凡是支援灾区的物资和人员一路绿灯；科技信息系统纷纷启动应急方案；军民齐心协力为抗震救灾胜利发挥了重要的作用。

3. 国防动员具有战时应战功能，是打赢现代战争的基础环节

应战功能是指国防动员在服务于战争方面的作用和效能。为遏制战争爆发并夺取战争胜利而积聚强大的战争力量，是国防动员的基本功能与任务。战争动员不仅通过平时的准备，为战争实施积聚强大的战争潜力，而且通过建立一套平战转换机制，使这种潜力在战争爆发后迅速转化为实力，为赢得战争的胜利奠定必要而坚实的物质基础。应战是国防动员的基本功能，具体体现在两个方面。

一是胜战。古往今来，动员对于增强军事实力，夺取战争的主动权发挥着至关重要的作用。尤其是在战争突然降临的情况下，这种作用就更加明显、更加突出。例如，1941年6月22日凌晨，德国法西斯对苏联发动了突然袭击。苏联举国动员，8天就征召了530万士兵，一个月就动员了65万预备役军官，最高峰时苏联的兵员总额达到2700多万人。持续不断的动员、源源不断的兵员补充奠定了卫国战争胜利的基础。第四次中东战争，1973年10月6日埃及和叙利亚军队越过苏伊士运河，突破巴列夫防线，从西、北两线对以色列实施夹击，打得以色列措手不及。但以色列凭借完善的国防动员体制，在战争爆发10分钟后，迅速向全国发布总动员令，在48小时内就动员了30万预备役官兵开赴前线，使兵力扩大了3倍之多，很快就扭转了战争初期被动不利的局面。可见，国防动员是打赢战争的基础环节。

二是止战。止战是指遏制战争爆发、遏制危机发生的有效手段。在一定意义上讲，动员可以凭借本身所具有的强大的战略威慑力，收到孙子所说的"不战而屈人之兵"的效果。现代战争的巨大破坏性，使各国更加重视利用战争动员所积聚的巨大力量，来制止战争的爆发、遏制危机的发生。实践中，有许多国家通过国防动员积聚的力量和显示使用力量的决心，为打赢战争提供了强大的物质基础和精神力量。

二、国防动员的基本内容

国防动员的基本内容包括武装力量动员、国民经济动员、人民防空动员、交通战备动员和政治动员。

（一）武装力量动员

武装力量动员，是国家为适应战争的需要，扩充和调整军队及其他武装组织，使其由平时状态转入战时状态所进行的活动。它是国防动员的核心，其他动员都是围绕武装力量动员来进行的。武装力量动员包括现役部队动员、后备兵员动员、预备役部队动员和民兵动员。

现役部队动员是指将中国人民解放军各军兵种部队和武装警察部队从平时编制转为战时编制的动员。现役部队动员主要包括四个方面：一是进入临战状态，接到动员命令后立即召回外出人员，停止转业、复员、退伍、探亲、休假等活动，启封库存的武器装备，做好战斗准备；二是实行战时编制，不满编的部队迅速按战时编制补充兵员和装备，达到齐装满员；三是扩建现役部队，以现役部队为基础，扩建时的兵员空缺，由预备役官兵补充；四是组建新的部队，按照动员计划和部队编制方案，从现役部队或军事院校抽调官兵，同时征召预备役官兵，组成新的部队。

后备兵员动员是征召适龄公民到军队服现役的活动。根据战争的需要，国务院、中央军委可以决定征召36～45岁的男性公民服现役。后备兵员动员是直接为现役部队动员服务的，与现役部队动员同步进行，主要是征召预备役军官和士兵补充现役部队。后备兵员动员主要有三种用途：一是补充不满编的现役部队，二是补充扩建和新组建的部队，三是

补充战斗减员的部队。

预备役部队动员是指预备役部队成建制转服现役的活动，是战时快速动员的一种重要方式。《国防法》规定，预备役部队"战时根据国家发布的动员令转为现役部队"。预备役动员最典型的国家是以色列，以色列实行的是小型的常备军和庞大的后备力量相结合的武装力量体制，以色列陆军，有番号的共 36 个旅，其中现役部队只有 12 个，剩下的是预备役旅。为了保证预备役人员的战斗力，以色列实行的是储备入伍机制，即在当兵入伍期间接受严格的训练，一经退伍就转服预备役，并保持相当强的战斗力。可以说，在以色列维护国家安全、保护国家主权的主力，不是常备军，而是预备役部队。

民兵动员主要是指组织发动民兵担负参战支前任务。民兵是保卫祖国的一支重要力量，战时可以配合军队作战和担负支援保障任务，也可以独立担负后方防卫作战和维护社会稳定任务。民兵是不脱产的群众性的武装组织，是进行人民战争的一个巨大的力量。革命战争时期，广大民兵送军粮、抬担架、运伤员，架桥铺路，保卫后方，功勋卓著。中华人民共和国成立后，历次边境重大军事行动，民兵立下汗马功劳。1985 年，我国宣布百万大裁军，外电普遍这样认为：中国削减军队的计划无损于中国自卫的能力，用手提武器装备起来的中国民兵，对于一个潜在的侵略者来说，虽然他迈开第一步时不构成威慑，可是在这之后，为占领中国可能付出的代价，将令人生畏。可见，中国民兵的作用是不可低估的。

（二）国民经济动员

国民经济动员是国家将经济部门、经济活动和相应的体制从平时状态转入战时状态所进行的活动。国民经济动员是战争动员的基础和重要内容，对于充分发挥国家的经济潜力，提高军品生产能力，及时满足战争对各种物资和勤务保障的需求，具有重要的作用。国民经济动员主要包括工业动员、农业动员、贸易动员、财政金融动员、科学技术动员、医疗卫生动员和劳动力动员。

工业动员，是指国家调整和扩大工业生产能力，增加武器装备及战争需要的其他工业品产量的活动。主要内容包括统筹安排军需民用，调整工业布局，改组生产与产品结构，实行快速转产，扩大军品生产；组织工厂企业进行必要的搬迁、复产以及作战物资的生产、储备等，最大限度地把工业潜力转化为实力。自人类进入工业社会以来，战时工业生产能力的强弱已经成为决定战争胜负的关键因素，而这种影响作用，到第二次世界大战时达到了一个顶峰。例如，在太平洋战争爆发前，日本海军大将山本五十六，坚决反对日本对美国开战，认为美国是一个工业怪兽，一旦动员起来，日本根本没有取胜的希望。当日本偷袭珍珠港成功之后，举国欢庆，只有山本五十六忧心忡忡，并多次向日本大本营建议，尽快结束这场战争，否则必败无疑！事实也证明了这一点，对比当时美日双方实力，日本战时生产能力和美国比起来要弱小得多。可以说，即使日本再取得几个像珍珠港那样的胜利，也扭转不了失败的命运。

农业动员，是指国家调整和挖掘农业生产潜力，维护农业设施，增加粮食、棉花、油料、肉类及其他农副产品的产量和国家征购量，满足战争和人民生活对农产品的需求。主要内容包括实行战时农产品管理体制，调整农业生产结构，实施战时农业经济政策。

贸易动员，是指国家在商品流通领域实行战时管理体制和战时商贸政策，控制商品流通秩序和流向，以满足战争和人民生活对各种商品的需求。主要内容是对国内贸易和对外贸易实行管制。

财政金融动员，是指国家为保障战争需要而采取的筹措和分配资金，维持财政金融秩序的活动。它对于战争所需物资的筹措和调控经济活动具有枢纽作用，是经济动员中的重中之重。其主要内容包括实行战时税制，实行战时预算，增加举借债务，加强金融监管。现代战争需要巨额的资金保障，筹措资金是财政金融动员的主要任务。"带甲十万，日费千金"，我国古代就是这样认识的，现代战争的消费更是水涨船高。以美军为例，第二次世界大战美军的日战争费用为 1.94 亿美元。越南战争约 2.3 亿美元，而海湾战争时，美军日均消耗高达 14 亿美元，消耗直线上升。如此巨额的战争消耗，即便是美国这样腰缠万贯的超级大国也感到力不从心。

科学技术动员，是指为保障战争对科学技术的需要，国家统一组织和调整科研机构、科研人员、科研设备、资料及成果所进行的活动。目的在于开发、研制先进武器装备，为武装力量及其他部门提供技术保障和支持，利用科学技术争取战争优势。其主要内容包括科研机构动员，科技人员动员，科技经费、设备和物资动员，科技成果和科技情报动员。

医药卫生动员，是指统一调度和使用医药卫生方面的人力、药品器材、设备和设施，满足战争对于医药卫生的需要所进行的活动。对于为军民提供可靠的医药卫生保障，恢复军队战斗能力和社会劳动能力，保护人力资源，具有重要意义。其主要内容包括实行医药卫生管制，组织战时医疗救护，搞好卫生防疫。

劳动力动员，是指国家统一调配和使用劳动力，开发劳动力资源，以满足武装力量扩编、军工生产及其他领域对人力的需求所进行的活动。其主要内容包括根据战争需求调配和使用劳动力，实行战时就业制度，扩大劳动力资源总量，实行战时劳动制度，提高劳动强度和效率。

（三）人民防空动员

人民防空动员是国家发动和组织人民群众防备敌人空袭、消除空袭后果所进行的活动。在现代战争中，远距离精确打击成为重要的作战样式，大、中城市和经济建设基础设施面临的空袭威胁日益严重。人民防空动员对于减轻空袭危害，减少人民群众生命财产损失，保持后方稳定，保存战争潜力，具有重要的作用。其主要内容包括人防预警动员，群众防护动员，重要经济目标防护动员，人防专业队伍动员。

人防预警动员，是为及时获取防空斗争所必需的情报，为组织民众防护和进行抢救、抢修提供信息保障所进行的活动。其主要内容包括建立和完善人防警报网，确保战时按规定适时发放防空警报；组织群众开展对空侦察，协助有关部门掌握和传递空中情况。

群众防护动员，是为保护人民生命安全，保存后备兵员和劳动力资源，安定人心和维护社会稳定，维持战时生产和生活秩序所进行的活动。其主要内容包括开展人民防空教育，组织城市人口疏散，构筑人民防空工程和组织掩蔽，组织城市防空管制。

重要经济目标防护动员，是为减轻战争破坏程度，保护关键的生产能力所进行的活动。重要经济目标数量多、面积大、隐蔽性差，是敌空袭的首要目标。局部战争实践表明，空袭经济目标、摧毁国防潜力对战争的进程和结局具有决定性影响。平时建设和调整产业结构时，应充分考虑重要经济目标的防护要求；战时积极动员，采取综合防护措施，如搬迁疏散、转入地下，伪装欺骗、示假隐真，空中设障、多方拦截等手段，提高整体防护能力。

人防专业队伍动员，是根据战时消除空袭后果的需要，按照专业系统组成的，担负抢救、抢修等防空勤务的群众性组织所进行的活动。其主要内容包括平时组建各种人防专业队伍，进行必要的训练和演练，有针对性地落实抢救抢修器材、装备和物资；战时适当扩充人防专业队伍，组织开展抢救抢修行动，消除空袭后果，维护社会治安。

科索沃战争，以美国为首的北约，对南联盟实施了长达 78 天的高强度轰炸，而南联盟不仅保存了 90% 以上的有生力量，而且战果不菲，其中一个重要的经验是防护工作做得好，防空设施发挥了重要作用。南联盟在高强度空袭面前成功的防空实践，对于加强人民防空建设、保护战争潜力具有极大的启示。未来战争一旦爆发，敌人大规模派兵侵占国土的可能性越来越小，首先可能是利用精确制导武器、远程作战飞机对我进行空袭，防空动员就成为国防动员的一个重点。特别要对战略枢纽、交通命脉、大型企业、供水、供电、供气这些城市生命线工程，以及容易造成次生灾害的核电站、水库大坝等进行重点防护。

（四）交通战备动员

交通战备动员，是国家统一管制各种交通线路、设施、工具和通信系统，组织和调动交通、通信专业力量为战争服务的活动。对于保障军队的机动和其他人员、物资的前送后运，保障作战指挥和通信联络的畅通，具有重要的作用。其主要内容包括交通运输动员和通信动员。

交通运输动员，是国家为了适应战争需要，组织和利用各种交通运输线路、设施和工具，进行人员、物资和装备输送的活动。其主要内容包括铁路、公路、水路、航空等运输方式的动员。铁路运输具有运载量大、速度快、效率高的特点，可担负远距离、大重量的运输任务，是在战略、战役后方实施大规模运输的主要手段。公路运输具有灵活机动、周转速度快、适应性强等特点，既可独立完成运输任务，又可与其他运输方式相衔接进行运输。水路运输具有运量大、成本低、隐蔽安全、航线不易被破坏等特点，是海上作战和江河水网地区部队机动和物资输送的主要手段。航空运输具有快速、灵活、一般不受地形条件限制等特点，适用于紧急情况下快速输送人员、物资。应平时加强建设，战时搞好交通管制，动员民用运力，组织交通线的防护等。

通信动员是指国家为了适应战争需要，统一组织调动通信资源和力量，综合运用多种通信手段，保证通信联络安全、稳定、畅通所进行的活动。信息时代，战时指挥协同的通信量大增，通信动员任务十分繁重。应加强对通信动员的集中统一领导和指挥，对国家通信网络实行统一管制，征集和调用民用通信资源和力量，组织通信防卫，抢修抢建通信线路和设施，做到各类人员有机协调、统一行动，实现各类通信网络兼容互通、系统集成，确保通信畅通、安全保密，确保军队指挥顺畅、军地联络通畅。

（五）政治动员

人类社会的战争史实充分证明，得道多助、失道寡助，得民心者得天下。政治动员，是为了应对战争、突发事件和紧急状态的需要，国家有计划、有组织地从政治上、思想上，对人民群众和军队所进行的思想发动、政治宣传、精神贯注，以及在国内建立广泛的爱国统一战线，在国外争取国际支持的一系列活动。其主要内容包括舆论宣传动员、国内社会政治力量动员、外交动员等，是影响"民心"、塑造"民心"、鼓动"民心"，最终赢得"民心""赢得天下"的关键环节。政治动员的实质，是调整国内外各种政治力量的关系，争取民心，争取舆论，创造应对战争、突发事件和紧急状态的良好政治环境和氛围，更加有效地为国家应对战争、突发事件和紧急状态提供政治保障。

舆论宣传动员，是国家通过广泛的思想发动、政治宣传和国防教育，把全国人民的思想，统一到应对战争、突发事件和紧急状态的需要上，以实际行动支持国家应对战争、突发事件和紧急状态所进行的一系列活动。

国内社会政治力量动员，是国家有计划地组织各政党、各人民团体，以及工、农、商、学等社会各界结成广泛的爱国统一战线，鼓励国内社会政治力量参与应对战争、突发事件和紧急状态所进行的一系列活动。战争之伟力存在于广大民众之中，真正的铜墙铁壁是人民群众。各政党和人民团体，以及工、农、商、学等各界群众，是国防动员潜力的基础。

外交动员，是为了应对战争、突发事件和紧急状态的需要，国家有计划、有组织地把外交资源及其相应的体制，由平时状态转入战（急）时状态所进行的一系列活动。开展外交活动和对外宣传，对于争取国际道义、财政和物质援助，孤立敌对方、壮大己方力量、建立国际统一战线，营造有利的国际舆论环境具有重要的意义。

平时政治动员的主要表现为国防教育，国防教育的重点对象是国家机关的公务员、青年学生和武装力量，目的是树立全体公民的国防观念，提高国防动员的能力，增强履行国防义务的自觉性。

三、国防动员准备、动员实施和复员

动员准备、动员实施和复员，是国防动员的三个基本阶段。动员准备，是动员实施的基础和前提，也是前一轮复员活动的衔接点和出发点；动员实施，是动员准备的目的和归宿，也是本轮复员活动存在的根本依据；复员，则是本轮动员实施的终止和新一轮动员准备的开始。三者既相互联系、相互衔接，又相互制约、相互协调，共同构成了一个完整的国防动员体系，是实现国防动员目的，保障国家应对战争、突发事件和紧急状态需要，维护国家主权、统一领土完整和安全的重要手段。

（一）动员准备

动员准备即国防动员准备，是国家在平时为了应对战争、突发事件和紧急状态的需要，实现国家体制及其相应的活动全部或者部分地由平时状态向战（急）时状态快速转换，所进行的一系列准备活动。动员准备是国防动员发挥平时服务、急时应急、战时应战功能的重要前提，是搞好动员实施的基础。

动员准备涉及军事与经济、人力与物力、军队与政府、中央与地方、需求与供给、前方与后方、当前与长远等各方面的关系，通常包括以下几个方面内容：国防动员潜力统计调查，国防动员规划和计划编制，国防动员预案编制，国防动员演练，国防动员信息化建设，经济建设贯彻国防要求，战区战场建设，国防后备力量建设，国防科技工业动员建设，国民经济动员中心建设，军民两用技术研制开发，战略物资储备建设，专业技术保障队伍建设，军地两用人才的培养，战争灾害的预防与人民防空动员建设，运力动员准备与交通战备建设，国防教育、国防动员组织机构建设，国防动员法规制度建设，国防动员理论建设等。

（二）动员实施

动员实施即国防动员实施，是国家为了应对战争、突发事件和紧急状态的需要，全部或者部分地实现国家体制及其相应的活动，由平时状态向战（急）时状态转换的一系列活动。它不仅关系到国防动员潜力向国防动员实力转化的速度和效率，而且直接影响到战争、突发事件和紧急状态的进程和最终结局。

动员实施通常包括以下几个方面内容：迅速完成国家体制的平战转换，修订并组织实施国防动员计划，调整国民经济的结构和布局，组织实施国防后备力量动员，组织实施军品科研生产动员，组织实施专业技术保障力量动员，组织实施战略物资储备调用，组织实施战争灾害的救助与人民防空动员，组织实施运力为核心的交通运输动员，组织实施征收征用，组织实施管制，组织实施政治动员等。动员实施活动从开始到终止通常包括以下步骤：作出动员决策，发布动员令，健全战（急）时国防动员体制，修订完善国防动员计划，修改实施国防动员法规制度，协调运用各种手段和措施。

（三）复员

复员，是国家把战（急）时体制及其相应的活动，全部或者部分地由战（急）时状态恢复到平时状态所进行的一系列活动。复员实际上是动员的反义词，复员行为是动员行为的逆向行为。

复员既涉及军事政治经济文化外交等国家经济社会的各个方面，又涉及武装力量动员、国民经济动员、人民防空动员、交通运输动员和政治动员等国防动员的各个领域，通常包括以下几个方面内容：裁减兵员、安置参战支前人员，调整国民经济的结构和布局，修复和重建基础设施，回迁企业组织再转产，补充消耗的战略储备，返还和补偿征收征用的物资、资源，解除管制，组织人员的抚恤，调整政治宣传和对外关系，恢复调整国家体制。完成复员任务通常包括以下几个步骤：作出复员决定，成立复员机构，制订复员计划，下达复员命令，组织复员实施。

四、国防动员的发展趋势

目前，人类战争形态正由机械化战争向信息化战争过渡、转型，与此同时，伴随着战争产生而产生、发展而发展的国防动员也必然面临新的挑战、新的要求，这些新的挑战、新的要求折射出国防动员未来发展的趋势。

（一）精确动员逐步走向战争舞台，将成为未来动员发展的方向

海湾战争，美国动员了大量的人员和物资，仅作战物资就高达 1.86 亿吨，相当于把美国一个中等规模城市的一切生活设施全都搬到了万里之外的海湾。可仗打完了，还剩可供使用 60 ~ 100 天的弹药，56 天的油料，29 天的野战食品。而后，美军又展开了一个规模宏大、代号为"移山"的沙漠告别行动：花了一年多时间，用了 4 万多个集装箱，耗费 1 亿多美元，把这些物资又从万里迢迢的海湾运回本土。伊拉克战争，美军先后对伊拉克战争可能的规模、战斗毁伤、兵力和物资需求等进行了精确的计算，取得了近似实战的各种动员数据，并对动员过程进行连续、实时控制，基本达到了"供求一致"，即在需要的时间，按照需要的数量，将需要的物资，投放在需要的地点，实现了精确保障、精确动员。

从两场战争物资动员的效果看，海湾战争许多物资运到前线没派上用场，又万里迢迢运回。伊拉克战争广泛应用信息网络技术，基本实现物资保障适时、适地和适量。可见，精确动员已经登上了战争舞台，并将成为未来发展的方向。以往那种不惜代价的粗放式动员，已与时代发展不相适合，与打赢信息化战争的要求不相适应。因此，精确运用各种动员力量、精确组织各类动员保障等"精确化"动员模式便成为信息化战争的必然选择。

（二）科技、信息动员地位不断上升，将成为未来动员的重心

高技术特别是信息技术的广泛运用，不仅深刻改变着世界的经济面貌，而且也引发了军事领域一系列的变革，武器装备智能化、人员构成知识化、作战编成一体化、指挥控制高效化，使国防动员由过去那种"体能型、经济型"动员进入了"科技型、信息型"动员的阶段。从近几场局部战争来看，科技、信息动员正在取代经济型动员成为动员的重心。例如，伊拉克战争期间，美国动员了数百家公司企业，2 万多名技术人员前往战地伴随保障。同时，

美国还征用了部分民用信息网络，租用了很多商用卫星，这些民间人才和民用技术使美军如虎添翼。

从汶川抗震救灾的实践看，科技、信息动员的作用不可低估。地震发生后，手机短信在第一时间把地震消息传遍大江南北，电视新闻、网络媒体一天24小时不间断地滚动播出，把灾区的实时情况和紧迫需求送进千家万户。各种论坛、博客、在线聊天室、留言板等也都成为地震信息交流和发布的渠道。这呈现出了信息动员在舆论导向、凝聚力量、鼓舞人心等方面的巨大作用和潜力，同时也显示了信息动员的战略地位和重要作用。

由此可见，在未来精兵利器的较量和科技、信息的较量过程中，必须以积极的科技动员、信息动员来提升动员的整体素质和保障能力。民间也蕴藏着巨大的科技、信息动员潜力，战时要把这种潜力挖掘出来，动员出来，让这些能量充分释放出来，就能在未来信息化战争中立于不败之地。

（三）先期动员作用更加突出，将成为未来动员的关键

机械化战争时期，边打边准备也来得及，而信息化条件下的局部战争节奏快、时间短、强度高，主要作战力量一般情况下都是一次性投入进去，作战物资也是集中大量消耗，要想赢得战争，必须事先做好充分的准备。

以海湾战争为例，1990年8月2日，海湾危机发生后，即伊拉克入侵科威特后，美国立即做出反应，要惩罚伊拉克。但这时美国没有准备，不可能马上展开军事行动，为此准备了168天。科索沃战争，战前美国估计，充其量打一个多星期，十多天就可以结束战争，可事实上战争却持续了78天。而战争在进行了一个多月的时候，美军弹药库存开始频频告急，只好紧急启动生产线，虽然说满足了作战的需求，但多少有点儿仓促。伊拉克战争，美国吸取了在科索沃的教训，战前进行了充分的准备，从2001年12月起，美军在海湾地区就预置了3万多人的远程部队和30多天的作战物资，同时启动了工业动员，生产适应沙漠作战的武器装备，还特别启动了石油储备等。由于动员准备提前到位，美国从容地选择合适时机发起对伊作战行动。

信息化条件下的局部战争，从一定意义上讲，就是"打准备、打储备"。如果等战争爆发后再去动员，可能就是临渴掘井、为时已晚，就会发生动员准备还没有到位的情况下，战争就已经结束了。因此，必须要提前准备，必须要先期动员。

（四）一体化动员应运而生，将成为未来动员的全新样式

信息化条件下局部战争目标有限、规模有限，一次战役行动就可达成战略目的，战争指导者可在较小范围内对作战行动和动员活动进行一体筹划，从而使动员活动与作战行动有机地融为一体。而信息化条件下实施的又是联合作战，作战双方的较量是系统与系统较量、整体与整体较量，这就决定了战争动员必须与之相适应，不仅各个领域的动员活动必须形成一个统一的整体，而且还要与作战行动构成一个完整的大系统，从而使整个动员领域呈现出互联互通、融为一体的态势。在这种大背景下，一体化联合动员就应运而生。

所谓一体化动员指的是以信息为支撑，对各种动员要素进行系统集成，确保动员与作战无缝连接、融为一体、实时互动的一种动员样式。一体化动员主要内容包括两个方面：一是动员活动本身的一体化，即把动员活动作为一个整体来筹划，协调一致地组织实施各个领域的动员；二是动员活动与作战行动的一体化，即把军事需求、动员保障、作战行动紧密结合起来，筹划作战的同时筹划动员，使动员更好地为作战服务。一体化动员，既是

信息技术发展的必然结果，也是信息化战争形态和一体化联合作战的客观要求，这是一个必然的发展趋势。

思考题

1. 什么是国防动员？
2. 国防动员的功能和作用是什么？
3. 国防动员的主要内容是什么？
4. 国防动员组织实施的步骤有哪些？
5. 国防动员的发展趋势是什么？

Chapter 02

第 2 章

军事思想

学习目标

① 了解我国军事思想与时俱进、一脉相承的发展过程。

② 熟悉军事思想的主要内容，认识其地位和作用。

③ 树立科学的战争观和指导战争的方法论。

④ 研究现代战争规律及军事思想对现代战争的指导意义。

　　军事思想是关于战争和军事问题的高层次的、系统的理性认识，是人们长期从事军事实践的经验总结和理论概括。它揭示战争的本质、战争的基本规律以及进行战争的指导规律，阐明军队建设的基本理论和原则，从总体上反映研究战争和军事理论的实践成果。它源于战争与军事活动的实践，又指导战争和军事实践，并随着战争和军事实践的发展而发展。军事思想研究的问题，通常包括战争观、战争与军事问题的方法论、作战指导思想和原则、军队建设的指导思想和原则等基本内容。其中，战争观和方法论是军事思想的理论基础，是军事思想的精髓和灵魂。

　　本章以中国军事思想为主线，从中国古代军事思想、毛泽东军事思想、邓小平新时期军队建设思想、江泽民国防和军队建设思想、胡锦涛国防和军队建设思想五个方面，展示中华民族博大精深、一脉相承、源远流长的军事思想。

第一节 🔭 中国古代军事思想

中国古代战争之多，兵书和论兵要著及其典章之多，堪称世界之最。据不完全统计，我国历代兵书多达 3380 部，23500 卷；目前尚存兵书 2308 部，18567 卷；其中比较有价值的 100 多部，被选入百科全书的有 39 部，被誉为"兵法之国"。中国古代各阶级、各民族、各政治集团之间的战争实践，锻炼和培养出众多的名将，造就了一代代名垂千古的军事家、兵学家。他们指挥了许多规模巨大、纷繁复杂的战争，在战争实践中把有关战争、军队等问题进行了系统的理论升华，形成中国古代军事思想。

一、中国古代军事思想的形成与发展

中国古代军事思想是随着社会的前进、战争的发展而不断丰富和发展的，经历了形成、成熟和发展的沿革过程。

> **概念窗**
>
> 中国古代军事思想，是指我国在奴隶社会、封建社会时期，各阶级、集团及其军事家和军事论著者对于战争与军队问题的理性认识。

（一）古代军事思想的初步形成（夏、商、西周时期）

公元前 21 世纪至公元前 8 世纪，我国先后建立了夏、商、西周三个奴隶制王朝，是中国奴隶社会从确立、发展到鼎盛的整个历史阶段，也是我国古代军事思想的初步形成时期。由于对战争客观规律认识的局限，战争受迷信的影响极大，经常以占卜、观察星象等来决定战争行动，产生了以靠天命观为中心内容的战争指导思想。军队的治理以"礼"和"刑"为基础。"礼"主要适于上层的贵族和军官，讲究等级名分、上下有序；对下级和士兵的管理主要靠严酷的刑法。商代甲骨文、商周的金文中有大量关于军事活动的记载，西周时期已出现《军志》《军政》等军事著作，虽早已失传，但这是我国古代军事思想形成的重要标志。

（二）古代军事思想趋向成熟（春秋、战国时期）

公元前 8 世纪初到公元前 3 世纪初，即春秋战国时期，是我国从奴隶制向封建制过渡，政治、经济、文化、科技大发展的历史阶段，也是古代军事思想大发展、趋向成熟时期。这一时期，阶级矛盾不断深化，战争频繁而连绵，且规模不断扩大。许多代表新兴地主阶级的军事家和兵书著作不断涌现，从战争论、治兵论、用兵论及研究战争的方法论等方面，全面奠定了我国古代军事思想的基础，标志着我国古代军事思想已基本成熟。现存最早，影响最大的就是春秋末期孙武所著《孙子兵法》。它是新兴地主阶级军事理论的奠基作，是封建阶级军事思想成熟的标志，是后世兵书的典范。影响较大的兵书还有《吴子》《司马法》《孙膑兵法》《尉缭子》《六韬》等著作。

（三）古代军事思想进一步丰富和发展（秦至五代时期）

公元前 3 世纪末至公元 10 世纪中叶，是中国封建社会发展的上升阶段，主要经历了秦、汉、晋、隋、唐等几个大的王朝。其中，汉、唐两代是中国封建社会的盛世，军事思想也得到了进一步丰富和发展。

秦以后进入了以铁兵器为主的时代，骑兵成为战争力量的主角，舟师水军参战机会增多，要求作战指挥必须加强步、骑、水军的配合。从汉到隋曾多次发生如赤壁之战、淝水之战等规模大、兵种多的集团配合作战，使战争中政治与军事的结合，谋略与决策的运用，战略与战术的使用，以及作战指挥艺术都达到了相当高的水平，战略思想也日臻成熟。诸葛亮的《隆中对》是当时战略决策的巅峰之作。许多总结军事斗争经验的兵书运用而生。出现了汉初的《黄石公三略》和后来的《李卫公问对》等传世之作。《黄石公三略》是一部从政治与军事关系上论述战争攻取的兵书，阐述了"柔能制刚，弱能制强"的朴素军事辩证法思想，并指出最高统治者必须广揽人才，重视民众与士卒的作用。《李卫公问对》是总结唐代初期的战争经验，对以往的兵书进行探讨，对《孙子》提出的虚实、奇正、攻守等原则及其内在联系作了比较辩证的论述，并在某些方面提出了更新的见解，发展了前人的思想，深化了先秦某些用兵的原则。特别是论从史出，以史例论兵的研究方法，开创了结合战例探讨兵法的新风，历代兵家高度赞赏、频频效仿。

（四）古代军事思想形成体系化（宋至清前期）

公元 960—1840 年，历经宋、元、明、清（前期）四个朝代，中国进入封建社会后期，是中国古代军事思想历经漫长的丰富和发展之后，走上体系化的时期。这期间，火器逐渐普遍使用，战争进入了冷、热兵器并用的时代。宋朝建国之初就面临民族矛盾扩大、阶级矛盾激化和统治阶级内部矛盾加剧的局面。当政者为了维护统治，确立了兵书在社会的正统地位，武学开始纳入国家教育体系。北宋中叶开始重视武事，开办武学，设立武举，发展军事教育。并总结古今兵法和本朝方略，编纂《武经七书》，官定为武学教材。武举的设立，武学的兴办，武经的颁定，培养了大批军事人才，繁荣了军事学术。

> **知识窗**
>
> 《武经七书》是指《孙子》《吴子》《司马法》《六韬》《尉缭子》《黄石公三略》和《李卫公问对》七本兵书。

这一时期的主要表现是兵书数量繁多，门类齐全；兵书概括性强，自成体系。据《中国兵书总目》统计，宋、元、明、清（不含近代）兵书总共有 1815 种，占我国古代兵书总数的 3/4 以上，而且内容丰富，分门别类地概括了军事思想的各个方面，形成逻辑性较强的比较完整的体系，成为我国古代兵书数量最多的一个时期。

二、古代军事思想的精华

中国古代军事思想源远流长，博大精深，异彩纷呈。几千年的丰厚积淀，使军事家、兵学家对战争的起源、性质和作用，战争与政治、经济的关系，战争与主观指导，将帅修养，治军方法，战略战术、战争保障等问题的系统认识上升为理论，形成了中国古代军事思想，奠定了在世界军事思想史上的杰出地位。纵观中国古代军事思想的丰富内容，其精华大多见诸于《孙子兵法》。

（一）重战、慎战、备战思想

1. 重战思想

重战思想，即战争是国家的大事，一定要引起高度重视。《孙子兵法》开篇指出："兵者，国之大事，死生之地，存亡之道，不可不察也。"认为战争是关系到国家军民生死存亡的头等大事，不能不认真研究和对待。春秋末期，诸侯兼并，战乱频繁，战争不仅是各国维持其政治统治，向外扩张发展的主要手段，而且关系到国家的存亡。孙武总结了一些国家强盛，一些国家灭亡的经验和教训，精辟地概括出"兵者，国之大事"的著名论断，这对于人类认识战争的实质，无疑是一个巨大的贡献，也是中国古代军事思想的基本出发点。

2. 慎战思想

慎战思想，即慎重对待战争，不轻易言战。"亡国不可以复存，死者不可以复生，故明君慎之，良将警之"。国家灭亡了就不存在了，人死了就不能再复活。对待战争问题，明智的国君要慎重，贤良的将帅要警惕。从这点出发，孙武主张，"非利不动，非得不用，非危不战"。对国家没利，就不采取军事行动；没有取胜把握，就不能随便用兵；不处危急紧迫情况，就不能轻易开战。

3. 备战思想

备战思想其意就是未雨绸缪。"用兵之法，无恃其不来，恃吾有以待也；无恃其不攻，恃吾有所不可攻也"。用兵的原则不要寄希望于敌人不会来，而要依靠自己有充分的准备；不要寄希望于敌人不会来攻，而要依靠自己有使敌人无法攻破的条件。战争的立足点要放在事先做好充分准备，严阵以待，使敌人不敢轻易向我发动进攻的基点上。

（二）"知彼知己，百战不殆"的战争指导思想

"知彼知己，百战不殆；不知彼而知己，一胜一负；不知彼，不知己，每战必殆。"孙武用简明扼要的语言，指明了战争指导者了解敌我双方情况与战争胜负的关系，从而揭示了指导战争的普遍规律。这一思想极富科学价值。自有战争以来，古今中外的战争指导者，都不能违背这一规律。毛泽东曾对此高度评价，在《论持久战》一文中指出："战争不是神物，乃是世间的一种必然运动，因此，孙子的规律'知彼知己，百战不殆'乃是科学的真理。"这条规律从哲学意义上讲，是实事求是的朴素的唯物主义思想；从战争理论上讲，是分析判断情况的根本规律；从指导战争上讲，是先求可胜的条件，再求必胜之机的重要抉择。这不仅仅对战争有指导作用，而且对政治、外交、经济乃至工作生活都有一定的帮助。

（三）以谋略制胜为核心的用兵思想

谋略是指用兵的战略筹划和计谋。《孙子兵法》的核心思想是谋略制胜。认为军事斗争不仅是军事力量的竞赛，而且是敌对双方政治、经济、军事、外交等综合斗争，也是双方军事指导艺术的较量，即斗智，会用兵打仗。孙武谋略制胜的思想突出体现在以下三个方面。

1. "庙算"制胜

孙子在《计篇》中论述决定战争胜负的因素时谈到了五个方面："道、天、地、将、法"。算一算"主孰有道、将孰有能、天地孰得、法令孰行、士卒孰练、赏罚孰明"就可以预知战争的胜负。"多算胜，少算不胜，而况于无算乎！吾以此观之，胜负见矣。"战前，计算周密，胜利条件多，可能胜敌；计算不周，胜利条件少，就可能失败；何况你根本就不进行计算和比较，那就更谈不上胜利的条件！从这些方面考察，谁胜谁负就可以看出来了。"庙算"制胜，主要指战前从战争全局，对战争诸因素进行分析对比，决定打不打？怎么打？用什么部队打？在什么时间、地点打？打到什么程度？如何进行战争准备和后方保障？做到有预见、有计划、有保障，心中有数，打则必胜。也就是说先"运筹于帷幄之中"，然后才能"决胜于千里之外"。

2. 诡道制胜

用兵打仗是一种诡诈行为，要依靠诡诈多变取胜。"兵者，诡道也"，"兵以诈立"，军事上的诡道是指异于常规的一些做法。"兵不厌诈"，古今常理。在战争舞台上，如对敌讲"君子"之道，就必被敌所制；如能较好地运用战略战术，造成敌人的过失，创造战机，那就会陷敌于被动。这种战例，举不胜举，如马陵道之战，诸葛亮的"空城计"，日本偷袭珍珠港，诺曼底登陆等。孙武将诡道归纳为"能而示之不能，用而示之不用，近而示之远，远而示之近。利而诱之，乱而取之，实而备之，强而避之，怒而挠之，卑而骄之，佚而劳之，亲而离之，攻其无备，出其不意。此兵家之胜，不可先传也"。

3. "不战而屈人之兵"全胜

战争的直接目的是保存自己、消灭敌人。最高最理想的目标是争"全胜"——"不战而屈人之兵"。因此，孙子认为"故百战百胜，非善之善者也；不战而屈人之兵，善之善者也"。在战争中，百战百胜，并不是好中最好的，不战而使敌人屈服才是好中最好的。孙武主张"上兵伐谋；其次伐交；其次伐兵；其下攻城"。最好的是以谋制胜，使敌人屈服。其次是通过外交途径，分化瓦解敌人的同盟，迫使敌人陷入孤立，最后不得不屈服。例如，战国时，秦国采取"远交近攻"的政策，逐步灭了六国，就是以外交手段配合军事进攻而取得胜利的。再次是伐兵，即用武力战胜敌人。最下策是攻城，硬碰硬的攻坚战。孙武指出："善用兵者，屈人之兵而非战也，拔人之城而非攻也，毁人之国而非久也，必以全争于天下。故兵不顿而利可全，此谋攻之法也。"善于用兵的人，使敌人屈服不用直接交战，一定要用全胜的计谋争胜于天下，这样，军队就不至于疲惫受挫，而又能获得全胜的利益。这就是以计谋攻敌的原则和孙武全胜的思想。

当然，"不战而屈人之兵"的"全胜"思想，是以强大的武力作后盾的，如果没有强大的军事力量，就不可能达到不战而胜的目的。例如，1949 年平津战役，北平之所以能和平解放，其前提条件是我军西克张家口、东陷天津、百万大军兵临城下，使北平之敌处于一无逃路、二无外援，战则必败的境地，加上我党政策的感召等。

总之，孙武"不战而屈人之兵"的思想，对后世的影响很大，并为世界所公认，称之为军事思想史上的一个独创，是"最完美的战略"。

孙武还总结了若干作战用兵原则。例如，先胜而后求战，示形、动敌，避实而击虚，我专而敌分，因敌而制胜等原则，都是孙子的用兵思想。

（四）"文武兼施，恩威并用"的治军思想

"卒未亲附而罚之，则不服，不服，则难用；卒已亲附而罚不行，则不可用。故令之以文，齐之以武，是谓必取"。"令素行者，与众相得也"。将帅还没有取得士卒的爱戴和拥护就去惩罚他们，他们就不会心服，心不服就很难使用他们去作战。将帅已取得了士卒的爱戴和拥护，而士兵却不能严格执行纪律，也不能使用他们去作战。因此，一方面要体贴爱护，使士卒心悦诚服；另一方面要严格纪律，使士卒一切行动听指挥，这样才战则必胜。平素命令之所以能贯彻执行，都是由于将帅与士卒相互信赖的缘故。

（五）朴素唯物论和原始辩证法思想

《孙子兵法》历经 2500 多年的时空跨度经久而不衰，与它反映的朴素唯物论和原始辩证法思想是分不开的。兵法中反映的唯物论，主要包括三个方面：一是对战争的认识，冲破了"鬼神论"和"天命论"；二是把客观因素作为决定战争胜负的基础；三是注意到时间和空间在军事上的作用。

原始辩证法思想主要表现在能够正确认识战争中各种矛盾的对立统一及相互转化的关系。《孙子兵法》中的辩证概念和范畴有 85 对，使用 260 次之多。如敌我、攻守、胜负、迂直、强弱、勇怯、奇正、虚实、分合、久速等，并充分论述了在一定条件下是可以转化的。

《孙子兵法》作为一部伟大的军事著作，它的科学价值和历史功绩是不可磨灭的。但是，由于它诞生在 2500 多年前的古代，难免存有时代和阶级的局限。其局限主要表现在战争观方面未能区分战争的性质，治军方面的愚兵政策，军队补给方面的抢掠政策以及作战原则方面存有某些片面性等。在学习和运用《孙子兵法》中应注意剔除这些缺点，但对这部伟大著作的认识，决不能求全责备。因为《孙子兵法》不仅是春秋战国时代军事思想中最光辉灿烂的部分和杰出的代表，而且具有超越时间和空间的科学价值，是我国乃至世界最宝贵的文化遗产之一。

三、古代军事思想的现实意义

（一）学史明理，认识其价值，增强民族自豪感

我国自古是兵家荟萃之地，兵法昌盛之国。早在公元前 8 世纪就产生了专门的兵书著作《军政》和《军志》。现存最早的首推《孙子兵法》，是流传最广的一部军事名著，被誉为古今中外最有价值、最有影响的古代第一兵书，是中国古代军事思想的杰出代表。

中国历代兵家名将无不重视对其研究和应用。我国历史上曾有 200 多位注释家拟文著书，解读赞崇《孙子兵法》。三国时期著名军事家曹操说，"吾观兵书战策多矣，孙武所著深矣"。明代的茅元仪高度赞扬道，"前孙子者，孙子不遗；后孙子者，不能遗孙子"。宋朝将《孙子兵法》列为《武经七书》之首，成为习武必读的教科书。中国革命的先驱者——孙中山对《孙子兵法》评价极高："就中国历史来考究，两千多年的兵书有十三篇，

那十三篇兵书，便成为中国的军事哲学。"毛泽东称孙武是"中国古代大军事学家"，并在他的著作中系统引用《孙子兵法》的一些原理原则说明问题。《孙子兵法》一直作为军队院校中高级干部的必修课，刘伯承元帅在担任军事学院第一任院长时，曾亲自讲授过《孙子兵法》。

《孙子兵法》在国外久负盛名。唐朝初期，《孙子兵法》传入日本，18 世纪下半叶传入欧美地区，成为近代资产阶级军事理论的一个重要思想来源。现在世界上有许多种《孙子兵法》译本流传，并一致受到高度赞扬。公元 735 年，日本学者吉备真贝，第一个把《孙子兵法》带回日本。从那时开始，《孙子兵法》一直作为日本朝廷的秘密图书，仅限在宫廷学者和武将间传播。他们把孙武推崇为"百世兵家之师""东方兵学的鼻祖"。称《孙子兵法》为"兵学圣典"和"世界古代第一兵书"。《孙子兵法》流传到欧洲晚于日本、朝鲜和越南等亚洲国家。18 世纪后半叶，曾在中国居住 43 年的法国神父阿米奥，把《孙子十三篇》《吴子六篇》等兵书翻译成法文，以《中国军事艺术》为书名于 1772 年出版。该书在欧洲非常畅销，流传很广，影响巨大。例如，叱咤风云的军事家拿破仑，在戎马倥偬的作战间隙，手不释卷地披阅《孙子兵法》。德皇威廉二世发动第一次世界大战失败后，在没落的侨居中，看到了这本书不禁兴叹："早二十年读《孙子兵法》，就不至于遭受亡国之痛苦了。"著名的资产阶级军事理论家克劳塞维茨也受到《孙子兵法》的影响。

（二）古为今用，研究其作用，增强民族自信心

学习研究古代军事思想，就是要继承和发扬我国古代优秀历史文化遗产，了解其在现代军事领域和社会生活中的作用，运用其精华，为现实斗争服务。

《孙子兵法》在军事领域仍对现代战争有指导作用。如"知彼知己，百战不殆""攻其不备，出其不意"等被列入《美军作战纲要》之中，指导美军的作战训练。美国著名战略家利德尔·哈特指出，在导致人类自相残杀、灭绝人性的核武器研制成功后，就更需要重新而且更加完整地翻译《孙子兵法》这本书了。他称《孙子兵法》"深邃的军事思想是不朽的"，对于核时代的战争很有帮助。美国第一流战略家福斯特和日本教授三好修合作，运用《孙子兵法》研究"孙子的核战略"，不仅影响了美国政府的战略政策，而且在全世界也产生了深刻影响。海湾战争中，美国总统办公桌上放着两本指导战争的兵书，其中之一就是《孙子兵法》；美军海军陆战队官兵人手一册《孙子兵法》，被美军称之为战争背后的"影子军事家"。

《孙子兵法》在许多社会领域有着广泛的影响。《孙子兵法》不仅吸引政治家、哲学家、文学家、历史学家，甚至连企业家、商人等也争相拜读，俨然成了取之不尽、用之不竭的百科宝库。军事家称之为"兵学圣典"，文学家评之为"不朽不灭的大艺术品"，哲学家颂之为"人生的哲学"，政治家视之为"政治秘诀"，外交家赞之为"外交教科书"，医学家崇之为"治病之法尽之矣"。商人和管理学者则把《孙子兵法》定为企业管理和市场竞争的必读教材。日本企业家大桥武夫所著《兵法经营全书》，对如何在经营管理中进行"庙算""料敌""任将""出奇"等问题，作了详细的论述，并指出，采用中国兵法思想指导企业经营管理，比美国的企业管理方式更合理、更有效。美国的著名管理学家乔治在《管理思想史》一书中指出，《孙子兵法》在用人方面的论述，对今天的企业管理有很大的价值，甚至说："你想成为管理人才吗？必须去读《孙子兵法》"。1996 年，我国第一所兵法经营管理学校在京创立。名誉校长、著名外交家、古代兵法研究权威符浩指出，我国市场经济靠冒险成功的"英雄时代"已经过去，跨入了以高技术、高智慧为手段的"儒商"时期。作为人类智慧高度结晶的兵法，也是逐鹿商海的锦囊。

（三）广学益智，运用其精华，为民族振兴而奋斗

在激烈竞争的时代，承继民族智慧，发扬民族之勇，为民族振兴和国家发展而奋斗，必须不断从古代军事思想中汲取精华，增强国防观念，强化忧患意识。

认清面临的挑战，不断强化国防观念。进入21世纪以来，和平与发展仍是时代主题，世界多极化趋势难以改变，但不安全、不稳定因素依然存在。中国仍面临长期、复杂、多元的安全威胁与挑战。生存安全与发展安全、传统安全威胁与非传统安全威胁、国内安全问题与国际安全问题交织互动。应牢记"兵者，国之大事"的古训，时刻保持清醒头脑，居安思危，以重战、备战等思想不断强化公民的国防观念，富国强兵，维护世界和平与稳定。

增强忧患意识，寻找"未战先胜"之良谋。中国经济已经成为世界经济的重要组成部分，中国已经成为国际体系的重要成员，中国的前途命运日益紧密地同世界的前途命运联系在一起。中国发展离不开世界，世界繁荣稳定也离不开中国。与此同时，中国还面对发达国家在经济、科技、军事等方面占优势的态势，面对外部的战略防范和牵制，面对分裂势力和敌对势力的干扰破坏，以及恐怖主义、自然灾害、经济安全、信息安全等非传统安全问题的危害上升。因此，必须紧跟时代步伐，增强忧患意识，抓住历史机遇，大力发展经济、科技、军事，培养和造就大批智勇双全的现代化人才，不断增强综合国力。只有这样，才能在激烈竞争的国际环境中立于不败之地。

总之，《孙子兵法》是古今中外军事学术史上一部出类拔萃的兵书，是几千年来一直为人们所尊崇，并且现在仍享有巨大声誉和具有极高科学价值的军事理论名著。因此，无论从继承、发扬我国民族历史遗产的角度，还是从学习研究现代军事思想的角度，《孙子兵法》都是值得认真钻研和必修的军事教科书。

思考题

1. 什么是中国古代军事思想？
2. 中国古代军事思想的形成与发展经历了哪几个阶段？
3. 为什么说《孙子兵法》是中国古代军事思想成熟的标志？
4. 什么是中国古代军事思想的精华？
5. 学习中国古代军事思想的现实意义是什么？

第二节 毛泽东军事思想

毛泽东是伟大的马克思主义者，是伟大的无产阶级革命家、战略家、军事家和著名的军事理论家，是中国共产党、中国人民解放军和中华人民共和国的主要缔造者和领导者。在长期革命战争和国防建设的实践中，毛泽东运用他的聪明和才智，凝聚了全党全军的集

体智慧，创造性地形成了毛泽东军事思想，给中华民族，乃至全世界留下了一笔极为宝贵的精神财富。

一、毛泽东军事思想的形成和发展

毛泽东军事思想是一定历史阶段的产物，其形成和发展是一个逐步完善的历史过程，经历产生、形成和发展三个时期。

> **概念窗**
>
> 毛泽东军事思想是毛泽东关于中国革命战争、人民军队和国防建设及军事领域一般规律问题的科学理论体系，是毛泽东思想的重要组成部分。它是马克思列宁主义基本原理与中国革命战争和国防建设具体实际相结合的产物，是中国共产党领导中国人民及其军队长期军事实践经验的科学总结和集体智慧结晶，是中国共产党领导中国革命战争、军队建设、国防建设和反侵略战争的指导思想。

（一）产生时期（1921年7月—1935年1月）

从中国共产党成立到遵义会议，是毛泽东军事思想的产生时期。

俄国十月革命胜利后，中国共产党逐渐认识到武装力量的重要作用。第一次大革命失败的严酷现实，使中国共产党进一步认识到武装斗争和掌握军队的极端重要性。1927年8月1日的南昌起义，打响了武装反抗国民党反动派的第一枪，开创了我们党独立领导武装斗争的新时期。同年8月7日，毛泽东在党的"八七会议"上，提出了"枪杆子里面出政权"的著名论断。9月，毛泽东又亲自发动和领导了湘赣边界的秋收起义。他带领秋收起义部队，经过"三湾"改编，确立了党对军队绝对领导的基本原则。进而转战井冈山，建立了第一个农村革命根据地，实行"工农武装割据"，开辟了一条"农村包围城市、武装夺取政权"的崭新革命道路。至此，毛泽东军事思想的基本内容在革命斗争的实践中应运而生，为其科学体系的形成奠定了坚实的基础。

（二）形成时期（1935年1月—1945年8月）

从遵义会议至抗日战争胜利，是毛泽东军事思想的形成时期。

遵义会议是中国革命从挫折走向胜利的一个伟大转折点，是毛泽东军事思想从产生走向成熟的开端。遵义会议后，毛泽东用兵如神，率领中国工农红军四渡赤水、两占遵义、越过乌江、巧渡金沙江、强渡大渡河、爬雪山、过草地，摆脱了国民党几十万大军的围追堵截，三大红军主力会师会宁，胜利到达陕北。在陕北，毛泽东深入研究中外军事理论，系统总结土地革命战争经验，深刻分析了中国革命战争的特点和规律，把土地革命战争时期产生的军事思想创造性地运用于抗日战争，制定了抗日民族统一战线的政治路线和军事战略方针，并完成了他一生中最辉煌的军事理论巨著。最具代表性的有《中国革命战争的战略问题》《抗日游击战争的战略问题》《论持久战》等，阐明了无产阶级对待战争的根本立场、观点和研究指导战争的基本方法，系统地论述了中国革命战争的战略指导问题，确立了积极防御的战略思想，标志着毛泽东军事思想形成了一个比较完整的科学体系。

（三）丰富和发展时期（1945年以后）

抗日战争胜利后，我军又经历了全国解放战争、抗美援朝战争以及社会主义建设的新时期，毛泽东军事思想得到全面的丰富和发展。

解放战争时期，毛泽东的战略防御和运动战理论得到了极大地丰富发展，提出了十大军事原则，创立了战略进攻、战略决战和战略追击的系统理论。抗美援朝战争时期，毛泽东根据当时的情况和特点，提出了一系列在现代条件下进行反侵略战争的理论及原则。新中国成立后，毛泽东提出了建设一支现代化、正规化的国防军思想，确立了发展"两弹一星"的国防科技战略，积极防御的战略思想有了新的发展。

二、毛泽东军事思想的主要内容

毛泽东军事思想是一个博大精深、系统完整的科学理论体系，主要包括人民战争思想、人民军队思想、人民战争的战略战术思想、国防建设思想以及战争观和军事问题方法论。

（一）人民战争思想

人民战争思想是毛泽东军事思想的核心内容，其基本精神是革命战争是群众的战争，只有动员群众、组织群众、依靠群众才能进行战争。

1. 人民战争思想的主要内容

人民战争是指广大人民群众为反抗阶级压迫或抵御外敌入侵而组织和武装起来进行的战争。我党领导的人民战争，较之一般意义上的人民战争，群众性更广泛，革命性更彻底，组织性更严密。人民战争思想的主要内容包括坚持中国共产党对人民战争的统一领导，动员、组织和依靠广大人民群众形成最广泛的革命统一战线，实行以人民军队为骨干的"三结合"武装力量体制，以武装斗争为主与其他斗争形式密切结合，建立巩固的革命根据地，实行灵活机动的战略战术。

2. 人民战争思想的理论基础

毛泽东创造性地发展了马列主义关于人民战争的理论，创立了具有中国特色的人民战争思想，阐明了人民战争思想的理论基础。

人民群众是战争胜负的决定力量。战争是力量的抗争，人民战争的主体是人民群众，人民群众是社会发展变革的决定力量，也是战争胜负的决定力量。毛泽东说："人民，只有人民，才是创造世界历史的动力。""革命战争是群众的战争，只有动员群众才能进行战争，只有依靠群众才能进行战争。""真正的铜墙铁壁是什么？是群众，是千百万真心实意地拥护革命的群众"，"战争的伟力之最深厚的根源，存在于民众之中"。这是毛泽东人民战争思想的根本出发点和理论基础。中国革命战争的历史和实践证明，人民群众是人民军队赖以生存和发展的条件，是战争中一切力量的源泉，是战争胜负的决定力量。

战争的正义性是实行人民战争的政治基础。历史上的战争，虽然千差万别，但按其性质，不外乎两大类：一类是正义战争，另一类是非正义战争。正义战争是进步的，符合人民群众根本利益，人民群众不但真心拥护，积极支持，而且踊跃参加。相反，非正义战争是退步的，违背民众的根本利益，必然要遭到人民群众的坚决抵制和反对。战争的正义性是实行人民战争的政治基础。"得道多助，失道寡助"，革命战争的目的与民众的根本利益相一致，就能调动民众自觉的行动和勇敢的奋斗精神。

　　人民战争是为谋求阶级解放、反抗外来侵略或维护国家统一，组织武装和依靠广大人民群众进行的战争。人民战争的两个基本特征：一是战争的正义性，这是实行人民战争的首要条件和政治基础；二是战争的群众性，这是广大人民群众支持和参加战争的重要标志。

　　战争胜负的决定因素是人而不是物。人和武器是构成战斗力的两个基本要素，正确处理人与武器的关系，是人民战争思想的一个重要理论问题。毛泽东明确指出，"武器是战争的重要因素，但不是决定的因素，决定的因素是人不是物。力量对比不但是军力和经济力的对比，而且是人力和人心的对比。决定战争胜负的是人民，而不是一两件新式武器。"在一定的物质基础上，谁赢得了人民的支持，谁就能赢得战争。但是，毛泽东在强调人是战争胜败决定因素的同时，并不否定武器的重要作用。

　　党的正确领导是实行人民战争的必要条件。人民战争作为战争的指导思想，不是群众起来就可以自发形成的，它必须有战争的领导条件。人民战争领导者必须具备两个条件：一是真正代表人民群众的利益，反映人民群众的根本愿望，全心全意为人民群众谋取利益；二是懂得和掌握群众路线的指导方法，善于制定有利于调动群众积极性的方针和政策。这两个条件，唯有马克思主义的政党才能具备，中国共产党作为马克思主义的政党，责无旁贷地成为领导人民战争的主导力量。

（二）人民军队思想

　　人民军队思想的核心是坚持党对军队的绝对领导和全心全意为人民服务的宗旨。

1. 人民军队的性质

　　坚持中国共产党对军队的绝对领导，是确保人民军队性质的根本原则。毛泽东从"军队是国家政权的主要成分""是阶级压迫的工具"的原理出发，提出了"枪杆子里面出政权"的著名论断，明确指出"我们的原则是党指挥枪，而决不允许枪指挥党"，强调我军是中国共产党领导下的执行无产阶级革命政治任务的武装集团。

2. 人民军队的宗旨

　　人民军队是为阶级利益服务的工具。毛泽东指出："紧紧地和中国人民站在一起，全心全意地为中国人民服务，就是这个军队的唯一宗旨。"全心全意为人民服务的宗旨，是我军建军原则的核心，是我军区别于其他任何军队的本质特征。中国共产党领导的军队，是人民的军队，以为人民服务为宗旨，人民军队来自于人民，服务于人民，一切为了人民。我军不论在革命战争年代，还是在社会主义建设的和平时期，始终遵循这一宗旨，从而赢得了人民群众的拥护和爱戴。

3. 人民军队政治工作的三大原则

　　强有力的思想政治工作，是保持我军无产阶级性质、提高战斗力的可靠保证，是毛泽东建军思想的一个突出特点。我军的政治工作，随着革命战争的发展而逐步完善，形成了官兵一致、军民一致和瓦解敌军的三大原则。官兵一致原则，体现了我军内部上下级之间

政治上平等的关系，是与旧式军队的本质区别。军民一致原则，是人民军队本色的体现，是我军由小变大、由弱到强，战胜国内外一切敌人的根本基础。瓦解敌军原则，是从精神上征服敌人，是促进敌人从内部瓦解的有效武器。

（三）人民战争的战略战术思想

人民战争的战略战术思想，是毛泽东高超的战争指导艺术的总结，是毛泽东军事思想中十分精彩的部分。其基本精神是：一切从敌我双方的实际情况出发，你打你的，我打我的，扬长避短，力争主动。主要表现在以下三个方面。

1. 战略上藐视敌人，战术上重视敌人

毛泽东指出："从战略上看，必须如实地把帝国主义和一切反动派，都看成纸老虎。从这点上，建立我们的战略思想。另外，它们又是活的铁的真的老虎，它们会吃人的。从这点上，建立我们的策略思想和战术思想。"毛泽东关于帝国主义和一切反动派既是"纸老虎"，又是"真老虎"的论断，奠定了人民战争战略战术的基本原则。在战略上，敌人是纸老虎，我们要藐视它，树立敢打必胜的信心。在战术上，敌人又是真老虎，我们要重视它，讲究斗争策略和斗争艺术。

2. 保存自己，消灭敌人

毛泽东指出："保存自己消灭敌人的原则，就是一切军事原则的根据。"毛泽东用辩证唯物主义的方法，阐明了保存自己，消灭敌人两者之间相辅相成、对立统一的关系。指明了进攻是直接为了消灭敌人，同时也是为了保存自己。防御是直接为了保存自己，同时也是辅助进攻或准备转入反攻的一种手段。

3. 实行积极防御，反对消极防御

毛泽东认为："积极防御，又叫攻势防御，又叫决战防御。消极防御，又叫专守防御，又叫单纯防御。消极防御实际上是假防御，只有积极防御才是真防御，才是为了反攻和进攻的防御"。这一论述深刻揭示了积极防御的实质和消极防御的要害，创立了积极防御的战略思想。它是把积极防御的一般原理、原则，作为战略指导思想，用于指导战争全过程的一种战略理论。要求在敌强我弱、敌优我劣的情况下，首先经过战略防御，采取各种不同的作战形式，不断削弱和消耗敌人，逐步改变力量对比，摆脱战略上的被动局面，争取战争的主动权。尔后适时地转入战略反攻或进攻，在有利情况下实施决战，稳步地实现整个战争的目标。

战略战术思想的内容除以上三项外，还包括游击战、运动战、阵地战三种作战形式密切配合，适时进行以改变主要作战形式为基本内容的战略转变；做好战争准备，不打无准备、无把握之仗；战略上持久，战术上速决；集中优势兵力，各个歼灭敌人；以歼灭战为主，辅之以消耗战；慎重初战，执行有利决战，避免不利决战；作战指导上的主动性、灵活性和计划性。

（四）国防建设思想

国防建设思想的基本精神是必须建立强大的国防，实行积极防御的战略方针，走适合本国国情的国防现代化发展道路。主要表现在以下三个方面。

1. 建设现代化、正规化的国防军

毛泽东指出："我们将不但有一个强大的陆军，而且有一个强大的空军和一个强大的海军。"在他的亲自主持下，颁布了各种条令、条例，开办了各类正规的军事院校，加强了部队训练，颁布了新中国第一部《兵役法》，使我军实现了由步兵为主的单一陆军向诸

军兵种合成军队的转变，走上现代化、正规化的建设轨道。

2. 确立了发展"两弹一星"的国防科技战略

毛泽东指出，我们"不但要有更多的飞机大炮，而且还要有原子弹。在今天这个世界上，我们要不受人家欺负，就不能没有这个东西"。这一战略思想指导国防现代化建设，在自力更生的基础上，实行常规武器与尖端武器相结合，优先发展尖端战略武器，研制、生产出了原子弹、氢弹、卫星、导弹等一系列的新式武器和装备。

3. 赋予积极防御战略方针新的内涵

毛泽东根据国家安全利益的需要，从国际形势、周边安全环境和我国的具体情况出发，确立了我国的国防战略、国防建设的目标和方针。1956年，毛泽东批准了中央军委提出的阵地战结合运动战为未来反侵略战争的主要作战形式的积极防御的战略方针。以后，毛泽东又相继提出"大办民兵师""全民皆兵"和"深挖洞、广积粮、不称霸"的战略思想。

（五）战争观和军事问题方法论

毛泽东在指导中国革命战争的实践中，运用马列主义辩证唯物论和历史唯物论的观点，考察和分析战争，对战争观和军事问题方法论进行了科学阐述，其理论精髓是军事辩证法。

1. 战争观

毛泽东认为，战争是随着私有财产和阶级的产生而产生的，用以解决阶级、民族、国家或政治集团之间在一定阶段的矛盾的最高斗争形式；战争是政治的特殊手段的继续，政治是不流血的战争，战争是流血的政治；人类只有进步到消灭阶级、消灭国家时，战争才能从根本上消除；战争有正义和非正义之分，共产党人要拥护正义战争，反对非正义战争；共产党人是战争的消灭论者，研究和认识战争的目的是为了消灭一切战争。

2. 指导战争的方法论

认识和指导战争必须把握战争规律。战争是有规律的，战争规律是可以认识的，把握战争规律是认识和指导战争的根本前提。毛泽东指出："战争规律——这是任何指导战争的人不能不研究和不能不解决的问题"，"不知道战争的规律，就不知道如何指导战争，就不能打胜仗"。研究战争规律不仅要研究战争的一般规律，而且更要研究战争的特殊规律；不仅要研究战争的客观规律，而且要研究战争的指导规律。其目的不仅在于认识战争，更重要的是依据这种认识制定出符合战争规律的战争指导规律，能动地指导战争去夺取胜利。

指导战争的基本方法。一是主观指导必须符合客观实际。成功的战争指导艺术，最主要的是主观指导符合客观实际。毛泽东指出，要比较少地打败仗，关键就在于把主观和客观二者之间好好地符合起来。这就需要勤于调查研究，熟识敌情、我情、政治、经济、气象、地理等信息；有正确的思维方法，善于认识客观实际中的发展规律；充分发挥主观能动性。二是着眼特点，着眼发展。研究和指导战争必须坚持实事求是，从实际出发，着眼其特点和发展。必须熟识敌我双方各方面的情况，找出其行动规律，并且应用这些规律于自己的行动。毛泽东指出，战争情况的不同，决定着不同的战争指导规律。在研究各个不同历史阶段、各个不同性质、不同地域和民族的战争指导规律，应着眼其特点和着眼其发展，反对战争问题上的机械论。三是关照全局，把握关节。毛泽东指出："战争的胜败的主要和首先的问题，是对于全局和各阶段的关照得好或关照得不好。如果全局和各阶段的关照有了重要的缺点或错误，那个战争是一定要失败的。""指挥全局的人，最要紧的，是把自己的注意力摆在照顾战争的全局上面。"一个聪明的战争指导者，要真正关照好战争的全局，必须掌握战争中的一些重要关节，即那些能引起战争全局立即起变化的带有决定性的局部。

强调一切依照当时具体情况看来对于当时的全局和全时期有利益的，尤其是有决定意义的一局部和一时间，是应该捉住不放的。例如，辽沈战役中攻打锦州，便是毛泽东在战争指导中，善于抓带有决定性的战争局部，促进战争全局胜利发展的生动战例。

三、毛泽东军事思想的历史地位和现实影响

毛泽东军事思想在世界军事思想发展史上独树一帜，在马列主义军事理论宝库中具有重要的历史地位，在中国军事思想发展史上具有划时代的意义，具有广泛而深远的影响。

（一）毛泽东军事思想对马列主义军事理论做出了重大而独特的贡献

毛泽东运用马列主义的军事理论，创造性地解决了在半殖民地半封建的中国如何进行革命武装斗争，在夺取政权以后如何进行军队及国防建设的理论和实践问题，极大地丰富了马列主义军事科学的理论宝库。毛泽东的主要贡献在于：开创了一条农村包围城市、武装夺取政权的革命道路；创建了一支新型的人民军队；丰富和发展了马列主义的人民战争思想；创造了适合中国特点的人民战争的战略战术；科学地阐明了关于研究和指导战争的战争观和方法论。

（二）毛泽东军事思想在世界上具有广泛而深远的影响

中国革命战争取得胜利后，毛泽东军事思想受到世界各国的普遍重视，特别是 20 世纪 50 年代后期，在世界范围内逐渐形成了一个研究和学习毛泽东军事思想的热潮，许多国家还成立了毛泽东军事思想的研究会和学习会。在美国、英国、法国、德国和日本，出版了不少毛泽东的军事著作。在越南、莫桑比克、津巴布韦、安哥拉等亚、非、拉广大第三世界国家争取民族独立的斗争过程中起到了至关重要的作用。毛泽东军事思想作为人类优秀文化的灿烂结晶，其理论和实用价值得到举世公认，在世界军事理论殿堂中享有显赫的地位。英国著名学者巴特曼曾说过："毛泽东是掌握打开这个时代军事奥秘之锁全套钥匙的一个时代人物。"1994 年尼克松逝世后，人们发现在他尚未出版的最后著作《超越和平》一书中，首先提到毛泽东，说毛泽东是"富有领袖魅力的共产党领导人，曾运用他的革命思想推动了一个国家并改变了这个世界。"

（三）毛泽东军事思想将永远是我党我军克敌制胜的法宝

毛泽东军事思想运用辩证唯物主义和历史唯物主义的原理，批判地吸取了古今中外优秀的军事思想遗产，是最科学、最先进、最完整的军事理论。它既揭示了中国革命战争的特殊规律，又反映了现代战争和国防建设的一般规律，为正确地指导军事斗争和军队建设、国防建设的实践，提供了最基本的立场、观点和方法，是经过实践检验的科学真理。尽管现在国际国内形势都发生了巨大变化，科学技术迅猛发展，社会发展日新月异，但产生于革命战争年代的毛泽东军事思想对我军打赢未来信息化条件下的局部战争，仍具有普遍的真理性意义。无论过去、现在和将来，毛泽东军事思想仍是我军克敌制胜的法宝。

1. 毛泽东军事思想的科学含义是什么？

2. 毛泽东军事思想的形成和发展分哪几个时期？

3. 毛泽东军事思想的主要内容包括哪几个部分？

4. 什么是人民战争？其基本特征是什么？

第三节 邓小平新时期军队建设思想

邓小平作为党的第二代中央领导集体的核心，改革开放的总设计师，他在领导我国社会主义建设和国防斗争实践中，不仅开辟了建设有中国特色社会主义道路，创立了邓小平理论；而且找到了一条赋有创新精神和时代特色的国防和军队建设道路，创立了邓小平新时期军队建设思想。

一、邓小平新时期军队建设思想形成的历史条件

任何军事思想的产生都不是偶然的，都与特定的历史条件相联系。邓小平新时期军队建设思想的产生和形成，与当代中国军队和国防建设所处的历史条件有着密切的关系。

概念窗

邓小平新时期军队建设思想，是邓小平在中国社会主义事业进入改革开放和现代化建设新时期，为指导中国军队建设和国防建设而提出的系统理论，是邓小平理论的重要组成部分，是党和军队集体智慧的结晶。

（一）和平与发展的国际环境大背景

马克思主义者历来十分重视对时代问题的研究。20世纪初，列宁创造性地提出了帝国主义战争和无产阶级革命的时代论断，并在随后的半个多世纪里，一直指引无产阶级和被压迫人民奋起斗争，并取得辉煌胜利。直到20世纪70年代末以前，我们党和世界共产党人对时代的认识结论是：在战争与革命的时代，不是战争引起革命，就是革命制止战争。20世纪80年代初期，世界经济、政治、军事诸方面发生了很大的变化，总的形势趋向缓和。其中最突出的是，战争与和平的矛盾也发生了深刻的变化。首先，从战争根源看，帝国主

义依然存在，战争的危险并没有消除，霸权主义是现代战争的根源。其次，从战争结果看，尖端武器的不断出现，战争的残酷性和破坏性不断增大，战争消耗相当惊人，达到很多国家难以承受的地步。核武器所具有的巨大杀伤力和有核国家所拥有的核反击能力，使战争的发动者也难逃毁灭的境地。最后，从战争可能性看，和平力量的增长超过战争力量的增长，尽管世界大战的危险依然存在，但只要工作做得好，争取更长时间的和平是有希望的。邓小平正是紧紧抓住国际形势发展变化中最具有根本意义的时代条件，在别人还处在冷战思维的情况下，指出了和平与发展是当今时代的主题，并根据时代主题的发展变化，提出了一系列有关军事理论问题，形成了一整套具有中国特色的新时期军队建设思想。

（二）以经济建设为中心和发展社会主义市场经济的国内条件

根据邓小平对国际形势的正确判断，党的十一届三中全会毅然抛弃了"以阶级斗争为纲"的方针，决定把党和国家的工作中心转移到经济建设上来。改革开放的深入，社会主义市场经济的发展，国家政治、经济形势发生巨大变化。反映到军事领域，就是迫切要求有一条与之相适应的军事路线。诸如对战争与和平的基本估计，新时期的军事战略，国防建设的方针、政策、制度和规划，军队的编制体制和武器装备建设，国防动员和后备力量建设等，这些关系到国防和军队建设方向、规模的重大问题，都需要重新来认识和解决，使之与国家的政治经济形势相适应。

（三）科学技术的迅猛发展给军事领域带来的深刻变化

科学技术的发展及其在军事领域的应用，推动着人们对军事现象认识的不断发展。20世纪以来，高新技术的广泛应用，深刻影响着世界政治经济的同时，也推动着战争与军事的发展，引发了军事领域一系列新的变化。世界各主要国家纷纷加快军队的现代化建设步伐，形成了以高技术为主要标志的军队质量建设竞争新态势。如何重新认识和对待西方国家乃至世界各国军事力量的新发展，如何针对这种发展强化我国的军事力量建设，如何采取有效的相应对策，积极迎接新科技革命对军事斗争提出的挑战，都成为中国新时期军队建设不能回避的重大现实问题。

邓小平新时期军队建设思想正是基于上述新的历史特征，适应新的历史需要而形成和发展起来的。它把马克思主义军事理论的基本原理同当代中国实际和时代特征相结合，使当代中国军事具有了鲜明的时代特征和中国特色。

二、邓小平新时期军队建设思想的主要内容

邓小平新时期军队建设思想，是一个科学的理论体系，内容极为丰富，主要包括：军队和国防建设指导思想实行战略性转变；军队建设要服从和服务于整个国家建设大局；军队要担当起维护国家主权和安全的历史责任；实行积极防御的军事战略方针；建设一支强大的现代化、正规化革命军队；始终不渝坚持人民军队的性质；中心是解决现代化的问题；坚定不移地走中国特色的精兵之路；军队和国防建设是全党全国人民的事业等。其精华表现在以下几个方面。

（一）军队和国防建设指导思想实行战略性转变

1. 和平与发展的时代主题

20世纪80年代后，国际形势出现了一些新变化：资本主义国家间经济依存性越来越大，合作协作得到加强；以美苏为首的两大社会制度和集团之间，尽管存在着激烈的军备竞赛和意识形态斗争，但也没发展到爆发世界大战的地步；资本主义国家加强了对经济的国家干预和自我调节，生产力得到很大提高，缓和了国内无产阶级与资产阶级的矛盾；广大发展中国家与发达国家之间的差距越来越大，已影响到世界经济的进一步发展；国际竞争的重点已经由军事转向经济、科技，各国都在制定新的经济发展战略，推行新的科技发展计划，力图在国际竞争中抢占有利地位。邓小平以战略家的深邃眼光，于1985年深刻指出："现在世界上真正大的问题，带全球性的战略问题，一个是和平问题，一个是经济问题或者说发展问题。和平问题是东西问题，发展问题是南北问题。概括起来，就是东南西北问题。南北问题是核心问题。"[①] 随后，苏联的解体，两极格局的终结，冷战的结束，世界向多极化格局发展的趋势，表明了"和平与发展"时代主题的论断对军队和国防建设指导思想实行战略性转变具有指导意义。

2. 世界大战可以避免的正确判断

20世纪70年代中期以后，邓小平根据世界战略格局、军事态势、科学技术的发展变化，提出了战争危险依然存在，但世界大战可以避免的论断。作出这一判断的主要根据是：第一，有资格打世界战争的两个超级大国谁也不敢贸然发动世界战争。两个超级大国拥有全世界核武器的95%以上，彼此都有毁灭对方多次的能力，在军事实力上处于相对均衡的状态。第二，世界和平力量的增长超过战争力量的增长，成为制止或推迟世界战争爆发的重要因素。西欧、日本甚至还有东欧各国，都不愿把自己绑在别人的战车上。拥有世界3/4的人口、占世界1/3的领土、在联合国有80%席位的、近130个发展中国家，大都贫穷落后，迫切需要和平环境发展经济，不愿进行战争。第三，经济、科技日益成为世界各国竞争的重点。世界新技术革命蓬勃发展，经济、科技在世界竞争中的地位日益突出，世界主要大国都进行战略调整，经济、科技的地位更加突出。这些因素使国际社会具备了较长时间内和平与稳定的可能性，这一判断是国防建设指导思想实行战略性转变的基本依据。

3. 我国周边安全环境明显改善的客观现实

中国经历了20世纪50年代中期短暂的安全稳定局面以后，基本上笼罩在超级大国及其附庸全面封锁、制裁、威慑、入侵的阴影之下，全国人民时刻准备进行全面的反侵略战争，最严重的时期甚至要准备同时对付两个超级大国的威胁。20世纪80年代，我国国家安全环境逐渐改善，并得到了根本性的好转。其主要标志是1979年中美基于各自的战略利益建立了外交关系，实现关系正常化，来自我国东南部的威胁基本消除，摆脱了苏美两霸同时对我威胁的局面，使我国在中、美、苏"大三角"关系中处于有利地位。同时，我国与周边国家关系也得到改善和发展，开始向有利于中国的方向发展。当然，在我国安全环境改善的同时，也存在着一些不容忽视的问题。如西方超级大国推行霸权主义和强权政治，干涉我国内政，对我实行"和平演变"战略和"西化""分化"政策；我国与一些邻国的边界问题还未彻底解决，特别是我海洋国土和海洋权益的争端比较严重；祖国统一大业尚未完成。这些问题对国防和军队建设提出了新的更高的要求。

4. 军队和国防建设指导思想实行战略性转变

时代主题的正确判断，国际形势和我国安全环境的科学分析，使邓小平果断作出人民

---

① 《邓小平文选》，第三卷，人民出版社，1993年出版，第56页。

解放军裁减员额一百万的重大决策，决定军队和国防建设指导思想实行战略性转变，即从立足于"早打、大打、打核战争"的临战状态，转到和平时期军队质量建设的轨道上，充分利用今后一个较长时间里大仗打不起来的和平环境，在服从国家经济建设大局的前提下，有计划、有步骤地加强以现代化为中心的"三化"建设，全面提高军队和国防建设的水平。

（二）军队和国防建设要服从和服务于国家建设的大局

1. 服从和服务于国家建设大局是新时期军队和国防建设的根本原则

国不富不足以养兵，邓小平关于军队和国防建设要服从和服务于国家建设大局的思想，明确指出了在新的历史条件下军队和国防建设与经济建设之间存在着一个谁先谁后、谁主谁次的问题。它反映了相对和平时期军队和国防建设的客观规律，是一个从长远和根本上加强军队和国防建设的正确战略思想。邓小平曾说"先把经济搞上去，一切都好办。"一方面，经济基础决定着军队建设的规模、速度和水平。只有雄厚的经济实力，才能为军队建设提供足够的人力、物力和财力支援，军队才能维持与大国地位相称的、足够的建设规模，才能以较快的速度向前发展。经济实力越强，军队现代化建设可望达到的目标就越高，军队建设的水平也自然会得到提升；另一方面，经济基础决定军队建设的质量。只有强大的经济实力，军队才能装备先进的武器装备，才能培养和造就大批高素质的军事人才，促进军队的体制编制的调整，适应作战方式及保障手段的变化，提高履行使命的能力。

2. 军队和国防建设要与国家经济建设协调发展

经济力是综合国力的基础，国防实力是综合国力的重要组成部分，军队和国防建设与国家经济建设是相互依存、协调发展的关系，不是彼此取代的关系。邓小平指出："我们的四个现代化，其中就有一个国防现代化。如果不搞国防现代化，那岂不是三个现代化？"[①]四个现代化是一个有机的整体，缺一不可。实践表明，没有国防现代化，社会主义现代化就是不完整的。国家发展历来要以国家安全为条件。经济建设是国家发展的需要，国防建设是国家安全的需要，二者都反映了国家的根本利益，不可偏废。就国家整体利益而言，必须把军队和国防建设纳入国家总体建设规划，在国民经济不断发展的基础上，合理确定国防投入比例，使军费所占比重既不影响国家建设大局，又能满足国家安全的需要，满足军队改革和建设的需要，从而不断改善武器装备，加速国防现代化建设，促进国家社会主义现代化建设的全面发展。而经济建设的快速腾飞，也为军队和国防的现代化建设奠定雄厚的物质基础创造了条件。

（三）军队要担当起维护国家主权和安全的历史责任

1. 国家的主权和安全要始终放在第一位

国家利益是邓小平思考和谋划国防和军队建设的一个根本着眼点。邓小平指出，国家的主权、国家的安全要始终放在第一位，对这一点我们比过去更清楚了。国家的主权和安全是一个国家和民族生存、发展的基础。中国作为第三世界国家，如果没有了主权，就没有了国权，也就谈不上安全。中国要实现自己的发展目标，必不可少的条件是安定的国内环境与和平的国际环境。如果没有一个稳定的安全的环境，中国什么也干不成。中国人民解放军作为国家利益的捍卫者，必须担当起维护国家主权和安全的历史责任，为国家的改革开放和现代化建设创造一个和平与稳定的安全环境，为维护世界和平与发展，实现祖国统一大业作出自己应有的贡献。

---

① 《邓小平文选》，第三卷，人民出版社，1993年出版，第128页。

2. 实行积极防御的战略方针

20 世纪 70 年代末 80 年代初，国际国内形势发生了前所未有的变化，邓小平对军事战略方针问题进行了重新审视，明确指出："我们未来反侵略战争，究竟采取什么样的战略方针？我赞成就是'积极防御'四个字。"[①] 同时，赋予积极防御战略方针新的内容，要求坚持自卫立场，实行后发制人；坚持持久作战，力争速战速决；坚持人民战争，发挥整体优势；坚持以劣胜优，积极扬长避短；坚持充分准备，立足困难作战。并强调积极防御战略方针是以国家利益为最高准则处理军事战略问题，实行遏制战争与打赢战争相统一，着重准备对付可能发生的局部战争和突发事件。这是邓小平新时期军队建设思想的极其重要的内容，是对毛泽东积极防御战略思想的继承和发展。

3. 研究现代条件下的人民战争

人民战争是我们过去在历次革命战争中战胜国内外强大敌人的法宝，也是我们与任何强敌相比的特有优势。邓小平在继承毛泽东人民战争思想的同时，结合新的历史条件，强调要坚持"现代条件下的人民战争"。指出时代在发展，条件在变化，现代人民战争呈现了许多新的特点，必须研究现代条件下的人民战争，努力探索现代条件下人民战争的制胜之道。要求人民军队在发挥人民战争整体作战效能上谋对策，在创造人民战争的战略战术上求新招，在努力促进人民战争手段的现代化上想办法，使人民战争在现代条件下焕发出新的生机和活力，为积极防御的军事战略方针增添了新的时代内容。

（四）建设一支强大的现代化、正规化的革命军队

建设一支强大的现代化、正规化的革命军队，是邓小平在新的历史条件下继承毛泽东军事思想，明确提出的新时期军队建设的总目标和总任务。革命化是我军特有的政治性质和政治优势，是我军生命力和凝聚力的根本源泉，是我军区别于其他任何军队的本质所在。现代化和正规化是世界各国军队共同的发展要求，反映了现代军队建设的普遍规律，是世界军事发展的必然趋势，也是我军在新的历史条件下提高战斗力的关键所在。始终不渝地坚持人民军队的性质，是我军建设的首要任务。解决军队的现代化问题，是新时期军队建设的中心任务。提高军队正规化建设水平，是军队建设向高级阶段发展的重要标志。三者是对我军全面建设、根本建设和长远建设的既完整又准确的概括，是一个相互联系、相互促进、相辅相成、缺一不可的整体。

> **知识窗**
>
> 制空权是指作战中，在一定时间内对一定空域的控制权，有的国家称为空中优势。掌握了制空权能限制对方航空兵和地面防空部队的作战行动，保障己方航空兵的行动自由，使国家重要目标不受或少受敌方航空兵的危害，军队的作战行动得到有效的空中掩护。

1. 始终不渝地坚持人民军队的性质

坚持人民军队的性质，关系军队建设的全局，决定军队发展方向，是军队革命化建设需要解决的根本问题。建设强大的现代化、正规化革命军队，必须把革命化建设放在第一位。

---

① 《邓小平军事文选》，第三卷，军事科学出版社，2004 年出版，第 177 页。

新的历史时期，军队建设的大环境已出现前所未有的深刻变化，给军队建设既增添了新的活力，又带来了新的考验。邓小平高度关注军队性质问题，明确指出："我确信，我们的军队能够始终不渝地坚持自己的性质。这个性质是党的军队，人民的军队，社会主义国家的军队。这与世界各国的军队不同，就是与别的社会主义国家的军队也不同，因为他们的军队与我们的军队经历不同。我们的军队始终忠于党，忠于人民，忠于国家，忠于社会主义。"[①]邓小平正是紧紧抓住新时期我军建设这一根本问题，提出了关于新时期我军革命化建设的思想。这是贯穿于邓小平新时期军队建设思想的基本精神，是新时期军队建设的根本出发点和落脚点。

2. 军队建设的中心是解决现代化问题

以现代化为中心是解决我军建设主要矛盾的根本途径，是时代对军队建设的必然要求。谋划军队建设全局，指导思想要明确，就是要解决现代化的问题。

一是大力培养现代化的军事人才。人才是现代化建设的关键，是建军之本。不造就一大批现代化的军事人才，就谈不上军队现代化。必须把教育训练提高到战略地位，从严、从难、从实战需要出发，严格训练，严格要求，采取院校培养和在职训练相结合，按照革命化、年轻化、知识化、专业化的方针和德才兼备的标准，大量培养军队现代化建设需要的人才。

二是武器装备的现代化是军队现代化的重要标志。邓小平指出："我们一定要在国民经济不断发展的基础上，改善武器装备，加速国防现代化。"[②]一方面，武器装备现代化是军队现代化的重要内容，武器装备的发展，本身就是军队现代化水平的标志；另一方面，武器装备现代化对加速国防现代化具有重要促进作用。因此，邓小平从我国国情、军情和军队现代化建设的需要出发，提出了发展武器装备要服从经济建设大局，在国力允许的条件下加快发展；根据战略需要，确保重点项目；坚持科研先行，质量第一；既要坚持独立自主，又要引进国外先进技术；这些对加强军队现代化建设具有重要指导作用。

三是科学的体制编制是军队现代化建设的重要方面。体制编制是联结人和武器装备的纽带。体制编制是否科学，与军队现代化、正规化建设有着密切关系。邓小平明确提出要把我军建设成一支机构精干、指挥灵便、装备精良、训练有素、反应快速、效率很高、战斗力很强的军队，为我军建立科学的体制编制指明了方向。在邓小平的领导和组织下，我军于 1980 年、1982 年、1985 年连续进行三次精简整编。特别是 1985 年，军队员额裁减 100 万，并相应地改革了军队的体制编制和一些制度，使我军在现代化道路上迈出了重要一步。

四是先进军事理论是实现现代化的正确选择。理论来源于实践，并对实践具有指导作用。先进的军事理论能够揭示现代战争的特点和规律，从而使我们正确认识和运用军事规律，把握军队的发展方向，正确选择军队建设的目标和途径。邓小平非常重视现代军事科学的发展，明确指出，要继承毛泽东军事思想，研究现代条件下人民战争，发展我国军事科学。为加强现代军事科学理论研究，发展我国军事科学指明了方向。

3. 提高军队正规化建设水平

正规化建设是军队现代化建设的客观要求，也是军队建设向高级阶段发展的重要标志。没有正规化，军队就不能形成一个整体，不能凝聚成强大的战斗力，也就不可能赢得战争的胜利。因此，邓小平把正规化建设作为新时期我军建设总任务、总目标的一项重要内容提出来，强调军队建设的所有领域、所有方面，都要订出章程，建立和健全必要的规章，并采取了一系列措施，如 1988 年重新实行军衔制度，既是全军官兵盼望已久的一件大事，更是加快军队正规化建设的重要步骤，大大提高了我军正规化建设水平。

---

① 《邓小平文选》，第三卷，人民出版社，1993 年出版，第 304 页。

② 《邓小平军事文选》，第三卷，军事科学出版社，2004 年出版，第 105 页。

（五）坚定不移地走中国特色的精兵之路

在指导新时期军队建设过程中，邓小平始终坚持战斗力标准，注重军队的质量建设，强调把教育训练提高到战略地位，指引我军走上了一条有中国特色的精兵之路。

1. 提高战斗力是生成精兵的根本要求

建设一支强大的现代化、正规化革命军队，贯彻其中的一个根本要求，就是全面提高军队战斗力。战斗力是军队履行根本职能的核心能力，是衡量军队建设水平的客观标志，也是检验军队各项工作的根本标准。邓小平强调，军队要"讲真正的战斗力。搞少而精的、真正顶用的。""减少100万，实际上并没有削弱军队的战斗力，而是增强了军队的战斗力。"[①]

2. 注重质量建设是实现精兵的主要途径

兵贵精，不贵多，精兵为古今中外治军之道。高技术广泛运用于军事领域，使人与武器装备在结构关系上发生了变化：军队员额的作用下降，武器装备的作用上升。对战斗力的形成乃至战争结局，军队质量要素显得越来越重要，越来越突出，越来越具有决定性意义。邓小平强调，质量问题是影响战争胜败的问题。只讲数量，不讲质量，会耽误大事，要正确处理数量和质量的关系，要把质量建设作为军队现代化建设的主要途径，长期坚持下去。要适当减少数量，优化结构，提高效能，在精兵、利器、合成、高效上下工夫，不断增强总体实力。

3. 把教育训练提高到战略地位是锻造精兵的有效手段

邓小平强调，在没有战争的条件下，提高部队的素质，提高军队战斗力，主要靠教育训练。明确指出，教育训练是牢固树立战斗队的思想、落实战备工作的实践基础，是实现人与武器最佳结合的基本途径，是提高诸军兵种联合作战能力的主要渠道和方式，是加强作风纪律培养、增强部队凝聚力的重要手段。这些重要论断，抓住了和平时期实现精兵的关键。部队不打仗，就要靠训练。

三、邓小平新时期军队建设思想的地位和作用

（一）邓小平新时期军队建设思想是马克思主义军事理论中国化的历史产物

邓小平新时期军队建设思想作为邓小平理论的重要组成部分，产生和形成于我国社会主义改革开放和现代化建设的伟大实践之中。它的形成和发展既是邓小平对当今国际形势冷静观察和正确判断的结果，又是他对新时期我国国情、军情进行实事求是的科学分析的产物，具有鲜明的时代特征。邓小平新时期军队建设思想提出的一系列建军方针、政策、原则，是马列主义军事理论和毛泽东军事思想在新的历史条件下的创造性运用和发展，是对军队建设实践经验的科学总结和理论概括，为我军开创了一条符合中国国情的、相对和平条件下的建军之路，是建设有中国特色社会主义理论的新时期军队建设思想。

（二）邓小平新时期军队建设思想是军队建设和国防建设的根本指导思想

邓小平作为党的第二代中央领导集体的核心，在和平与发展成为时代主题、经济建设成为党和国家的中心任务、军队建设进入新的发展阶段的历史条件下，坚持把当今世界各

---

① 《邓小平文选》，第三卷，人民出版社，1993年出版，第343页。

国国防和军队建设的一般规律和原则，同我国我军实际情况有机结合，把我军传统的经验原则同新时期新情况有机结合，抓住我军建设的主要矛盾，创造性地回答和解决了新时期我军建设亟待解决的一系列重大理论和实际问题，形成了一个完整的科学理论体系。它为我们提供了正确认识和解决新时期军队建设与军事斗争问题的立场、观点和方法，是军队建设沿着正确的方向不断发展，夺取新的更大胜利的根本保证，是新时期国防和军队建设以及搞好军事斗争准备的基本依据和指导方针。

（三）邓小平新时期军队建设思想反映了新时期军队和国防建设的基本规律，具有强大的生命力

邓小平以巨大的理论勇气和求真务实的态度，运用毛泽东军事思想的基本立场、观点和方法，研究新情况、解决新问题，提出了一系列新时期军队和国防现代化建设科学理论，揭示了相对和平时期国防和军队建设的基本规律，是我军国防和军队建设的历史性成就和基本经验的总结，是对我国军队建设理论的极大丰富。今天，加强国防和军队建设，仍然需要从邓小平关于军队建设的一系列重要论述的相互联系上认识邓小平新时期军队建设思想的科学体系和精神实质，把握蕴涵在这一科学体系中的世界观和方法论。学习邓小平研究新情况、解决新问题的科学态度和创新精神，是我军打赢信息化条件下局部战争的思想武器。

思考题

1. 什么是邓小平新时期军队建设思想？
2. 邓小平新时期军队建设思想的主要内容有哪些？
3. 军队建设的总目标和中心任务是什么？
4. 邓小平新时期军队建设思想的地位和作用是什么？
5. 如何认识国防建设和经济建设的关系？

第四节　江泽民国防和军队建设思想

江泽民国防和军队建设思想，是全党、全军、全国各族人民适应新的历史转型和继续推进社会主义现代化建设的伟大实践的时代产物，是党的军事指导理论第三次历史性飞跃。

一、江泽民国防和军队建设思想产生的时代背景

进入 20 世纪 90 年代，我国的国防和军队建设所处的环境和历史条件发生了一系列重

大变化，出现了许多新情况和新问题。江泽民国防和军队建设思想正是基于新的历史条件，适应新的历史呼唤，应运而生。

知识窗

江泽民国防和军队建设思想是江泽民在 20 世纪 90 年代和 21 世纪初针对时代发展变化，为指导国防和军队建设而提出的系统理论，是"三个代表"重要思想的重要组成部分，是党和军队集体智慧的结晶。

（一）世界战略格局发生了重大变化

20 世纪 80 年代末 90 年代初，在和平与发展仍然是时代主题的背景下，随着东欧剧变和苏联解体，冷战结束，旧的秩序被打破，新的秩序尚未建立，大国力量开始分化组合，国际战略格局出现重大转变。江泽民在 1993 年 12 月精辟概括了当时国际形势的特点："走向多极格局，局势有所缓和，矛盾复杂多变，世界并不安宁。"[①] 世界战略格局的演变，既为我国的经济发展提供了难得的机遇，也使我国面临严峻的挑战，国家安全面临多种现实和潜在的威胁。一是虽然在较长时间内新的世界大战和针对我国的全面战争不会爆发，但霸权主义和强权政治诱发局部战争、武装冲突的因素仍然存在，战争的危险并没有根本消除。二是西方国家加紧对我国实行"西化""分化"和遏制政策，并通过培植、鼓动和支持政治、民族、宗教等分裂势力，利用各种机会和借口对我国进行政治攻击和意识形态、价值观念的输出。三是在西方国家怂恿和支持下，"台独"分裂势力和"东突"恐怖势力活动猖獗，严重地威胁着国家的安全稳定、领土完整和主权统一。处于这样复杂的战略环境，我国国防和军队建设所处的历史条件出现了新的变化。我军履行维护国家主权和安全利益职能面临着更大的压力和挑战，必须以新的姿态迎接挑战，不断提高我国的国防实力和军队的现代化水平，以更有效地担负起捍卫国家安全和领土完整、为社会主义现代化建设提供安全保障的重任。

（二）高技术局部战争成为现代战争的基本形式

20 世纪 90 年代以后，世界军事领域已经并正在发生一场深刻的新军事变革，取得高技术质量优势已成为国际军事竞争的主要标志，军事斗争准备在军事战略全局中的地位更加突出。世界各主要国家纷纷把高新技术运用于军事领域，使军队的武器装备水平大幅度提高，军队的作战理论、作战保障、体制编制、作战方法、战场环境、教育训练等都发生了极为深刻的变化。特别是海湾战争的爆发，全面展现了当代高技术的最新成果和高技术作战方法，高技术局部战争已成为现代战争的基本形式。高技术战争登上现代战争的舞台，给国防和军队建设带来新机遇的同时，也带来了严峻挑战，并提出了一系列前所未有的崭新课题。在战争形式发生重大转变，信息化成为军队现代化建设核心的情况下，要想赢得未来战争的主动权，必须适应战争形式的变化，把军事斗争准备的基点，放在打赢可能发生的现代技术特别是高技术条件下的局部战争上，并确立适应时代需要的国防和军队建设的指导思想。

---

① 《江泽民关于国防和军队建设论述选编》，解放军出版社，2005 年 2 月第 1 版，第 22 页。

（三）市场经济体制对军队建设影响巨大

随着我国改革开放不断向深度和广度推进，市场经济体制对国防和军队建设既提供了新的生机和活力，也带来了新的问题和挑战。所有制结构、分配制度和国有企业改革，使军事领域与社会其他领域的联系越来越广泛和紧密；由于国家实行全方位的对外开放，各种思想文化相互冲击，一方面，社会主义先进文化发挥着主导作用，另一方面，资产阶级自由化思想以及金钱至上、损人利己、唯利是图、酒绿灯红等腐朽意识沉渣泛起，冲击着社会主义的价值观念和道德体系，军队思想政治工作将面临着新的考验；在社会主义市场经济条件下，国防和军队建设的多个领域，尤其是国防科研和武器装备建设、通用人才培养、军队各种保障等方面，也面临着一些新情况、新问题；对外交流机会的增多，外军许多新的军事思想不断涌入，我军军事思想也在新形势下发生着一系列的变革。这些情况和影响要求国防和军队建设必须与社会主义市场经济体制相适应，特别是在加强军队思想政治工作的针对性、保证全军官兵政治上的坚定性、思想道德的纯洁性等方面采取相应措施，保持和提高军队战斗力。

二、江泽民国防和军队建设思想的主要内容

江泽民国防和军队建设思想，是一个科学的理论体系，其内容十分丰富。主要包括：从国际战略全局和国家发展大局谋划国防和军队建设；解决好"打得赢、不变质"两个历史性课题；党对军队的绝对领导是我军永远不变的军魂；积极推进中国特色军事变革；提出新时期军事战略方针并用以统揽军队建设全局；按照"五句话"总要求全面加强军队建设；始终把思想政治建设摆在军队各项建设的首位；实施科技强军战略，加强军队质量建设；培养和造就大批高素质的新型军事人才；加强武器装备现代化建设的步伐；走出一条投入少、效益高的军队现代化建设路子；坚持依法治军、从严治军；军队现代化建设动力在改革；依靠人民建设军队、建设国防等。其基本精神集中表现在以下几个方面。

（一）从国际战略全局和国家发展大局谋划国防和军队建设

建立巩固的国防、建设强大的军队，是我国现代化建设的战略任务，是维护国家安全、统一和发展的重要保障。20世纪90年代以来，江泽民高度重视国防和军队建设，明确指出："实现国防和军队现代化，是全党全国人民十分关心的一件大事。在和平时期，在新的历史条件下，我们的眼光应该放得更远一些，要站在战略高度，把国防和军队现代化建设筹划好。"[①]这是江泽民关于当代中国军事的战略定位。它涉及战略形势判断、国家安全和发展的战略大局对军事的需求、当代中国国防和军队建设的基本依据和宏观定向、定位，是江泽民国防和军队建设思想的首要内容。

世界局势的发展变化和我国面临的复杂形势，要求国防和军队建设必须把维护国家安全和发展利益摆在战略位置。江泽民指出："把经济建设搞上去和建立强大的国防，是我国现代化建设的两大战略任务。"[②]20世纪90年代后的国际局势，与七八十年代相比发生了很大变化。邓小平所揭示的和平与发展的时代主题没有改变，但现实情况是两大问题一个都没有解决，天下还很不太平，呈现"总体和平、局部战乱，总体缓和、局部紧张，总体稳定、局部动荡"的状况，这就要求我们既要始终高举和平与发展的旗帜，抓住机遇，

---

① 《江泽民文选》，第二卷，人民出版社，2006年出版，第82页。
② 《江泽民文选》，第二卷，人民出版社，2006年出版，第274页。

发展经济，提高综合国力，维护和保持国家发展的重要战略机遇期；又要关注和平发展时期的军事安全因素，提高国家战略能力和安全保障能力，大力推进国防和军队现代化建设。

建立强大的国防，必须立足国家发展战略全局，正确处理国防建设和经济建设的关系，坚持国防建设和经济建设协调发展的方针，在经济发展的基础上推进国防和军队现代化建设。江泽民强调，必须坚持以经济建设为中心，国防建设必须服从国家经济建设的大局；必须在集中力量进行经济建设的同时，努力加强国防建设，使国防建设在国家财力增加的基础上不断有所发展；必须形成国防建设和经济建设相互促进、协调发展的机制。

建设强大的军队，必须以宽阔的视野和前瞻的眼光，在更高的起点上谋划和推进军队现代化建设。进入21世纪后，江泽民多次指出，可以肯定，未来作战的信息化程度将相当高。对这个问题，我们要充分加以重视，在更高的起点上谋划军事斗争准备和军队现代化建设。从长远看，随着国家战略利益的拓展，国家安全对军队战略能力的要求将越来越高。军队要努力站在世界军事发展潮流的前列，走中国特色精兵之路，最终进入与发达国家同步发展的轨道；在当前和今后一个时期军费不可能有较多增长的情况下，实现军队现代化的决心决不能动摇，步子也决不能放慢；军队现代化建设既要关注现实威胁，又要适应未来挑战，把军事斗争准备和提高军队战略能力、建设信息化军队的长远目标一致起来，融入军队改革创新和现代化建设的全局之中；按照"三步走"战略构想，完成机械化和信息化双重历史任务，在21世纪前50年逐步实现国防和军队的信息化，建设一支与我国地位相称的、能够维护国家安全、统一和国家发展利益的强大的军队。

（二）解决好"打得赢、不变质"两个历史性课题

"打得赢、不变质"，是江泽民着眼时代发展变化和中国军事领域的实际情况，从战略全局的高度，向全军提出的两个历史性重大课题。江泽民指出，在军队建设上，我最关注的是两大问题：一个是我军能不能跟上世界军事发展的趋势，打赢未来可能发生的高技术战争，切实捍卫祖国的主权、安全和统一；一个是我军能不能始终保持人民军队的性质、本色、作风，永远成为党绝对领导下的革命军队。这是贯穿于江泽民国防和军队建设思想丰富内容的两条主线，也是江泽民国防和军队建设思想的核心和总纲。解决好"打得赢、不变质"两个历史性课题，具有很强的现实针对性，是一种强烈的忧患意识，是一种危机感、紧迫感、责任感和使命感。这两大问题解决得怎么样，直接关系到我军的生死存亡，关系到党和国家的前途命运，是新时期我军面临的最大考验。

党对军队的绝对领导是我军永远不变的军魂。江泽民指出："一个军队要有军魂。我看，我们军队的军魂就是党的绝对领导。"[1] 他还多次强调，"我军是执行革命政治任务的武装集团，党对军队的绝对领导是我军永远不变的军魂"。[2] 党对军队的绝对领导，是人民军队建军的根本原则，是我军特有的政治优势和永远不变的军魂。保证党对军队的绝对领导，关系我军的性质和宗旨，关系社会主义的前途命运，关系国家的长治久安，因此始终是人民军队建设和发展的首要问题。坚持党对军队的绝对领导，必须坚决抵制"军队非党化""军队非政治化"和"军队国家化"等错误观点的影响，坚持和落实党领导军队的一系列根本制度，切实加强军队党的建设，保证军队在任何时候、任何情况下都同党中央保持一致，一切行动听从党中央、中央军委的指挥。东欧剧变、苏联解体的一个共同原因，就是军队脱离了党的领导。

---

① 《江泽民文选》，第二卷，人民出版社，2006年出版，第453～454页。

② 《江泽民论有中国特色社会主义》（专题摘编），中央文献出版社，2002年8月出版，第447页。

贯彻积极防御的军事战略方针，提高信息化条件下的防卫作战能力。要实现打得赢，必须用新时期军事战略方针统揽军队建设全局。江泽民指出："积极防御军事战略是我们的传家宝，要全面系统地学习，要完整准确地理解，要坚定不移地贯彻。同时，随着形势的变化，还应实事求是地继承和发展。"① 在战争形态发生根本改变的条件下，在我国安全环境和军事斗争任务发生重大变化的情况下，必须深谋远虑，未雨绸缪，及时调整和充实积极防御的军事战略，适时增添新的内容，正确解决军事斗争准备的基点、主要战略方向等重大战略问题，以增强国防和军队建设的现实针对性。1993 年年初，中央军委制定了新时期军事战略方针，把军事斗争准备的基点，由应付一般条件下的局部战争转到打赢现代技术特别是高技术条件下的局部战争上来。2004 年 6 月，中央军委进一步充实和完善新时期军事战略方针，明确提出把军事斗争准备的基点放在打赢信息化条件下的局部战争上。江泽民要求全军各项建设和一切工作，都要在新时期军事战略方针的指导和统揽下，紧紧抓住我军现代化水平与打赢信息化战争的要求不相适应这个主要矛盾，着力解决增强我军信息化条件下防卫作战能力的关键性问题，以军事斗争准备为龙头，牵引和带动国防和军队建设的整体推进。

（三）积极推进中国特色军事变革

中国特色军事变革，是适应世界新军事变革发展趋势，从我国的国情和军情出发，走以信息化带动机械化、以机械化促进信息化的复合式发展道路，通过深化改革，推动国防和军队建设的整体转型，实现建设信息化军队、打赢信息化战争的战略目标。

中国特色军事变革是一场深刻的革命，是实现军队建设总目标，解决好"打得赢、不变质"两个历史性课题的必由之路。要深刻认识新军事变革的本质，正确把握这场变革的发展趋势，充分估计其战略影响，切实做好迎接新军事变革挑战的思想准备和工作准备。江泽民指出，当前世界新军事变革出现了加速发展的趋势，需要进一步引起我们的严重关注。新军事变革有其历史的必然性，在给我们带来了严峻挑战的同时，也给我们提供了历史机遇。今后一二十年，是我们国家发展的重要战略机遇期，也是国防和军队现代化发展的重要战略机遇期。如果我们错过了这一二十年，就很可能错过整整一个时代。要以时不我待的紧迫感，积极推进中国特色军事变革，加快我军由机械化、半机械化向信息化的转变，全面提高我军的威慑和实战能力，为国家的安全统一和全面建设小康社会提供坚强有力的保障。

江泽民指出，建设信息化军队、打赢信息化战争，"现在，我们可以进一步提出，'三步走'战略构想所确定的目标就是在 21 世纪前五十年逐步实现国防和军队信息化。要正确处理机械化和信息化的关系，以机械化为基础，以信息化为主导，以信息化带动机械化，以机械化促进信息化，推动军队信息化加速发展。这是我们应对世界新军事变革挑战的必然要求，也是维护国家的安全、统一和日益拓展的战略利益的客观需要。"② 根据这个总的战略目标，拟定国防和军队建设的远景规划，制定配套的军兵种现代化发展战略，搞好武器装备建设的顶层设计，进一步完善科学决策的机制和手段。

实现建设信息化军队的目标，必须走跨越式的发展道路，加紧推进武器装备机械化和信息化的复合式发展。江泽民指出，我们没有必要等到走完发达国家军队机械化建设的全部过程再来搞信息化，而应该努力推进机械化和信息化的复合发展。全社会信息化的快速发展，为军队加速完成机械化和信息化建设的双重历史任务提供了极其有利的条件。我们有必要也完全有可能在较高的起点上推进机械化和信息化建设，使军队的火力、机动力和

---

① 《江泽民关于国防和军队建设论述选编》，解放军出版社，2005 年 2 月第 1 版，第 235 页。

② 《江泽民文选》，第三卷，人民出版社，2006 年版，第 587 页。

信息能力协调发展。实现跨越式发展，就是要努力走出被动追赶式的发展模式，最终进入与发达国家同步发展的轨道。必须着眼于科学技术及信息化战争的发展趋势，树立超前意识，高度关注未来可能出现的重大新技术，加强对军事前沿技术和新概念武器技术的预先研究，注重技术创新，争取研发出具有自主知识产权的战略性、前瞻性、关键性技术和装备，锻造我军信息化作战的"杀手锏"。

创新军事理论特别是作战思想，是摆在全军面前的重大课题。在未来信息化战争中，大量不熟悉的东西必将涌现。新军事变革将推动军队的整体转型和作战方式的根本转变，在广度和深度上产生前所未有的变革，必须大力推进军事理论创新。国际国内形势的变化和社会主义市场经济的发展，也给军队建设和军事斗争准备带来了许多新问题，需要对战略指导思想和原则进行深入研究。比如，遏制战争和打赢战争的问题。随着军事技术的发展，战略威慑手段将不断增多。需要立足现有，着眼发展，逐步形成多种手段配合的战略威慑体系。又如，联合作战和协同作战的问题。1993年，我们继续强调了协同作战思想，现在应大大加强对诸军兵种联合作战问题的研究。

继续坚定不移地走中国特色的精兵之路，深化军队体制编制调整改革。江泽民针对现代战争呈现出的新特点，提出了科技强军战略，努力实现国防和军队建设"从数量规模型向质量效能型、人力密集型向科技密集型"两个根本性转变。同时强调，高技术武器装备的发展和作战方式的演变，必然要求对军队传统的体制编制进行调整改革。我军的体制编制几经调整改革，有了明显进步，但一些深层次的矛盾和问题还没有从根本上解决，进一步地调整改革势在必行。要求在确保部队的稳定基础上，积极稳妥地推进我军体制编制调整改革和完善有关政策制度。优化结构、理顺关系、减少数量、提高质量，是衡量调整改革成功与否的重要标志。实现联合作战指挥，是体制编制调整改革要解决好的十分重要的问题。要继续推进保障体制和保障方式的改革，努力提高保障效益，基本的趋势是要搞三军联合保障、综合保障和军民一体化保障。

知识窗

中国当代36位军事家

1989年11月，经中央军委确定，33人被冠以"军事家"的称号，1994年8月又确定增补3人，共计36人。他们是：毛泽东、周恩来、朱德、邓小平、彭德怀、刘伯承、贺龙、陈毅、罗荣桓、徐向前、聂荣臻、叶剑英、叶挺、杨尚昆、李先念、粟裕、徐海东、黄克诚、陈赓、谭政、萧劲光、张云逸、罗瑞卿、王树声、许光达、许继慎、蔡申熙、段德昌、曾中生、左权、彭雪枫、罗炳辉、林彪、黄公略、方志敏、刘志丹。其中，有5位国家主要领导人、10位元帅、10位大将；有11人在新中国成立前牺牲。

贯彻科技强军战略，提高军队的科学技术素质。江泽民强调，我们要跟上世界新军事变革的步伐，最根本的是要贯彻科技强军战略；依靠科技进步加快军队现代化建设，提高军队战斗力。全军同志特别是各级领导干部要进一步增强科技强军的紧迫感，认真学习科学技术，努力运用科学技术，积极发展科学技术，不断提高军队建设各个方面的科技含量。信息化战争的一个显著特点，就是知识和技术高度密集。必须按照未来战争的要求，确立科学的人才培养目标，培养和造就一大批高素质新型军事人才。

（四）按照"五句话"总要求全面加强军队建设

1990 年 12 月，江泽民在全军军事工作会议上，结合不断发展的军队建设实际，从增强国防实力和履行军队根本职能出发，强调要大力加强部队全面建设，提出了"政治合格、军事过硬、作风优良、纪律严明、保障有力"[①]的军队建设总要求。这"五句话"，言简意赅，涵盖了新时期军队建设的基本内容，具有总揽军队建设和改革全局的指导意义。江泽民强调，要不断探索新形势下治军的特点和规律，军事斗争准备的特点和规律，国防建设的特点和规律。要求按照"五句话"总要求，加强军队的全面建设，使革命化、现代化、正规化建设的目标贯彻到军队各项工作中去。特别是各级领导机关、领导干部，用"五句话"总要求规划和指导军队建设，部署和开展工作，克服形式主义、官僚主义和主观主义，改进思想作风和领导作风，认真抓好工作落实，特别是要把工作落实到基层，大力抓好基层建设，落实好《军队基层建设纲要》，全面提高军队建设水平。

（五）坚持从严治军、依法治军

江泽民指出，我军在长期实践中形成了一系列卓有成效的治军方式方法，必须始终加以坚持；同时，我们必须学会运用法律手段从严治军；并强调，坚持从严治军，健全军事法规体系，提高依法治军的水平。

把正规化作为从严治军的根本目标。"正规化建设是现代化建设的必然要求，从一定意义上讲，没有军队的正规化，就没有军队的现代化。正规化建设的一项重要任务，就是把革命化、现代化建设的基本成果和经验，用法规和条令条例的形式确定下来，使军队各项建设都有明确的规范，做到依法治军、从严治军。"[②]

从严治军必须把军队建设逐步纳入法制化轨道，坚持依法治军。新时期以来，邓小平一直强调要加强军队的法制建设，使军队建设的各个方面有法可依，有章可循。江泽民担任军委主席后，从 1989 年 11 月到 1990 年 6 月颁发了十件军事法规，将依法治军要求鲜明地提到了全军面前，明确提出要坚定不移地贯彻依法治军的方针。依法治军，就是把党对军队绝对领导的根本原则，把党关于国防建设和武装力量建设的主张，把我军治军的成功经验，用法的形式确定下来，使军队建设规范化、制度化，促进我军的革命化、现代化、正规化建设。经过十多年的努力，我国已初步建立起与国家法律制度相适应、基本满足国防和军队现代化建设需要的具有中国特色的军事法规体系。

坚持从严治军，加强部队管理，切实把部队管好、带好；部队管理搞好了，是出战斗力的。要建设一支革命化、现代化、正规化的军队，就必须有符合革命化、现代化、正规化要求的管理。管理得越好，战斗力就越强。反之，管理得不好，就会流弊丛生。必须依法实施正规化管理，强化正规化意识，强化法制意识，强化条令条例意识，摒弃管理工作中的随意性。要以科学理论为指导，研究管理工作的新特点，提高管理工作的科学性和有效性。

三、江泽民国防和军队建设思想的重大意义

江泽民国防和军队建设思想，是党的第三代中央领导集体在新形势下指导我军现代化建设和做好军事斗争准备的集体智慧的结晶，对国防和军队建设思想具有重要的现实意义

---

① 《江泽民文选》，第一卷，人民出版社，2006 年出版，第 240 页。
② 《江泽民文选》，第二卷，人民出版社，2006 年 8 月，第 1 版，第 464 页。

和深远的历史意义。

（一）江泽民国防和军队建设思想是"三个代表"重要思想的军事篇

江泽民以政治家、战略家的眼光，站在时代的制高点上，深刻洞察复杂多变的国内外形势，为了党始终站在历史发展潮流的前列，为了中国特色社会主义事业不断兴旺发达，创造性地提出了"三个代表"重要思想。江泽民在领导我国国防和军队建设的实践中，按照"三个代表"重要思想所体现的时代性和先进性的要求，运用"三个代表"重要思想所贯穿的科学世界观和方法论，思考新的历史条件下国防和军队建设问题，创新和发展党的军事指导理论，形成了江泽民国防和军队建设思想。这一思想是"三个代表"重要思想在军事领域的具体贯彻，反映和体现着"三个代表"重要思想对我国新时期军事工作的要求，是"三个代表"重要思想科学体系重要组成部分。它从根本上回答了"建设一支什么样的军队、怎样建设这支军队，未来打什么样的仗、怎样打仗"的问题，是"三个代表"重要思想的军事篇。

知识窗

"三个代表"重要思想

代表中国先进社会生产力发展要求，代表中国先进文化的前进方向，代表中国最广大人民的根本利益。

（二）江泽民国防和军队建设思想是新形势下国防和军队建设实践经验的科学总结

伟大的实践产生科学的理论。1989年11月江泽民担任军委主席以来，面临复杂的国际国内问题，艰巨的国防和军队建设任务，领导我军经受住了政治斗争、军事斗争和与严重自然灾害斗争的严峻考验。全军官兵始终不渝地坚持党对军队的绝对领导，保持人民军队的性质、本色和作风，经受住了各种政治风浪的考验；军事斗争准备工作扎实推进，多次进行军事演习，有力震慑了"台独"分裂势力，信息化条件下的防卫作战能力和威慑能力明显提高；按照系统集成的方法，机械化与信息化复合发展的思路，武器装备建设取得重大进步；军队体制编制调整改革取得新的进展，在"精兵、合成、高效"方面迈出新的坚实步伐；后勤和装备的三军联合保障、综合保障及军民一体化保障的改革和建设取得重大进展；加大人才培养力度和拓宽人才培养渠道，军队人才战略工程呈现新的局面；胜利完成了中国香港、澳门驻军及"九八"抗洪和其他重大抢险救灾任务。全军在革命化、现代化、正规化建设的道路上迈出了新的步伐。江泽民国防和军队建设思想的形成过程，是我国国防和军队建设的实践过程。它是历史的产物、实践的产物，是当代中国国防和军队建设实践经验的科学结晶。

（三）江泽民国防和军队建设思想是加强国防和军队建设的强大思想武器和科学指南

江泽民主持军委工作以来，始终注重研究新情况、解决新问题、总结新经验、探索新规律，注重用创新的理论推动实践的发展。他站在时代和战略全局的高度，准确把握世界发展趋势和中国前进脉搏，科学判断我军所处的历史方位，对国防和军队建设实践中遇到的一系列重大理论和现实问题作出了科学的回答，形成了江泽民国防和军队建设思想。它是当代中国军事实践经验的科学概括和理论升华，赋予了党的军事指导理论以新的时代内涵和时代精神，使我们党对军事领域矛盾运动规律的认识达到了新的高度。反映了当代世界和中国的发展变化对国防和军队建设的新要求，拓宽了党的军事指导理论的新视野，是我们面向未来推进国防和军队建设的科学依据和行动指南。

思考题

1. "三个代表"重要思想的基本内容是什么？
2. 人民军队的军魂是什么？
3. 实现我军质量建设的"两个转变"是什么？
4. 江泽民关于加强军队全面建设的"五句话"的总要求是什么？
5. 江泽民国防和军队建设思想的"两条主线"是什么？

第五节 胡锦涛国防和军队建设思想

胡锦涛国防和军队建设思想，是对毛泽东军事思想、邓小平新时期军队建设思想、江泽民国防和军队建设思想的坚持、运用和发展，为加强国防和军队建设进一步指明了方向。

一、胡锦涛国防和军队建设思想的现实基础

任何理论的产生都有其时代条件和实践基础。胡锦涛关于国防和军队建设思想是着眼时代条件、立足国情军情、指导军事实践的必然结果。

（一）应对时代机遇和挑战的科学产物

进入 21 世纪，世界处于大变革大调整之中，求和平、谋发展、促合作成为时代潮流，为中国和平发展提供了较好的外部环境。我国政治稳定，经济繁荣，人民生活质量显著改善，综合国力不断增强，为国家发展提供了坚实的基础和良好的内部条件。但是，随着我国经济、科技和国防实力不断增强，大国地位日益凸显，西方敌对势力加紧对我国进行全方位的战略遏制、渗透和围堵，周边热点地区形势复杂多变。改革开放的深入发展，国内社会深层次矛盾日趋突出，社会风险逐步加大。国内外形势的发展变化，党面临执政兴国的长期考验，

国家面临前所未有的发展机遇，军队面临有效履行历史使命的严峻挑战，对党的指导理论包括军事指导理论提出了新的要求。基于对国际和国内形势的正确判断和科学认识，胡锦涛提出了一系列关于国防和军队建设科学发展的新思想、新观点和新要求。

（二）把握国家安全和发展战略全局的思想结晶

国防和军队建设必须站在国家安全和发展全局的战略高度，统筹经济建设和国防建设，在全面建设小康社会进程中实现富国和强军的统一。中国的和平发展具有良好的外部条件和国内环境，但安全问题的综合性、复杂性、多变性进一步增强。传统安全威胁与非传统安全威胁、现实安全威胁与潜在安全威胁、国内安全问题与国际安全问题相交织，共同构成中国安全的总体态势。在这种复杂的安全环境中，军事安全处于特殊而重要的地位。国防和军队建设直接关系到中国在世界战略格局演变中的地位，关系到中国和平发展的历史进程，关系到中国特色社会主义事业的发展。国家安全和发展的战略全局，国防和军队建设在国家总体布局中的战略地位，要求党必须提出富国与强军相统一、安全与发展相统一，能够促进国防和军队建设又好又快发展的军事理论。胡锦涛国防和军队建设思想，正是以这种广阔的战略视野，着眼中国安全与发展的战略全局提出来的。

（三）开创国防和军队建设新局面的理论要求

21世纪初，国防和军队建设处于变革发展与履行使命并行交汇的历史时期，军队历史使命的拓展、军事变革的攻坚、社会变革的深化和维护国家统一等任务相互交织、相互影响，使国防和军队建设必须要处理好军事变革与社会变革"双重攻坚"、机械化与信息化"双重建设"、军事变革与应急战备"双重任务"的战略关系。这些新矛盾交织在一起，使我军面临现代化水平与打赢信息化条件下局部战争的要求不相适应、军事能力与履行新世纪新阶段军队历史使命的要求不相适应等现实问题。着眼国防和军队建设的科学发展，努力破解当代中国军事的主要矛盾，不断开创国防和军队建设的新局面，已成为当代中国共产党人和中国军队肩负的重大历史责任，也必然对党的军事指导理论提出新的要求。胡锦涛国防和军队建设思想正是在这样一个承前启后的历史坐标上，有针对性地回答和解决国防和军队建设重大现实问题的实践基础上产生的。

二、胡锦涛国防和军队建设思想的主要内容

胡锦涛担任中央军委主席以来，深刻分析国际国内形势的新变化，在新的历史起点上，对新世纪新阶段国防和军队建设提出了一系列重要论述，形成了胡锦涛国防和军队建设思想。主要内容包括：要坚持把科学发展观作为加强国防和军队建设的重要指导方针，实现国防和军队建设又好又快发展；适应时代发展要求和我国安全形势变化，有效履行新世纪新阶段我军历史使命；大力弘扬我军听党指挥、服务人民、英勇善战的优良传统；按照革命化、现代化、正规化相统一的原则加强军队全面建设；依靠科技进步实现战斗力生成模式的转变；在全军兴起大抓军事训练的热潮，推进机械化条件下军事训练向信息化条件下军事训练转变；加强武器装备自主创新，深化后勤改革；坚持依法治军、从严治军，提高部队科学管理水平；充分调动广大官兵的积极性和创造性，把推动部队建设与促进官兵全面发展有机统一起来；统筹国防建设和经济建设，积极探索军民结合、寓军于民的新途径和新办法等。其思想主要表现在以下几个方面。

（一）坚持在国防和军队建设中贯彻落实科学发展观

科学发展观是我国经济社会发展的重要指导方针，是发展中国特色社会主义必须坚持和贯彻的重大战略思想，也是加强国防和军队建设的重要指导方针。在国防和军队建设中贯彻落实科学发展观，必须全面准确地把握科学发展观的深刻内涵和基本要求，紧密结合国防和军队建设的实际下工夫，切实把科学发展观贯穿于国防和军队建设的全过程，落实到国防和军队建设的各个领域，实现国防和军队建设又好又快地发展。总体要求是：坚持党绝对领导下的人民军队的根本性质和宗旨，着眼有效履行新世纪新阶段我军历史使命，以提高信息化条件下的威慑和实战能力为根本出发点和落脚点，全面加强革命化、现代化、正规化建设，全面落实"五句话"总要求，统筹中国特色军事变革与军事斗争准备、机械化建设与信息化建设、诸军兵种作战力量建设、当前建设与长远发展、主要战略方向建设与其他战略方向建设，进一步实施科技强军战略，着力推动军事理论、军事技术、军事组织体制和军事管理创新，加快转变战斗力生成模式，充分发挥广大官兵的主体作用，坚持军民结合、寓军于民，实现国防和军队建设全面协调可持续发展。

（二）努力提高军队履行新世纪新阶段历史使命的能力

我军是党领导的人民军队，是执行党的政治任务的武装集团。新世纪新阶段胡锦涛根据党的"实现推进现代化建设、完成祖国统一、维护世界和平与促进共同发展"[①]的三大历史任务，在团结领导全国各族人民全面建设小康社会、实现中华民族伟大复兴的历史进程中，要求人民军队肩负起为党巩固执政地位提供重要力量保证，为维护国家发展的重要战略机遇期提供坚强的安全保障，为维护国家利益提供有力的战略支撑，为维护世界和平和促进共同发展发挥重要作用的历史使命。

"三个提供、一个发挥"的历史使命，进一步明确了军队在新世纪新阶段的基本任务，拓展了军队职能，规定了军队建设的发展方向、奋斗目标和指导原则。要求全军忠于使命、献身使命、不辱使命，建立一支以增强打赢信息化条件下局部战争的能力为核心，不断提高应对多种安全威胁、完成多样化军事任务的能力，确保能够在各种复杂形势下有效应对危机、维护和平，遏制战争、打赢战争的军事力量，维护国家安全和发展利益。

（三）大力弘扬我军优良传统和培育军人核心价值观

听党指挥、服务人民、英勇善战是人民解放军的优良革命传统。听党指挥是党和人民对人民军队的最高政治要求，是人民解放军不可动摇的根本原则。服务人民是人民军队一切奋斗发展的出发点和归宿，是人民解放军必须永远坚持的根本宗旨。英勇善战是人民军队的鲜明特征，是人民解放军履行职能使命的根本要求。新世纪新阶段，军队思想政治建设只能加强、不能削弱，最根本的是要坚持党对军队的绝对领导，坚持全心全意为人民服务。要坚持用中国特色社会主义理论体系武装全军，深入进行军队历史使命、理想信念、战斗精神和社会主义荣辱观教育，从根本上打牢官兵高举旗帜、听党指挥、履行使命的思想政治基础，确保军队建设坚定正确的政治方向。

"忠诚于党、热爱人民、报效国家、献身使命、崇尚荣誉"是当代革命军人核心价值观。忠诚于党就是要自觉坚持党对军队的绝对领导，高举中国特色社会主义伟大旗帜，坚定中国特色社会主义理想信念，任何时候、任何情况下都坚决听党指挥。热爱人民就是要忠实

---

① 《十六大报告辅导读本》，人民出版社，2002年8月，第1版，第2页。

践行全心全意为人民服务的根本宗旨，视人民利益高于一切、重于一切，永葆人民子弟兵政治本色，与人民群众心连心、同呼吸、共命运，为人民无私奉献。报效国家就是要大力弘扬爱国主义精神，把个人的前途命运与国家的前途命运紧密联系在一起，坚决捍卫国家主权、安全、领土完整和人民民主专政的国家政权，为建设富强、民主、文明、和谐的社会主义现代化国家贡献力量。献身使命就是要履行革命军人神圣职责，爱军精武，爱岗敬业，不怕牺牲，英勇善战，坚决履行好党和人民赋予的新世纪新阶段军队历史使命。崇尚荣誉就是要自觉珍惜和维护国家、军队、军人的荣誉，视荣誉重于生命，自觉践行社会主义荣辱观，弘扬革命英雄主义和集体主义精神，提高素质、全面发展，争创一流、建功立业，贞守革命气节，严守军队纪律。军人核心价值观集中体现了我军的性质宗旨、优良传统和精神风貌，是我军履行使命任务的必然要求，是思想政治建设的重要基础工程，是引导官兵始终保持政治坚定和思想道德纯洁，真正做到"打得赢、不变质"的强大精神力量。

（四）按照革命化、现代化、正规化相统一的原则加强军队全面建设

军队革命化、现代化、正规化建设是统一的整体，必须全面加强、协调推进。这是在军队建设中深入贯彻落实科学发展观的基本要求。革命化是军队建设的政治方向，现代化是军队建设的中心任务，正规化是军队建设的重要基础。革命化、现代化、正规化建设相互联系、相互促进，构成军队全面建设的基本内容。要树立全面建设的思想、辩证发展的思想和系统集成的思想。处理好革命化现代化正规化的关系，始终把革命化放在首位，全面加强、协调推进现代化正规化建设，推动军事、政治、后勤、装备等各领域的工作密切配合、共同进步。处理好军队全面建设与促进官兵全面发展的关系，注重国防和军队建设的主体发展，把以人为本作为建军治军的基本理念。处理好数量与质量、速度与效益的关系，从国情出发，走投入较少、效益较高的发展路子，实现质量效益型发展。

（五）依靠科技进步实现战斗力生成模式的转变

科学技术特别是以信息技术为主要标志的高新技术的迅猛发展及其在军事领域的广泛应用，深刻改变着战斗力要素的内涵，从而深刻改变着战斗力生成模式。胡锦涛强调要切实转变军队的战斗力生成模式，就是因为我军现代化建设是在世界科技革命蓬勃进行、高新技术不断发生新突破的历史背景下进行的，必须进一步实施科技强军战略，把军队战斗力生成模式切实转到依靠科技进步特别是高新技术进步和军事创新上，按照建设信息化军队、打赢信息化战争的战略目标，加快机械化和信息化复合发展，充分发挥信息能力在战斗力生成中的主导作用。必须提高官兵的科技素质，充分发挥科技进步和创新对战斗力提高的巨大推动作用，不断推进军队建设由数量规模型向质量效能型、由人力密集型向科技密集型的转变。

（六）在全军兴起大抓军事训练的热潮

胡锦涛强调，军事训练是军队和平时期最基本的实践活动，是战斗力生成的基本途径。加强军事训练，不仅是军事斗争准备的重要实践，也是重要的治军方式和管理方式。要充分认识加强军事训练的重要性，切实把军事训练作为部队的经常性中心工作，坚持从难从严从实战需要出发，高标准、严要求，集中精力，改进和创新训练的内容和方式方法。抓好军事训练：要以打得赢为根本目的，大力加强适应信息化条件下联合作战需要的训练内

容和训法战法体系；要坚持练为战、演为战、考为战，从难从严从实战需要出发，以高质量的训练弥补技术装备的差距；要大力开展科技练兵，切实把部队战斗力的增长转变到依靠科技进步上来，把抓训练的指导思想转到科技兴训上来，不断推动军事训练向更高层次发展，不断提高军事训练的质量和效益，提高诸军兵种信息化条件下的联合作战能力；要着眼于提高官兵的战术、技术水平，练思想、练作风、练意志，培养官兵的革命英雄主义精神。切实把军事训练摆到战略地位，积极推进机械化条件下军事训练向信息化条件下军事训练转变。

（七）加强武器装备研制自主创新，全面建设现代后勤

高度重视武器装备研制和国防科技发展的自主创新。要力争在一些基础性、前沿性、战略性技术领域取得重大突破，掌握拥有自主知识产权的国防关键技术和核心技术，推动我军高新技术武器装备的自主式、跨越式、可持续发展。要建立和完善军民结合、寓军于民的武器装备科研生产体系，走出一条中国特色军民融合的武器装备发展之路。要调整改革国防科技工业体制和武器装备采购体制，加强武器装备建设的科学管理，努力使新技术武器装备建设做到高起点、高质量、高效益和低成本。

全面建设现代后勤。要求深化保障体制改革，创新保障方式，发展先进保障手段，提高后勤管理水平，努力使后勤现代化水平与保障打赢信息化条件下局部战争的要求相适应，后勤保障能力与履行我军历史使命的要求相适应，提高保障我军应对多种安全威胁、完成多样化军事任务能力。全面建设现代后勤是一个有机的统一整体，主要内容是实现保障体制一体化、保障方式社会化、保障手段信息化和后勤管理科学化。

（八）坚持依法治军，从严治军，提高科学管理水平

从严治军是军队建设的全局性、基础性、长期性工作，必须加大力度，紧抓不放，把从严治军真正落到实处，确保部队安全和稳定。依法治军是军队正规化建设的基本要求，必须加强军事法制建设，把成功的治军经验及时用法规的形式确定下来，完善军事法规体系，依照条令条例和规章制度规范军队各项建设和工作，使军队建设走上法制化轨道。要加强科学管理，努力学习现代管理知识，更新管理观念，提高管理能力，积极探索具有我军特色的科学管理模式，向科学管理要效益，向科学管理要战斗力。

（九）统筹经济建设和国防建设，实现富国和强军的统一

胡锦涛指出，国防和军队建设，在中国特色社会主义事业总体布局中占有重要地位。这一重要论断，明确了国防和军队建设的战略定位。长期以来，党在领导社会主义建设实践中，总是站在国家安全和发展战略全局的高度来谋划国防和军队建设，在领导全国人民推进社会主义经济、政治、文化、社会建设的同时，高度重视并大力加强国防和军队建设，形成国防建设和经济建设相互促进、协调发展的良好局面。

实现富国，根本是发展社会生产力，建设雄厚的经济基础。实现强军，关键是提高军队战斗力，建立巩固的国防。富国与强军紧密联系，共同构成国家富强的两大基石。在全面建设小康社会进程中实现富国和强军的统一，是长期历史经验的科学总结，反映了全面建设小康社会的内在要求，抓住了加快推进社会主义现代化的关键性问题。要实现富国与强军的统一，就必须统筹经济建设和国防建设，促进国防建设与经济建设协调发展。按照

科学发展观的要求，从国家发展的总体战略出发，制定国防和军队现代化发展战略，确定国防和军队现代化建设布局，把国防和军队现代化建设融入国家现代化建设的战略全局之中，使国防和军队现代化进程与国家现代化进程相一致。

三、胡锦涛国防和军队建设思想的精神实质

科学的本质在于求真，求真必须务实；务实，必须随着实践的发展而不断地解放思想。胡锦涛国防和军队建设思想本质上就是解放思想、求真务实的产物，渗透着解放思想、求真务实的精神。

（一）基点——实现富国与强军的统一

实现富国与强军相统一的重要论断，是胡锦涛国防和军队建设一系列重要思想的基点。其他一切论述都围绕这一基点而展开，渗透着富国和强军相统一的精神。富国和强军相统一，是将国防建设与经济建设放在一个大系统中进行思考，在国家发展的大局中统筹国防和军队建设，既要考虑加强国防和军队建设，又顾全和支持国家经济建设，使二者有机地统一起来。只有坚持国防建设和经济建设两大发展战略相协调、两大战略任务相结合，才能真正实现富国与强军的统一。

（二）核心——有效履行新世纪新阶段我军历史使命

胡锦涛国防和军队建设思想回答和解决的中心问题，就是如何有效履行新世纪新阶段我军历史使命。新世纪新阶段，胡锦涛提出的"三个提供、一个发挥"的历史使命，是对我军职能任务的新概括、地位作用的新拓展、建设发展的新要求，是一个不可分割的有机整体，对国防和军队建设具有重大的指导意义。只有确保党的执政地位的巩固，才有国家战略机遇期的到来和实现，才有国家利益的拓展；只有确保国家战略机遇期的实现，才能进一步巩固党的执政地位和不断拓展国家的战略利益；只有确保国家安全利益和发展利益不受阻碍，才能紧紧抓住和有效利用战略机遇期；没有世界和平和共同发展，国家战略利益的发展机遇将失去重要的外部环境。我军只有以过硬的军事能力有效执行党和人民的根本意志，才能实现"报效国家、献身使命"的核心价值。

（三）主题——推动国防和军队建设科学发展

推进国防和军队建设科学发展，就是要在更高的层次上揭示和回答新世纪新阶段国防和军队建设发展"为了谁""依靠谁""发展什么"和"怎样发展"等一系列重大问题，这是贯穿于胡锦涛国防和军队建设思想的主题。"以推进国防和军队建设科学发展为主题"的战略思想，就是面对更趋复杂的安全和发展外部环境、面对更加艰巨的维护社会大局稳定的繁重任务、面对维护重要战略机遇期的重大使命等重大现实问题的基础上提出的。它要求我军必须主动适应国内外形势的发展变化，把科学发展观作为国防和军队建设的重要指导方针，把贯彻落实科学发展观作为军队建设的战略任务，进一步增强机遇意识、忧患意识、使命意识，努力提高国防和军队建设科学发展水平，全面提高以打赢信息化条件下局部战争能力为核心的完成多样化军事任务能力，着力解决影响体系作战能力建设的突出问题，不断开创国防和军队建设新局面。

（四）主线——加快转变战斗力生成模式

战斗力是军队履行使命的根本动力。胡锦涛把加快转变战斗力生成模式确立为国防和军队建设的主线，并强调这是推动新世纪新阶段国防和军队建设科学发展的必由之路。这一重大战略思想抓住了关乎国防和军队建设全局性、根本性问题，对于推动国防和军队建设科学发展、提高军队战斗力、有效履行我军历史使命具有重要指导意义。把加快转变战斗力生成模式作为国防和军队建设的主线，是科学发展观在军事领域的生动运用。要求全军把战斗力生成模式转到以信息为主导、以新型作战力量建设为增长点、提高基于信息系统的体系作战能力上来，转到依靠科技进步、官兵素质提高、管理创新上来。这是对新形势下国防和军队建设发展规律的深刻揭示，是马克思主义军事理论与当代军事实践相结合的创新成果，是在新的历史起点上推进国防和军队改革发展的科学指南。

思考题

1. 新世纪新阶段，军队的历史使命是什么？
2. 当代革命军人的核心价值观是什么？
3. 胡锦涛国防和军队建设思想的主要内容有哪些？
4. 胡锦涛国防和军队建设思想的精神实质是什么？

Chapter 03

第 3 章

战略环境

学习目标

① 了解国际战略环境和世界战略格局。

② 正确认识我国的周边安全环境，增强国家安全意识。

    战略环境是制定某一战略所必须依据并制约该战略实施的环境和条件。它是动态的，是随国内外形势的发展而不断变化的，主要包括政治、经济、军事、人文等方面的因素，是构成国家战略环境的基础，对国家的战略环境起决定作用。其研究内容主要是国际战略环境和国内战略环境两大部分。

    本章主要从战略环境概述、国际战略环境和周边安全环境等方面，了解有关战略环境的基本知识、洞察国际斗争特别是战争与和平的基本趋势，正确认识我国周边安全环境的现状及其对我国战略利益的影响。

第一节 战略环境概述

战略环境是制定战略的客观基础。正确认识和分析战略环境是制定正确战略的先决条件。

一、战略环境的基本概念

战略，是筹划和指导战争全局的方略，即根据对国际形势和敌对双方政治、军事、经济、科学技术、地理等诸因素的分析和判断，科学地预测战争的发生与发展，制定战略方针、战略原则和战略计划，筹划战争准备，指导战争实施所遵循的原则和方法。环境是指人类赖以生存与发展的各种外部因素的综合体。战略环境是指影响国家安全或战争全局的客观情况和条件，主要包括国际和国内的政治、经济、军事、外交、科技、地理等方面综合形成的客观情况和条件，以及由此而形成的战略态势，特别是战争与和平的总态势，战略环境是动态的，随着国内外形势的发展而不断变化。

二、战略环境的研究内容

（一）国际战略环境

国际战略环境，是一个时期内世界各主要国家（集团）在矛盾、斗争或合作、共处中的全局状况和总体趋势。它是国际政治、经济、军事形势的综合体现，主要包括有关各方力量消长、利益得失、矛盾升降、斗争起伏，特别是在双边或多边关系中敌与友、战与和、对抗与妥协、分化与组合、多助与寡助，在战争中进与退、攻与守、胜与负、强与弱、优势与劣势等方面的总状况和总趋势。国际战略环境关系到国家的生存与发展、安危与兴衰，影响一个国家（集团）军事斗争的对象、性质、目标、敌友关系以及军事力量建设与运用的基本方向，因而是各个国家（集团）制定战略必须首先考察和关注的外部环境和条件。

国际战略环境的范围虽然极其广泛，但对于某一国家（集团）的战略指导者来说，最值得注意的是以下几个方面。

一是时代特征。所谓时代，是指世界整体在发展进程中所处的大阶段。不同阶段之间相互区分的标志，就是时代特征。时代特征反映了世界发展总进程中，不同发展阶段中那些带有战略性、全局性的核心问题、矛盾领域和斗争状况。如当今的时代特征是和平与发展。时代特征是世界性的、阶段性的，它所反映的是世界的总貌，是整个世界在一定历史阶段的总的标志，而不是个别国家的个别现象，也不是国际社会一时一事的情节或短时期的形势变化。正确认识时代特征，有助于战略指导者从宏观上把握当代世界的主要矛盾和总的发展趋势，从而对国际战略环境作出正确的判断，避免战略指导的重大失误。

二是世界战略格局。世界战略格局，是世界各国政治、经济、军事力量在其消长、分化和组合过程中所形成的，对世界战略全局具有重大影响而又相对稳定的力量结构，世界战略格局反映了一定时期内国际间的力量对比、利益矛盾和需求，以及基本的战略关系。对世界战略格局进行分析与研究，有助于从总体上了解世界各主要国家在世界全局中的地位以及战略利益方面的矛盾和需求，有助于对世界形势及其可能的发展趋向作出基本的估计。

三是主要国家的战略动向。世界各国之间由于战略利益和政策的异同，既可能是对手，也可能是朋友。各国的战略动向，既互为条件、相互依存，又相互影响和制约。其中，一些实力较强的世界性和地区性大国，特别是超级大国所推行的战略，对地区乃至世界的安全与稳定具有重大的影响，对其他国家的战略也有程度不同的影响。因此，一定时期内各主要国家的战略及其发展趋势，是国际战略环境的重要部分。了解主要国家的战略动向，有助于从世界各国特别是大国之间关系上，具体地研究国际战略环境，进而对世界形势作出正确判断。

四是当代世界战争与和平的趋势。战争是解决阶级和阶级、民族和民族、国家和国家、政治集团和政治集团之间利益矛盾和冲突的最激烈的手段。只要战争根源还存在，战争与和平始终是国际安全面临的重大问题。对于一个国家的主权和安全来说，来自外部的战争威胁是最严重的威胁。因此，当代世界战争与和平的趋势在国际战略环境中最引人注目，也是世界各国研究和制定军事战略所关注的中心。

五是周边安全形势。周边安全形势，是指周边国家（集团）直接、间接影响本国安全的条件和因素；周边安全形势中最值得注意的是周边国家与本国的利益矛盾、对本国的政策企图、与本国密切相关的军事力量及其部署等直接、现实和潜在威胁或影响本国安全的情况和因素。

从上述几个方面入手研究国际战略环境，对于洞察国际斗争特别是战争与和平的基本趋势，进而判明对本国战略利益的影响，具有十分重要的意义。

（二）国内战略环境

从军事斗争的角度讲，国内战略环境是指对筹划、指导军事斗争全局具有重大影响的国内社会环境与自然环境。它反映了国家军事力量建设与运用的可能条件和制约因素，决定着战略的基本性质和方向，是制定战略的依据。国内战略环境主要包括国家的政治、经济、军事、地理等方面的基本状况。其中，对战略具有直接影响的是国家的地理环境、政治环境和综合国力状况。

一是地理环境。地理环境主要包括国家（战区）的地理位置、幅员、人口、资源、地形、气候以及行政区划、交通、要地等状况。这些地理要素与军事斗争的关系十分密切，是军事力量生存、活动的空间条件。军队的集结、机动、作战、训练、后勤补给等一切军事活动都离不开一定的地理空间，都要受到地理环境的影响和制约。地理环境不仅是制定战略的重要客观依据，而且是影响战争胜负的重要因素。加强对地理环境的研究与认识，是使战略指导符合客观实际的一个重要环节。

二是政治环境。国内政治环境，涉及的范围较广，但对战略影响最大的有两个方面。一方面，国家的政治、法律制度与基本国策。国家的政治、法律制度和基本国策是国内政治环境的本质和核心，对军事斗争全局的筹划指导具有决定性的影响。例如，《中华人民共和国宪法》规定的中国的国体、政体以及大政方针与基本国策，充分反映了中国各族人民的根本利益和共同的政治需要，具有最高的法律地位和法律效力，是战略必须服从并为之服务的最高政治准则，是确定军事斗争的目的、性质、任务、基本方针、政策和战略指导原则的政治依据。同时，也是保证战略得以贯彻实施的政治基础。另一方面，国内政治安全形势。国内政治安全形势，主要包括一定时期内国内的阶级、民族、宗教（教派）、政治集团之间相互关系的基本状况及其对政局和国家安全的影响。其中，敌对势力分裂、颠覆国家和发生武装冲突或国内战争的情况，是直接影响国家统一和稳定的国内因素，是筹划、指导军事斗争必须关注的重要问题。

三是综合国力状况。综合国力是一个国家全部物质力量和精神力量、实力和潜力的总和，它包括国家的人力、物力、财力、军力、科技与生产能力、社会保障与服务能力以及组织动员能力等。综合国力是军事斗争特别是战争的物质基础，也是军事理论和作战方法发展进步的重要条件。一切军事斗争和军事活动，归根结底都要依靠综合国力，特别是政治、经济、军事和科技实力的支撑，并受其制约。战略指导者必须立足于国家综合国力的实际状况，本着勤俭节约、讲究效益的原则，筹划、指导军事力量的建设与运用，使之与国家建设和社会发展的总体水平相适应。

三、战略环境的构成因素

战略环境实质上是指与各国生存和发展密切相连的各种因素的总和，主要包括政治、经济、军事、人文等各个方面的因素，它是构成国家战略环境的基础，对国家的战略环境起决定作用。

（一）战略环境中的政治因素

政治是上层建筑，它对一国的军事、经济、外交、科技均能产生决定的作用，一国的军事、经济等各方面的活动，总是根据政治需要而进行的。一国的政治状况决定了国家性质、国家的军事战略方针和对战争的态度，决定了国家一个时期的发展方向和目标，决定着国家面临不同战略环境时采取不同的方针政策。经济是政治的基础，军事是政治的工具，经济、军事均要为政治服务，接受政治指导。因而，政治在国际战略环境中有着重要的作用。

（二）战略环境中的经济因素

经济因素主要由经济实力、经济结构、经济布局、科学技术实力、发展状况和发展前景等方面构成。唯物主义认为，物质基础决定上层建筑，经济基础决定意识形态。这是一条普遍真理。国家的战略环境如何，在很大程度上取决于经济这个物质基础。没有强大经济基础的军事是不可行的，没有强大经济基础的政治也是苍白无力的。战后的日本，全力发展经济，使其经济实力位于世界前列，其凭借强大的经济，使一个自然资源极度贫乏的岛国成为世界上名副其实的经济大国。现代战争在一定程度上打的就是经济实力，海湾战争短短几十天，仅美国消耗就高达 611 亿美元。由此可见，经济因素在战略环境中的地位是十分重要的。

经济实力如何，制约着一国的国防状况，直接影响一国的战略环境状况。

在经济因素中，经济结构的合理性、经济布局的合理性、经济的科技含量对创造良好的战略环境也有重大的影响，它对一个国家的战争支持能力、战争持久能力有重大影响，对一个国家能否跟上现代战争的步伐、适应现代战争的特征也有重大影响。

经济因素是衡量国家综合实力的重要指标，只有具备了强大的经济基础，才能立足于世界军事强国之林，才能使政治变得坚强有力，才能在国际社会中获得良好的战略环境。

（三）战略环境中的军事因素

军事因素包括世界军事形势的基本状况、世界军事格局的基本态势、周边国家的军事状况、本国军事的状况等。它是国家制定基本国策、确立国家发展目标的最基本依据，是国家军政首脑必须关注的重大问题。

当今国际社会，和平、发展、合作、共赢是时代的主题。但是，由于国际社会政治、经济、军事发展的不平衡性，再加上霸权主义、强权政治的存在，世界的安全与稳定在很大程度上取决于各国的军事状况。在当前世界军事力量分布失衡的情况下，某些军事大国，挥舞军事大棒，推行霸权主义和强权政治，因此，军事因素成为构成战略环境状况的核心因素。

（四）战略环境中的人文因素

人文因素主要是指国家的人口状况、民族状况、文化状况及外交等方面的情况。

人口数量多少，人口质量的高低与国家的经济发展状况及发展前景有直接的联系，与国家战争力量的储备及动员关系密切。现代战争中，随着高技术兵器的广泛应用，对兵员的质量要求越来越高，兵员的质量对战争的影响越来越大。

一个国家的民族状况如何，对该国的战略环境影响很大。在当代国际社会中，多数国家均由不同的民族组成。一个国家各民族越能和睦相处，国家稳定性和安全性就越好；反之，国家安全和稳定都会受到重大影响，当今世界这样的事例屡见不鲜。因此，一个国家的民族问题与该国的战略环境有直接的联系。

一个国家的战略环境怎样，与该国的科技、文化、宣传、教育、外交等方面有直接联系。坚持正确的舆论导向，大力提高民族的科技文化水平，提高全民的国防意识。在对外交往中广交朋友，做到有理、有利、有节，这些对国家战略环境的改变、营造一个有利的战略环境都是十分必要的。

第二节 国际战略环境

国际战略环境关系到国家的生存与发展、安危与兴衰，影响一个国家（集团）军事斗争的对象、性质、目标和敌友关系以及据此确定的军事力量建设与运用的基本方向，是各个国家（集团）制定战略必须首先思考和关注的外部环境和条件。

一、和平与发展仍是时代主题

进入 21 世纪以来，世界处于大变革、大调整、大变化之中。当前，国际战略格局、全球治理体系、地缘政治棋局都发生着重大变化，围绕战略资源、战略要地和战略主导权的争夺加剧，霸权主义和强权政治依然存在，地区动荡扩散，热点问题增多，局部冲突和战争此起彼伏。

（一）和平与发展在前进中面临挑战

当今世界是一个新机遇新挑战层出不穷、国际体系和国际秩序深度调整、国家力量对比深刻变化并朝着有利于和平与发展方向变化的世界。和平与发展仍然是时代主题，但全球性挑战日益增多。围绕国际秩序、综合国力、地缘政治等的国际战略竞争日趋激烈，发达国家与发展中国家、传统大国与新兴大国矛盾不时显现，局部冲突和地区热点此起彼伏，一些国家因政治、经济、民族、宗教等矛盾引发的动荡频发，天下仍不太平。导致国际金融危机的深层次矛盾和结构性问题尚未解决，世界经济复苏的不稳定、不均衡性依然突出。恐怖主义、经济安全、气候变化、核扩散、信息安全、自然灾害、公共卫生安全、跨国犯罪等全球性挑战对各国安全威胁明显增大。传统与非传统安全问题交织，传统安全观念难以有效应对当今世界的诸多安全威胁和挑战。

概念窗

国际战略环境是指世界各主要国家和政治集团在一定时期内，通过战略上相互联系、相互作用、相互斗争所形成的国际战略格局和国际战略形势。它是国际政治、经济和军事形势的综合体现。

（二）经济全球化对国际战略关系影响深入

经济全球化，是充满矛盾和冲突的过程，它正在改变着人类社会的生存和发展环境，带来人类社会关系的重大变迁。国际社会携手应对国际金融危机初显成效，各国抓紧调整发展战略和模式，全力打造新的经济增长点，科技创新孕育新的突破，经济全球化有新的发展。国际战略力量消长变化加快，新兴大国和发展中国家经济实力、国际地位和国际影响力显著增强，世界多极化前景更加明朗。国际关系深刻调整，国家间经济相互依存加深，国与国之间"你中有我、我中有你"，不同程度地形成了"相互依赖、相互影响"的利益格局。国家间共同挑战增多，"一荣俱荣，一损俱损"的互动效应日趋增强，沟通、协调、合作成为大国关系的主流。但各国在经济全球化中的相互依存关系又是不均衡、不对称和不平等的，"逆全球化"思潮和保护主义倾向抬头。由此导致国际体系改革大势所趋，全球经济金融治理机制建设逐步推进，20 国集团作用增强，联合国等国际政治、安全体系改革成为关注焦点。

（三）军事安全因素对国际关系影响上升

在当今前所未有的大变局中，军事技术和战争形态出现革命性变化，在综合国力竞争和科学技术发展的推动下，国际军事竞争更加激烈，世界军事变革进入新的发展阶段。主要国家加紧调整安全和军事战略，加快军事改革步伐，发展先进军事技术、武器装备和军事理论。一些大国制定外层空间、网络和极地战略，发展全球快速打击手段，加速反导系统建设，增强网络作战能力，抢占新的战略制高点。一些发展中国家也积极谋求拥有先进武器装备，推进军队现代化。各国更加重视以军事手段配合外交斗争，一些地区局部军备竞赛升温，防止大规模杀伤性武器扩散形势错综复杂，维护和加强国际防扩散机制任重道远。但维护和平、制约战争的因素持续增长，各国在安全领域的共同利益增多、合作意愿增强，世界性的全面大规模战争在较长一段时间内可以避免。

（四）各国更加重视加强国际安全问题合作

尽管世界大国政治制度、国防政策不尽相同，但在强调对话与合作上，各国的主张却很一致。加强国际合作，构筑更加安全的国际安全环境，确保世界和地区的共同利益所在，各国之间通过合作来解决国际社会所面临的问题变得越来越重要。美国在《国防战略报告》中指出，世界上没有一个国家有能力单独对付恐怖主义及其威胁，因此，反恐战争需要跨机构和多国合作才能进行。法国则把合作理论定位为国防政策根基，主张全面参与北约活动，重申联合国及其机构的核心作用，支持多边主义，抵制单边主义。中国高举和平、发展、合作、共赢的旗帜，坚持综合安全、合作安全、共同安全的理念，奉行互信、互利、平等、协作的新安全观，全面维护国家政治、经济、军事、社会、信息等各领域安全，与世界各国一道共同营造和平稳定、平等互信、合作共赢的国际安全环境。可见，一体化的时代特征正在让各大国抛弃具有冷战思维与零和特征的旧安全观，倾向于通过合作应对多种安全威胁。

二、国际战略格局

国际战略格局既是一定时期国际关系特点的集中表现，也是制定内外战略和策略方针的主要依据之一，同时还是正确认识和判断国际战略环境的一个关键因素。正确认识和分析国际战略格局，有助于从总体上了解世界各主要国家在世界格局中的地位以及战略利益方面的矛盾和需求。

> **知识窗**
>
> 国际战略格局是指对国际事务具有重要影响力的力量，在一定历史时期内相互联系、相互作用而形成的较为稳定的力量结构。主要分为国际政治格局、经济格局和军事格局，国际战略格局则是这几种格局的综合。

（一）美国谋求建立单极世界却难阻多极化趋势

冷战结束后，美国成为唯一的超级大国，世界出现了"一超多强"的局面。但发端于2007年的美国"次贷"危机在2008年转变为全球金融危机，对美国的金融霸权形成冲击，美式自由市场经济模式弊端充分显现，吸引力和影响力大打折扣。即便如此，美国仍认为

"尽管越来越多的国家及非国家行为体都在显示着自己举足轻重的影响力，但是美国仍然是世界最为强大的力量。"美国的经济规模是排名第二的中国的两倍多，只有美国有能力在全球各个地区投放军力，美国在世界四分之三以上的国家派有驻军，每年的国防开支超过排名在其身后的17个国家的总和，在可预见的未来将继续保持这一地位。与此同时，美国还认为全球和地区强国所表现出的"民族主义和过分自信，正在检验着我们伙伴国的适应能力和美国的领导能力。"尽管美国仍是世界的"领头羊"，但是美国与其他地区性大国的差距正在逐步缩小，这种力量分布的变化标志着整个世界格局的发展变化，表明美国对国际事务的掌控能力受到挑战，全球政治、经济与军事格局向多极化调整趋势更加明显，美国认为世界正进入"多极化"时代。

（二）俄罗斯加强军事力量重振大国地位

20世纪90年代以后，俄罗斯国内形势不稳，生产停滞，经济滑坡，大国地位受到严重削弱。但因其拥有良好的工业基础、科技优势、丰富的资源和巨大的发展潜力，在国际战略环境中具有十分重要的地位。俄罗斯是世界上拥有最强大核力量的两大军事强国之一，在军事上仍是唯一能与美国抗衡的核大国。俄罗斯还继承了苏联的联合国安理会常任理事会国的席位，普京三度执政，使主动、积极、强势的外交风格得以延续，并在世界舞台上发挥着政治大国的作用，保持着在全球事务中的影响力。在金融危机和西亚北非动荡持续发酵的背景下，以美国为首的北约不顾国际法准则越来越倾向于使用武力，在欧洲北约不断东扩，"弱俄、遏俄、分俄"的企图显露无遗，并对俄罗斯构成了实在威胁。同时，美国与俄罗斯就导弹防御系统部署、核裁军等问题斗争愈演愈烈，这使俄罗斯意识到，为了保障国家安全、维护国家利益，加强武装力量建设刻不容缓。普京强调，"没有强大的军队便没有强大的俄罗斯"，只有做好以军事手段应对各种挑战的准备，才能巩固大国地位，捍卫国家利益。为此，俄罗斯加快军队信息化建设步伐，深化推进军队改革进程，积极对外显示军事实力。开展全方位多层次军事外交，努力巩固传统优势领域，不断拓展国际军事交流空间，标志着俄美双方战略博弈进入新阶段。

（三）欧盟力量不断发展并且自主意识日趋增强

欧盟是当今世界上规模最大、一体化程度最高的地区经济集团。自2004年以来，欧盟在内统外扩与壮大实力方面已取得重大突破。欧盟现在拥有28个成员国、400多万平方千米土地和5亿多人口，实际上已将绝大多数欧洲国家统合在自己麾下。2009年通过的《里斯本条约》为欧盟的机构改革铺平道路，昭示欧盟将通过实质性的机构和体制改革，有效推行共同外交和防务政策，并在国际舞台扮演分量更重的角色，在处理全球或地区事务中具有较为重要的发言权。近年来，欧盟在应对气候变化、金融危机、俄乌冲突、伊核问题等热点上表现突出。欧盟一直在谋求使欧洲真正成为未来多级世界中强有力的一极，争取与美国平起平坐的地位。但是，欧盟毕竟只是一个松散的国家联盟，不是一个真正意义上的国家，各成员在政策协调上存在诸多杂音，不可能像一个国家那样一致对外。随着金融危机的持续和英国脱欧的加快，欧元区面临瓦解，欧盟内部矛盾重重，欧洲一体化正经历着一场严峻的危机。欧盟国家在如何应对危机上，可能或确实面对着碎裂的威胁，进而对国际政治与国际关系产生深刻影响，必须寻找解决问题的新办法。

（四）日本加快由经济大国走向政治和军事大国步伐

日本是世界第三经济大国，工业高度发达，科技实力雄厚，人均国民收入位居世界前列。20 世纪 90 年代以来，日本经济陷于停顿，但制造业仍在发展，经济仍将处在世界的前列。随着经济和科技实力的增强，日本已不满足于一个经济大国的地位，近年来，不断调整内外政策，提出了以经济力量为后盾，以强大军事力量为保证，以自主外交为手段，逐步发展成为世界性政治大国的战略目标，要求成为联合国安理会常任理事国，竭力在国际政治舞台上扮演重要角色。在军事和外交上，由于历史等原因，日本依附于美国，在较长时间里，难以摆脱美日军事同盟的束缚。日本对过去发动侵略战争的罪行一直未能深刻反省和谢罪，与周边国家存在大量领土争议和海洋划界问题。日本与美国签订防务协议、建立战区导弹防御系统，努力扩大军事影响力。同时，日本大幅度提高防务预算，积极充实西南地区的防务力量，强化应对周边事态的能力，加速走向政治和军事大国的步伐越来越快。

（五）中国等新兴国家在国际事务中发挥越来越大的作用

近年来，中国、俄罗斯、印度、巴西、南非等一批新兴国家群体性崛起势头强劲，日益成为世界经济增长和国际格局演变的重要推动力量。"金砖国家"GDP 占全球的比重逐渐增加，新兴国家之间的对话合作不断发展。全球金融危机爆发后，新兴国家成为美欧竭力拉拢和借重的对象，新兴大国的地位与影响明显上升。改革开放 30 多年来，中国的实力地位及与世界的关系都发生了前所未有的根本性变化，中国在国际事务中的作用和影响显著提高，与世界的融合程度日益加深。中国的经济总量已于 2010 年超越日本，成为世界第二。中国正在成为世界的制造中心、研发中心、技术培训中心和出口基地，拥有"全球最多的外汇储备、全球最大的工业基础、全球最好的新建基础设施、全球最大规模的新兴中产阶级、全球最多的理工科毕业生"，以及全球最有潜力的人口大市场。这种上升大国的规模效益能量是人类历史上前所未有的，它使中国的国家地位发生了历史性变化，也带动了亚洲的崛起。中国的快速发展，虽然引起了国际反华和敌对势力的不同声音，但中国因素在国际格局演变中的地位日益突出。特别是随着国际金融危机的蔓延和加深，包括美欧主要国家和地区在内的国际社会对中国的期待增加。中国的影响力在亚欧首脑会议、20 国集团金融峰会中得到充分体现。

（六）区域一体化组织蓬勃发展

联合自强、走区域一体化道路，是中小国家为有效维护独立和主权，提升本国的国际地位，致力于自身经济发展，以和平方式处理分歧和热点问题的共识性的政策取向。一些经济发展水平比较接近的国家和地区组成的地区性组织兴起，活动积极，联合自强趋势增强，区域、次区域经济和安全合作保持发展势头。除了区域组织不断发展外，大区域一体化组织也在形成和加强。除欧盟、东盟外，近年还涌现出非洲联盟和南美洲联盟。

总之，当今世界，全球经济正在遭受第二次世界大战结束以来最严重的冲击和最剧烈的动荡。国际经济格局和国家间经济关系、国际政治格局和国家间政治关系将受到长久而深远的影响。

三、国际安全形势

当前，世界安全形势在总体和平的大局势下暗流涌动，多种安全威胁交织出现，在国家格局调整不断深化的大背景下，大国间的战略博弈、地区冲突和军事竞争势头不断上升。看似波澜不惊，其实已波诡云谲。

（一）国际形势总体稳定，但不安全、不稳定、不确定因素明显增加

近年来，在世界多极化、经济全球化、社会信息化等趋势深入发展的推动下，国际力量对比出现新的消长，各国利益出现新的变化，世界主要国家外交与安全的战略和政策也在不断调整，国际安全形势发生诸多复杂变化。美欧债务危机导致的西方国家内乱，深刻反映出西方政治经济制度的严重缺陷，致使未来世界经济不确定因素增加；西方各国的政治大选可能引发社会动乱加剧，导致发达国家有可能把危机向发展中国家和地区转移，引发局部动荡或冲突的各种因素大大增加。国际形势跌宕起伏，这反映出世界思潮、大国政治以及国家战略格局和世界秩序正经历着重大而又深刻的调整。由于新的安全威胁因素不断出现，不安全、不稳定、不确定因素明显增加，局部地区的动荡甚至战乱有新的发展。大国地缘战略突出，美俄在欧洲和中东地区进行了激烈的战略博弈。在欧洲，两国主要通过军事演习、加强作战力量部署相互威慑。例如：美国除推进反导系统建设外，还部署先进的F-22"猛禽"隐形战斗机，并计划部署第三支陆军战斗旅。俄罗斯则针锋相对强化作战部队和导弹部署，以应对美国及北约的行动。相对于在欧洲的威慑行动，俄美在中东地区特别是在叙利亚问题上的对抗更为直接。叙利亚冲突在某种程度上已演变成俄美两方支持的"代理人"战争，叙利亚形势对地区安全的演变具有举足轻重的地位和作用。大中东地区叙利亚、伊拉克、也门、利比亚等国军事冲突不断，不但给这些国家带来严重灾难，而且在欧洲引发了难民危机。亚太地区逐渐成为世界地缘政治中大国博弈的中心舞台，随着美国加紧从中东收缩，从伊拉克和阿富汗两大战场全面撤军、对利比亚战争采取"半参与"姿态，以便强力贯彻"重返亚太"战略，明显加强了对中国的防范和遏制力度。朝鲜半岛局势紧张，半岛"无核化"困难重重，不确定因素越来越显现。

（二）传统安全威胁和非传统安全威胁并存，新领域、新疆域争夺激烈

冷战结束后，特别是"9·11"以来，传统安全威胁并未减弱，而以恐怖主义为代表的非传统安全威胁却日益突出，越来越成为影响国际安全的重大问题。2016年，在国际社会的共同打击下，极端组织遭到了沉重打击，力量受到严重削弱。但恐怖主义威胁仍在蔓延。由于恐怖主义产生和发展的根源难以在短时期内消除，以及各国间反恐合作还存在诸多分歧和矛盾，因此，打击恐怖主义的道路依然任重道远。全球范围内非传统安全问题不仅仅是恐怖主义的威胁，而且已扩展到金融、能源、粮食以及气候变化、食品、公共卫生安全等领域。此外，围绕新的战略制高点，大国通过争夺军事优势的竞争态势进一步加剧，将给国际安全形势带来更加复杂而深远的影响。安全威胁的新区域不断涌现，大国间争夺日趋激烈。海洋安全形势越来越复杂化，太空军事化进程加快，网络空间角逐激烈，北极争夺日趋白热化，联合军演保持较高的频率和较大的数量，而且呈现出大国主导、热点地区集中、军演主题多样的传统或非传统安全威胁背景。

（三）地区安全的复杂性、多变性趋于明显

进入 21 世纪以来，世界处于大变革大调整大变化之中。国际形势呈现出亚太格局大变、中东北非动乱、发达国家经济疲软、新兴国家继续崛起的特点。从世界军事形势看，虽然总体保持稳定，但地区安全的复杂性和多变性趋于明显。原有地区热点久拖不决，高温难降。朝鲜半岛形势紧张、"软""硬"对抗交替出现，阿富汗局势依然严峻、形势短期难有改观，伊拉克乱局依旧、恢复正常任重道远、巴以矛盾积重难返、中东和平进程停滞不前，美伊对抗再次涌现、引发军事冲突的可能性依然存在。部分国家民族和宗教矛盾突出，领土和海洋权益争端时有升温，恐怖主义、分裂主义、极端主义活动猖獗。新的热点不断涌现。西亚北非国家剧烈动荡影响地区稳定，利比亚战争出现了美国参与、俄罗斯支持的"代理人"战争新模式，叙利亚成为中东乱局的新焦点。美国战略重心转向亚太，亚太地区战略格局酝酿深刻调整。相关大国增加战略投入，强化亚太军事同盟体系，加大介入地区安全事务力度，明确战略对手，谋求新的战略优势，使亚太局势更加复杂多变，尤其是东北亚地区安全形势非常严峻。

当前，面对世界政治经济格局的深刻变化，中国将始终站在和平稳定一边，站在公道正义一边，做世界和平的建设者、全球发展的贡献者、国际秩序的维护者。中国将坚定不移走和平发展道路，坚决维护多边体制的权威性和有效性，反对各种形式的保护主义，深入参与全球治理进程，引导经济全球化朝着更加包容互惠、公正合理的方向发展；推动构筑总体稳定、均衡发展的大国关系框架，着力营造睦邻互信、共同发展的周边环境，全面提升同发展中国家合作水平，积极提供解决全球性和地区热点问题的建设性方案；加快完善海外权益保护机制和能力建设。中国愿与国际社会一道，致力构建以合作共赢为核心的新型国际关系，为打造人类命运共同体作出新的贡献。

思考题

1. 什么是战略环境？
2. 当前及今后一段时间内国际战略环境的发展趋势是什么？
3. 什么是国际战略格局？
4. 当前国际安全环境的主要特点有哪些？

第三节 我国周边安全环境

国家周边安全环境是国家安全环境的重要组成部分，关系到国家和民族兴衰存亡，是制定国家和国防战略的重要依据。

一、我国周边安全环境概况

（一）我国是一个陆海兼备的大国

我国位于欧亚大陆东部边缘地带和太平洋西岸，是连接东北亚、东南亚、南亚、中亚和北亚的枢纽，也是欧亚大陆地缘战略区与海洋地缘战略区的结合部，处于亚太地缘政治区域中心。我国既是一个陆地大国，也是一个濒海大国。我国有 960 多万平方千米陆地疆域，陆地面积约占世界陆地面积的 1/15，仅次于俄罗斯和加拿大，是世界第三陆地大国。我国的海岸线漫长，拥有 1.8 万多千米的大陆海岸线、1.4 万多千米岛屿岸线、300 万平方千米主张管辖海域。我国大陆架极为广阔，属于大陆架超过 200 海里的 18 个国家之一，拥有广泛的海洋战略利益。我国虽然是濒海大国，但所在的海区却是一个封闭与半封闭型的海区。海区外缘从阿留申群岛，经日本列岛到菲律宾群岛，有世界上最长的岛链环绕。我国这种陆海兼备的地缘特征，使我国既有向陆和海两个方向发展的需求与机遇，同时也使我们负有陆、海两个方向的防卫任务。

> **概念窗**
>
> 周边安全环境是指一个国家周边有无危险和受到威胁的情况及条件。它是一个国家对其周边国家或集团在一定时期内对自己国家主权、领土完整是否构成威胁、有无军事入侵、渗透颠覆等情况的综合分析和评估。

（二）我国周边国家数量众多，历史和现实矛盾突出

我国陆地边界全长约 2.28 万千米，陆地上与 14 个国家接壤，按地理位置排序依次是：朝鲜、俄罗斯、蒙古国、哈萨克斯坦、吉尔吉斯斯坦、塔吉克斯坦、阿富汗、巴基斯坦、印度、尼泊尔、不丹、缅甸、老挝、越南。我国的海岸线长约 1.8 万千米（不含岛屿海界），有 8 个国家与我国海上为邻，它们是日本、朝鲜、韩国、菲律宾、文莱、马来西亚、印度尼西亚、越南，其中朝鲜和越南既是海上邻国，又是陆地邻国。我国陆海邻国众多，周边安全环境复杂。

我国与周边国家有着千丝万缕的联系。由于特殊的地缘政治因素，一方面，矛盾、问题和冲突众多；另一方面，又与本地区其他国家之间经济上有较强的互补性，文化上有明显的交融性。其特征表现为以下四个方面。一是我国周边地区是世界人口最为密集的区域。世界上人口超过 1 亿的 11 个国家中，有 7 个聚集在这里，人口总数超过 35 亿，占世界总人口的 56% 以上。人口过密，就业困难，社会压力大，带来了一系列矛盾和问题。二是我国周边地区也是大国力量最为集中的地区。世界公认的五大力量中心，除欧洲外，美国、中国、俄罗斯、日本均交汇于此。致使我国周边呈现出，国际公认的有核国家、准核国家、想核国家多，超百万军队的国家多，建有外国军事基地的国家多，有航母和准航母的国家多以及围绕周边的联合军演多等现象。三是世界上突出的热点问题，有不少集中在我国周边地区。如朝鲜半岛的核危机，印巴对克什米尔的争夺，阿富汗的战后问题，东海、南海海洋权益以及台湾海峡局势等。四是我国周边国家存在着巨大的差异性、不平衡性和多样性，如政治制度不同、意识形态各异、宗教信仰多元、民族矛盾复杂、资源分布不均、经济发展失衡、权益纠纷突出、边境冲突不断、恐怖活动频繁等。这种复杂的地缘环境，使我国周边安全

环境处在一种矛盾交织的复杂状态。

二、我国周边安全环境现状

21世纪世界战略格局和安全形势不断发生变化，和平与发展仍然是时代主题，求和平、谋发展、促合作已经成为不可阻挡的时代潮流。我国与周边国家的关系也得到全面的改善和发展，周边安全环境总体稳定。但影响我国安全环境的一些潜在和现实的威胁依然存在，周边安全环境的复杂性和不确定性明显增加。

（一）与周边大国的关系基本稳定

中美关系是世界大国关系中最为重要的关系之一。从20世纪70年代初开始，中美从缓和走向了战略合作。中美建交后，两国关系出现了历史性的改善。虽然中美关系因中国台湾问题、南海问题或其他问题而不时出现波折，但共同利益特别是双方的经济合作，使两国关系好也好不到哪里去，坏也坏不到哪里去。中俄关系对中国安全的影响深远。冷战结束以后，中俄关系发展顺利，双方已经建立不对抗、不结盟，以"和平共处五项原则"为基础的友好和互利合作的"战略协作伙伴关系"。2001年7月，两国签署了《中俄睦邻友好合作条约》，提出了"永做好邻居、好朋友、好伙伴，永不为敌"的战略思想，2011年建立平等信任、相互支持、共同繁荣、世代友好的全面战略协作伙伴关系。当前，中俄关系处于历史最好时期；未来，两国关系将更加稳固，合作领域也将更加宽广。中日关系是我国处理邻国关系的重要组成部分。中日复交后，两国关系发展基本平稳，双方都把发展长期稳定的友好关系作为各自的基本政策。但中日两国关系面临诸多复杂严峻挑战，需要中日双方从各自长远利益出发，克服困难向前发展。

（二）发展了同周边国家的睦邻友好关系

近年来，我国坚持"以邻为伴、与邻为善"的周边外交方针，秉持"亲、诚、惠、容"的周边外交理念，致力于发展与周边邻国的睦邻友好关系，同周边国家建立了各种不同类型的伙伴关系，取得了丰硕成果。我国同东盟的"面向和平与繁荣的战略伙伴关系"深入发展。我国与巴基斯坦、中亚国家、蒙古国、阿富汗的睦邻友好关系进一步巩固和发展。印度核试验后一度倒退的中印关系已得到改善和发展，2003年6月两国签署了《中印关系原则和全面合作宣言》，中印睦邻关系进入了新的阶段。与周边国家的睦邻友好关系的发展为我国创造和平稳定的周边安全环境提供了良好基础。

（三）解决了与大部分国家的陆地边界问题

中华人民共和国成立之初就先后与部分周边国家解决了边界问题。20世纪60年代，我国与缅甸、蒙古国、尼泊尔、阿富汗等国签订了边界条约。由于边界争端，我国也曾在西南边疆、北疆、南疆进行过边境自卫防御作战。这些重要军事行动捍卫了国家主权，保卫了国家领土完整，但也付出了代价。进入90年代，顺应国际形势的变化，我国先后与中亚三国，以及越南等国家签订了边界条约，与俄罗斯的边界也最终划定。目前，我国绝大部分历史遗留下来的陆地边界问题都得到了解决，已划定的边界约占中国陆地边界线总长度的90%，除与印度的边界划界尚未解决外，与其他邻国的边界基本稳定。

（四）建立了多边区域合作机制

进入 21 世纪以来，我国以开放的姿态坚持多边主义，积极在平等参与、协商一致、求同存异、循序渐进的基础上开展多形式、多层次、多渠道的地区对话与合作，积极推进与周边国家建立多边信任合作机制，积极发展与域内外国家的双边多边合作，维护地区安全与稳定，努力建设具有地区特色的经济与安全合作机制。东盟地区论坛是东亚地区最重要的官方多边安全对话与合作机制，对于促进东南亚的和平稳定发挥了积极作用。2001 年成立的"上海合作组织"，对共同打击恐怖主义、分裂主义和极端主义"三股势力"，在促进地区稳定和发展方面影响增强。中国与东盟之间、东盟与中日韩之间等合作不断深化，亚太经济合作组织继续发展。地区多边安全机制的形成与发展为我国周边地区的和平与安全提供了重要保障。

（五）周边安全的复杂性、多变性明显增加，存在多重不稳定因素

我国地缘战略环境日趋复杂，面对多方向的安全压力。美国推进亚太"再平衡"战略，插手介入地区热点问题，对中国防范和遏制的意图更加明显。我国周边一些热点地区充满变数，恐怖主义、分裂主义、极端主义活动猖獗。地区军事安全问题趋于突出，一些国家安全战略和军事战略的外向性和进攻性明显增强，有的直接威胁我国国家安全，给我国周边安全稳定带来不利影响。领土和海洋权益争端明显升温，特别是一些大国深度介入南海争端和周边热点，一些小国动作频频、咄咄逼人，使我面临的海洋权益问题更加突出，国家安全利益受到严重威胁，周边局部环境趋向恶化。

三、我国周边安全环境发展

当今世界，经济全球化和世界多极化深入发展，全球工业化、信息化进程加快，各国相互依存日益加深，但世界经济复苏的不稳定性、不确定性上升，国际和地区热点此起彼伏，世界和平与发展面临新的机遇和挑战。我国是世界上拥有周边国家多，周边安全问题最为复杂的国家。历史经验告诉我们，周边安全环境对国家的社会稳定、经济发展、民族团结、国际地位等方面均有极为重要的影响。中国的发展需要长期和平、稳定的周边环境，为此，必须坚持"与邻为善、以邻为伴"的周边外交方针，以"睦邻、安邻、富邻"作为周边外交思路，以"和平、安全、合作、繁荣"作为周边外交目标，积极参与构建地区安全体制，营造良好的周边安全环境。

为应对我国周边安全环境中潜在和现实的威胁因素，采取切实有效措施，稳定周边，改善安全环境是我国当前重要的现实战略任务。一是要加强与各大国的战略对话，增进战略互信，拓展合作领域，推进相互关系长期稳定健康发展。二是要继续深化同周边国家的睦邻友好关系，积极参与周边各种合作机制，推动区域合作深入发展，共同营造和平稳定、平等互信、合作共赢的地区环境。三是要重视与周边国家的防务安全磋商。与周边国家建立防务安全磋商和政策对话机制，定期举行不同层级的磋商对话，探讨亚太安全形势、双边军事关系、地区热点等问题，对促进相互理解、巩固睦邻友好、深化互信合作、维护地区和平稳定发挥积极作用。

高举和平、发展、合作的旗帜，奉行互利共赢的开放战略，坚持走和平发展道路是我国的既定战略方针。在世界形势不稳定不确定因素明显增加的今天，我国安全环境中既有机遇，又有挑战，而机遇大于挑战。应抓住有利机遇，争取和利用较长的和平环境，发展

经济，增强综合国力，加强国防现代化建设，为维护祖国统一和保卫国家安全提供有力支撑，为实现中华民族伟大复兴的中国梦、强军梦作出新的贡献。

思考题

1. 什么是国家周边安全环境？
2. 你对我国周边安全环境是怎样认识和理解的？

Chapter 04

第 4 章
军事高技术

学习目标

① 了解军事高技术的内涵、分类、发展趋势及对现代战争的影响。

② 熟悉军事高技术在军事上的应用范围。

③ 掌握高技术与新军事变革的关系，激发学习科学技术的热情。

科学技术是第一生产力。随着科学技术的迅猛发展并广泛应用于军事领域，现代战争已经成为高技术的较量，军事高技术已经成为制约现代战争的重要因素，成为战斗力的重要组成部分。从海湾、科索沃、阿富汗、伊拉克等局部战争中不难看出：谁拥有军事高技术，谁就能拥有更大的战场主动权，谁就为获取战争胜利奠定了重要的物质技术基础。

本章在对军事高技术的基本问题进行概述的基础上，重点从侦察监视技术、伪装与隐身技术、军事通信技术、军事航天技术、信息技术、军队指挥信息系统、精确制导武器、核化生武器、新概念武器等武器或技术的基本知识入手，阐明其对现代战争及其行动的影响。

第一节 🔭 军事高技术概述

当今世界，以信息技术为核心的军事高技术迅猛发展及其广泛运用，正在引发世界新军事革命。纵观 20 世纪 90 年代以来爆发的历次局部战争，军事高技术已成为现代战争中最重要的物质技术基础，高技术武器装备成为衡量国防和军队实力的重要标志，军事高技术及其武器装备成为军事变革最活跃的因素。

一、军事高技术的分类

军事高技术的范畴和对象随着科学技术发展而不断变化，分类也各种各样。

从最新科技向军事领域自然延伸的角度，军事高技术可分为六大领域。①军事网络信息技术，包括计算机、智能化、卫星通信、云计算、物联网、大数据等技术，是当代和未来军事科学技术发展的先导。②军事新材料技术，包括信息材料、能源材料、结构材料、功能材料等技术，是军事技术及其武器装备发展的物质基础。③军事新能源技术，包括核能、电磁能、太阳能、风能、海洋能、生物能、地热能等技术，是维持和发展武器装备的动力源泉。④军用生物技术，包括基因工程、细胞工程、酶工程、发酵工程等技术，是解决人类医药、生命、粮食、能源等难题的有效手段。⑤军事海洋开发技术，包括海水淡化、海水提铀、海底采矿、海底工程建设等技术，是开发利用海洋资源的新手段。⑥军事航天技术，包括航天器的制造、发射和测控技术，航天遥感、空间通信、空间工业等技术，是全人类和平利用太空的基础前提。

> **概念窗**
>
> 军事高技术是指建立在现代科学技术成就基础上，处于当代科学技术前沿，以信息技术为核心，在军事领域发展和应用的，对国防科技和武器装备发展起巨大推动作用的高技术总称。

从军事高技术与武器装备的关系出发，军事高技术可分为两种类型：一是支撑武器装备发展的共性基础技术，主要包括网络技术、电子技术、计算机技术、新材料技术、高性能推进与动力技术、人工智能技术、先进制造技术等；二是直接用于武器装备并使之具有某种特定功能的应用技术，主要包括侦察监视技术、伪装与隐身技术、精确制导技术、指挥控制技术、网络信息战技术、军事航天技术、核化生武器技术、无人装备技术、新概念武器技术等（军事高技术体系示意图见图 4-1）。

二、军事高技术的主要特点

军事高技术是新科技时代的产物，其突破性、引领性和颠覆性发展，深刻影响并不断催生军事组织体制的变革和战争形态的演变。伴随着第四次科技革命浪潮的到来，人的智慧通过军事高技术已"预植入"信息化武器装备之中，技术改变战争的趋势更加明显也更为紧迫。军事高技术与一般技术相比，具有七个主要特点。

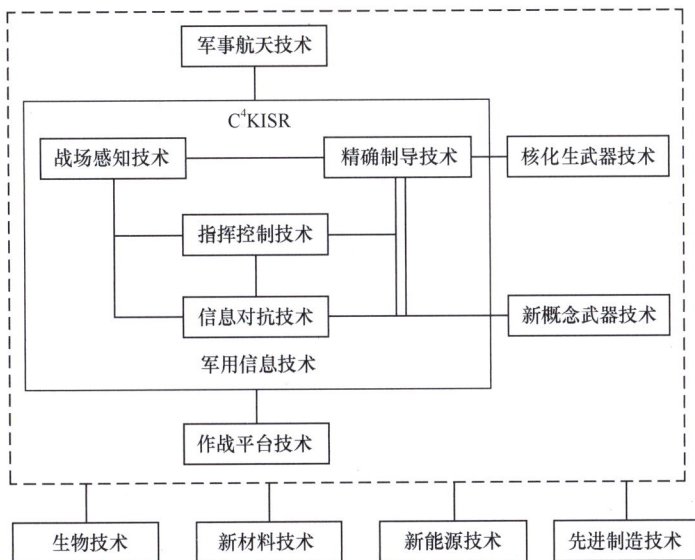

图 4-1　军事高技术体系示意图

（一）高智力

科学技术是第一生产力，军事高技术的典型特点是知识密集型科技，其发展和运用必须依靠创造性的智力劳动，依靠富有创新意识、创新能力的高素质人才。信息化和智能化武器装备，人工智能、云计算、物联网和大数据技术迅猛发展，更加体现了高智力的特性。

（二）高投资

军事高技术的研究及其物化成新型武器装备，需要昂贵的设备和较长的研制周期，尤其是不断突破、完善改进的科研试验，需要耗费巨额资金。

（三）高竞争

军事高技术的竞争性，决定了谁先掌握并应用高技术，先研发出新武器装备并抢先用于战场，谁就能获得对抗优势，赢得战争主动权。世界主要国家都加快发展军事高技术及其武器装备，力求抢占新的军事制高点。

（四）高风险

军事高技术研发蕴涵着巨大的风险，甚至以生命作为代价。高技术竞争的失败，对民用技术而言，就意味着企业投资的失败；对军事技术而言，则意味着国家利益受到根本损害。

（五）高效益

军事高技术综合集成并物化为新型武器装备。实践证明，军事高技术一旦物化为新型武器装备，一方面具有重大的战略利益，不仅能极大提高军队战斗力，还能极大增强国家军事威慑力；另一方面具有重要经济利益，如航天技术的投资效益比高达 1：14，充分体现了高效益的特点。

（六）高保密

军事高技术涉及国家利益和战争胜负，任何国家历来强调严格保密。高技术的保密，对于民用技术而言，保的是"金钱"；而对于军事技术来说，保的则是"生命"。当前，网络信息系统"无物不联"，更加强调军事高技术及新型武器装备的保密。

（七）高速度

军事高技术特别是网络信息技术，是当今世界发展最快、最活跃的领域。芯片的集成数量、网络的数据流量、计算机的处理速度及人工智能技术等，已远远超出人的预想而迅猛发展及运用。信息技术推动军事高技术快速发展，不但成为武器装备的"心脏"和"大脑"，而且成为军队战斗力生成和发展的"倍增器"。

三、军事高技术对现代作战的影响

随着军事高技术的快速发展及广泛应用，已对现代作战产生了巨大影响，概括起来是：侦察立体化、指控智能化、反应快速化、打击精确化、防护综合化。

（一）侦察立体化

所谓侦察立体化，形象地说就是"眼观六路、耳听八方"。未来战争中，新型信息化装备将使战场更透明，可实现全球感知，远程指挥控制接近实时。从大洋深处到茫茫太空，布满了天罗地网式的侦察监视系统。水下的声呐，能够悄悄地寻找军舰和潜艇的踪迹；地面的传感器，能够警惕地注视人员与车辆的行踪；空中的侦察飞机，能够同时监视和跟踪高空、低空、地面、海上的各种活动目标。

在未来战争中，"侦察—判断—决策—行动"的回路越来越短。侦察是打击行动的前提，信息化装备的广泛使用，使争夺信息优势成为未来战争的首要任务。1991 年海湾战争之后，美国参谋长联席会议原副主席欧文斯上将曾对美伊两军的侦察监视能力做过一番比较，得出的结论是：如果交战的一方"可以一天 24 小时，仅以 30 秒的延迟、在各种气象条件下、透过云层、在 10 厘米的误差以内非常精确地看到另一方，而他的对手则不能，他一定会赢"。换言之，战争尚未开始，胜负的天平已向拥有侦察和信息优势的一方倾斜。

（二）指控智能化

现代军事高技术的发展和应用，使武器装备的射程、威力、精度都几乎达到了各自的极限。交战双方的差别，在很大程度上取决于对武器控制和部队指挥的水平。

信息化战争，信息战的表现样式是以网络攻防为核心的信息控制战，夺取制信息权的核心是，拥有信息密集型武器的部队具有信息能力的优势。各级指挥员利用网络交换大量信息，分析战场态势，制订作战计划，实时协调解决各种问题。未来战争以网络为核心将所有的通信系统、传感器和武器装备系统联成一体，作战将从"以平台为中心"转向以"网络为中心"。同时，无人装备的大量运用，加快未来战争向智能化转型。

（三）反应快速化

"兵贵神速"历来是兵家所追求的目标，但因受技术条件的限制，传统武器装备常常"欲速不达"。现代武器装备由于充分利用了信息技术的成果，真正做到了机动快、反应快、打击快、转移快。

信息化战争，时间因素将变得越来越重要。西方军事家已经把"兵贵神速"赋予了新的含义，即"时间就是一切，时间就是胜利""时间是未来战争的第四维战场"。未来战争，将越来越强调战争准备的及时性、指挥控制的实时性、作战行动的突然性。战争从旷日持久向速战速决演变，战争的进程大大加快。

（四）打击精确化

陆、海、空、天、电、网等武器装备构成一体化的装备体系，精确交战成为战争的重要样式。常规战争由大规模破坏走向重视精确攻击，作战精度越来越高，攻击距离越来越远。据推算，就杀伤破坏效果而论，爆炸威力提高一倍，杀伤力只能提高 40%；而命中概率提高一倍，杀伤力却能提高 400%。精确制导武器可实现探测目标精确，攻击目标精确，摧毁目标精确，毁伤评估精确，尽量避免不必要的附带毁伤。

信息化战争，在力求"精"的同时，智能化技术已在"巧"字上下工夫。如对于人的打击，是打"死"还是打"伤"效果更有效？对于物的破坏，是打"碎"还是打"瘫"效果更明显？随着时代的发展，人们已经开始重新审视这个古老而又崭新的话题。主要观点是，要想最有效地削弱敌人的战斗力，致死不如致伤，致伤不如使其失能。这里的"失能"，既可指武器，也可指人员。这样，作战效费比更高，战争副作用更小。

（五）防护综合化

"保存自己，消灭敌人"是一切战争的共同目的。现代侦察、监视和探测技术手段，具有全方位、全频谱、全天候、全时域的特点，进攻一方如果不能有效地保护自己，就可能出现"发难者先遭难"的被动挨打结局。

未来战争除运用传统的隐蔽防护、加固装甲等手段外，更多的是采用先进伪装、预警告警、施放诱饵、防电磁脉冲等高新隐身防护技术进行综合防护。武器装备处于相对劣势的一方，搞好防护和伪装隐蔽，直接关系到胜败与存亡。科索沃战争中，南斯拉夫军队敢打善藏，在经历了 78 天的轰炸之后，由于采取了有效防护措施，保存了主要军事实力。事实证明，只要能够综合运用多种防护措施，可以达到隐真示假、保护自己的目的。

思考题

1. 什么是军事高技术？
2. 军事高技术具有哪些特点？
3. 军事高技术对现代作战带来哪些影响？

第二节 👁 侦察监视技术

信息是决策的基础，情报是取胜的前提。随着侦察监视技术的发展，侦察监视的手段、方式和设备的技术水平空前提升，为指挥员在全维、多领域构建"千里眼"和"顺风耳"，能适时、准确、全方位地提供各种信息，做到"知彼知己"，为实时采取相应对策提供了可靠的依据，为克敌制胜创造有利的条件。

概念窗

> 侦察监视技术是指在全时空内用于发现、区分、识别、定位、监视和跟踪目标所采用的技术。

一、侦察监视的工作过程及分类

（一）侦察监视的工作过程

侦察监视是军队为获取敌情、地形及其他有关作战情报而进行的活动，其目的是探测目标信息。整个探测过程可分为六个阶段：发现、区分、识别、定位、监视和跟踪。

发现，即发现目标，确定目标位置，主要是通过目标与背景的对比，或依据目标背景的某些不连续性，将目标从背景中提取出来。

区分，即确定目标的种类，主要是根据目标的外形和运动特征加以区分。目标的外形特征对区分目标非常关键，且目标的运动特征也有助于对其进行区分。

识别，即在探测目标过程中，对其进行详细的辨认，主要是辨别真假、区分敌友及确定种类型号。

定位，即按照一定的精度，探测出目标的位置，主要包括目标在空间的方位、高度和距离三个要素。

监视，即对目标进行严密的注视和观察，一般是指利用一定的技术器材，隐蔽地对目标进行监视。

跟踪，即指对运动目标进行不间断的监视。现代战争中，要想实现对运动目标的跟踪，对技术器材提出了比监视更高的要求。

（二）侦察监视技术的分类

侦察监视技术的分类方法多种多样。根据运载侦察监视技术设备平台的活动区域不同，可分为地（水）面、水下、航空和航天侦察监视四类。按侦察任务、范围和作用的不同，可分为战略、战役和战术侦察监视三类。根据实施侦察监视技术的原理的不同，可分为光学、电子和声学侦察监视三类。

二、侦察监视技术现状

（一）地面侦察监视技术

地面侦察监视，是在陆地上进行的侦察监视行动。其手段除熟悉的光学侦察外，还有无线电技术侦察、雷达侦察和地面传感器侦察等。

1. 无线电技术侦察

无线电技术侦察，是指使用无线电技术器材搜集和截收对方无线电信号的侦察。它可以截收和破译敌方无线电通信信号，查明敌方无线电通信设备的配置、使用情况及战术技术性能，以此判明敌人的编成、部署、指挥关系和行动企图。无线电技术侦察具有隐蔽性好、获取情报及时、侦察距离远，不受气象条件限制和不间断地对敌进行侦察等优点，但也受到敌无线电通信距离、器材性能和采取的各种隐蔽措施所制约。无线电技术侦察的方式，主要包括无线电侦收、无线电侦听和无线电测向。无线电侦察，是使用无线电收信器材接收敌方无线电通信信号，从中获取情报的方法。无线电侦听，是使用无线电收信器材收听敌方无线电通话，从中获取情报的方法。无线电测向，是利用无线电测向设备确定正在工作的无线电台的方位。

2. 雷达侦察

雷达侦察，是使用雷达设备，利用物体对无线电波的反射特性测定目标距离、速度、方位和运动速度的侦察方法。它具有探测距离远、测量精度高、能全天候使用等特点，是目前应用非常广泛的一种侦察方法。雷达的种类很多，按任务或用途可分为警戒雷达、引导雷达、武器控制雷达等。比如对空情报雷达，主要包括对空警戒雷达、引导雷达和目标指示雷达，是用于搜索、监视和识别空中目标的雷达。对海警戒雷达，安装在各种水面舰艇或海岸、岛屿上，是用于对海面目标进行探测的雷达；机载预警雷达，是预警飞机的专用雷达，它可以探测、识别各种高度上的空中目标和地面目标，引导己方飞机作战等；弹道导弹预警雷达，主要用来发现战略弹道导弹的发射，并测定其瞬时位置、速度、发射点、弹着点等弹道参数，为预警、防御和反导提供必要的信息。

3. 地面传感器侦察

地面传感器，是指对地面目标运动所引起的电磁、磁、声、地面震动、红外辐射等变化量进行探测，并把它转换成人能识别与分析的图像及电信号的设备。地面传感器通常由探测器、信号处理电路、发射机和电源四个部分组成。其设置方法主要有人工埋设、火炮发射、飞机空投等方式，具有受地形限制小、结构简单、便于使用、易于伪装、容易受干扰等特点。目前，使用比较广泛的有震动传感器、声响传感器、磁性传感器、应变电缆传感器和红外传感器。

震动传感器。利用地面扰动波来探测目标，是使用最为普遍的一种传感器。其主要优点是探测灵敏度高、距离远。通常可有效探测到30米以内运动的人员和300米范围内运动的车辆，具有一定区分目标的能力。能有效地区分人为扰动还是自然扰动、人员还是车辆，但不能识别是徒手人员还是全副武装人员，是轮式车辆还是履带式车辆等。

声响传感器。其工作原理与话筒相同，也是一种使用比较广泛的传感器。由于它能重现目标运动时所发出的声响特征，所以其优点是识别目标能力强、探测范围大。例如运动目标是人员，则能直接听到他的声响和讲话内容，易于判明其国籍和身份；运动目标是车辆，则根据声响判定车辆的具体类别。通常对人与人之间的正常音量对话，探测范围可达40米，对运动车辆的探测可达数百米。

磁性传感器。利用磁场的变化探测目标。其特点是具有较强的目标识别能力。能区别徒手人员、武装人员和各种车辆，对目标探测速度快。通常速度为2.5秒。但由于受能源限制，其探测范围小，对武装人员为3～4米，对运动车辆为20～25米。

应变电缆传感器。利用应变钢丝的变形引起阻值变化来探测目标。其探测范围与电缆布设长度相等，通常在30米左右。该传感器只能人工埋设，野战使用受限，但在边海防和特殊设施预警上使用方便，速度快，通常为2.5秒，可靠性高，能较好地识别人员和车辆。

红外传感器。利用钽酸锂受热释电的原理来探测目标。具有体积小，隐蔽性能好，同时探测速度快的优点。但该传感器只能进行人工设置，限于探测器正面的扇形区域，也不具备识别目标性质的能力。

（二）水下侦察监视技术

水下侦察监视，是利用水下侦察监视设备来探测水下的各种目标。它是现代侦察监视系统的重要组成部分。

1. 水下侦察监视装备的类型

水下侦察监视装备大体可分为两类，即水声探测设备和非水声探测设备。水声探测装备主要有声呐、水下噪声测量仪、声线轨迹仪、声速仪等。非水声探测装备主要有磁探仪、红外线探测仪、废气探测仪等。目前，水下侦察监视网络是以水声探测为主构成的，非水声探测设备作为补充得到了较快的发展。

2. 声呐

声呐，是利用声波对水中目标进行探测、定位和识别的水声探测装备。它是最主要的水下侦察监视装备，俗称水下"千里眼""顺风耳"。

声呐按其工作方式分为主动式和被动式两种。

主动式声呐。主要由发射机、换能器、接收机、显示器、定时器、控制器等组成。发射机产生电信号，经换能器，把电信号变成声信号向水中发射，声信号在水中传递过程中，如遇到目标，则被反射，返回的声信号被换能器接收后，又变成电信号，经接收机放大处理，就会在显示器的荧光屏上显示出来。可见，主动式声呐需要主动地向海中发射声信号，测定目标方位和距离。它能够探测静止无声的目标，但同时也很容易被敌方侦听，使自己暴露。另外，侦察距离也比较近。

被动式声呐。主要由换能器、接收机、显示控制台等组成。当目标在水中、水上航行时，所产生的噪声被换能器接收变成电信号，传给接收机，经放大处理再传送到显示控制台进行显示。可见，被动式声呐不主动发射声信号，只接收海中目标发出的噪声信号，从而发现目标，测出目标方向，判别目标性质。它隐蔽性、保密性好，识别目标能力强，侦察距离较远，但不能探测静止无声的目标，也不能测定目标距离。

根据使用对象不同，声呐可分为水面舰艇声呐、潜艇声呐、航空声呐和海岸声呐。

水面舰艇声呐。水面舰艇难以隐蔽，为了探测水中障碍，与己方潜艇进行水声通信，特别是为了避免遭受潜艇攻击和反潜作战的需要，水面舰艇往往装有几种不同类型的声呐，包括搜索、射击指挥、探雷、测深、侦察识别、通信等。

潜艇声呐。潜艇隐蔽于水下，对声纳的依赖程度高于水面舰艇，潜艇为了搜索、发现、区分、识别、监视和跟踪水面舰艇、潜艇等目标,探测水雷等水中障碍及进行水下通信和导航,通常装有多种类型的声呐,包括噪声测向仪、回声定位仪、侦察仪、探雷器、水下敌我识别器、水下通信仪、声速测量仪、声线轨迹仪、测深仪、测冰仪等。

航空声呐。主要用于直升机对潜艇实施搜索、发现、区分、识别、监视和跟踪。航空声呐包括吊放式声呐、拖曳式声呐和声呐浮标系统三种。其中,吊放式声呐,便于对大面积海区实施搜索,能较迅速地查明有无潜艇活动。拖曳式声呐,航空拖曳式线列阵声呐收放十分方便,阻力小,搜索效率高。有些水面舰艇也装备了反潜预警用的拖曳线列阵声呐系统,将数百个换能器组装在拖缆上,组成长达数百米的线阵,放到1千米水深层,具有远距离侦察能力。声呐浮标适用于对大面积海域的搜索,使用比较便捷。反潜直升机先将若干声呐浮标按一定的要求投布于搜索海区,而后飞机在上空盘旋,接收和监听由浮标系统发现并发射的目标信息,由此分析判断,确定潜艇等目标的准确位置。

海岸声呐。在港口附近的海区、重要海峡和航道,设置的固定换能器基阵,以此来实施对潜警戒,并引导岸基或海上的反潜兵力实施对潜攻击。海岸声呐的工作方式通常以被动式为主,其隐蔽性能好、探测距离较远,但体积庞大,安装维修困难,特别是易受气象条件和海底地质情况的影响。

（三）航空侦察监视技术

航空侦察监视,是指使用航空器对空中、地面、水面或水下情况进行的侦察。由于航空侦察具有灵活、机动、准确、针对性强等特点,它既是获取战术情报的基本手段,也是获取战略情报的得力助手,即使是有了侦察卫星,航空侦察也仍是不可缺少和不可代替的。

1. 航空侦察监视设备

航空侦察监视设备主要有可见光照相机、红外照相机、多光谱照相机、激光扫描相机、红外扫描装置、电视摄像机、合成孔径雷达和机载预警雷达。

可见光照相机。它是指利用普通黑白和彩色胶片作为感光组件的照相机。根据结构可分为画幅式、航线式和全景式三种。

红外照相机。与可见光照相机的原理相同,所不同的是要采用只能透过红外辐射的锗镜头,而且要采用对红外辐射敏感的专门的红外胶卷。它根据所拍摄的红外黑白照片的色调变化或红外彩色照片的色彩变化,识别和发现隐蔽的目标。它具有在夜间或浓雾等不良条件下拍摄远距离影像的能力。

多光谱照相机。把电磁波划分成几个窄的谱段,用几台照相机（可以是一架多镜头照相机或多架单镜头相机或光束分离型多光谱相机）同时对同一地区拍照,得到同一地区的几个谱段的成套照片,经适当处理比较,就可将目标进行分类和区别。其最大优点是能够剥去绿色植物伪装,发现目标。

激光扫描相机。利用激光良好的相干性实现非透镜成像,主要用于低空和夜间摄影。它由激光器、发射机、接收机、视频信号存储和显示设备组成,其优点是照片生动逼真、立体感强、分辨率高、容易判读。

红外扫描装置。利用光学扫描技术和对中、远红外辐射敏感的半导体材料,将地物辐射的红外能量转变成电信号,进行放大处理后再转变成可见光图像。根据提供图像的方式不同,有红外扫描相机、前视红外系统、热像仪等。

电视摄像机。它是把光学图像转换成便于传输的视频信号,常用的主要是反束光导管型多通道电视摄像机。电视摄像机具有体积小、重量轻、没有机械传动部件、易获得地面遥感数据的特点,而且对光照度要求低,分辨率比较高。

合成孔径雷达。它是利用雷达与目标的相对运动，把尺寸较小的真实天线孔径，用数据处理的方法，合成一较大的等效天线孔径雷达。它具有分辨率高，能全天候工作，能有效地穿透某些掩盖物识别伪装的特点，但图形几何畸变较大，判读困难。

机载预警雷达。它是预警飞机的主要电子设备，主要包括脉冲多普勒雷达和相控阵雷达。脉冲多普勒雷达是利用多普勒效应探测运动目标，具有盲区小，对低空、超低空目标的探测距离远、机动性强等特点。目前，正在研制的新一代相控阵雷达，是电扫描相控阵天线利用计算机控制相位的方法实现波束的扫描，具有扫描灵活、可靠性高、抗干扰能力强、对载机气动影响小、利于隐身等优点。

2. 航空侦察监视平台

航空侦察监视平台，主要包括有人驾驶侦察机、侦察直升机、无人驾驶侦察机和预警机。

有人驾驶侦察机。从设计上分为两类：一是专门设计的侦察机，其特点是生存能力强，侦察容量大、精度高；二是由各型飞机改装的侦察机，如由运输机和轰炸机改装的侦察机主要用于完成战略、战役侦察任务，由歼击机、歼击轰炸机改装的侦察机主要用于完成战术侦察任务。

侦察直升机。可依靠视觉和各种光学观察设备进行直接观察，还普遍装备了航空照相机、电视摄像机、红外扫描装置等侦察监视设备。其优点是有利于对地面进行更细致、更准确的观察，能够在空中旋停，可在己方空域直接监视敌战术纵深内的活动目标。

无人驾驶侦察机。能够携带可见光照相机、电视摄像机、前视红外遥感器、侧视雷达等侦察设备，具有成本低、可靠性高、体积小和机动灵活的特点。但在地面需要维护保养和测试，操作比较复杂，地面对飞机的控制信号及飞机向地面传送侦察的数据易受到电子干扰。它与有人驾驶侦察机只能互为补充，而不能相互取代。

预警机。它是航空侦察监视系统的重要组成部分，起到活动雷达站和空中指挥中心的作用，由载机和电子系统组成。电子系统包括监视雷达、数据处理、数据显示与控制、敌我识别、通信、导航、无源探测等，能够引导各种飞机进行作战，为战区指挥员提供各种作战情报。它具有监视范围大、生存能力强、指挥控制能力强等优点。

（四）航天侦察监视技术

航天侦察监视是指使用有侦察设备的航天器在外层空间进行的侦察。随着航天技术的发展，航天侦察监视已经不仅能满足战略情报的需要，而且也能满足战役、战术情报的需要，具有轨道高、速度快、范围广、限制少等优点。还可根据需要长期、定期、反复、连续地监视全球或某地区，能在较短的时间内实时地提供侦察情报。航天侦察监视的分类，如按是否载人，可分为卫星侦察和载人航天侦察（卫星侦察是主要方式）；按任务和侦察设备可分为照相侦察卫星、电子侦察卫星、导弹预警卫星和海洋监视卫星等。

1. 照相侦察卫星

照相侦察卫星是利用光电遥感器摄取地面目标图像的侦察卫星。它发展最早，发射也最多，是完成空间侦察任务的主要承担者。其主要设备有可见光与红外照相机、多光谱照相机、合成孔径雷达、电视摄像机等。其中，可见光照相机可获得最佳地面分辨率，图像直观易于判读；多光谱和红外照相机可识别伪装，监视夜间的军事行动；合成孔径雷达可实现全天候全天时侦察；电视摄像机可进行近实时侦察，缩短获取情报的时间。美国使用的第 6 代照相侦察卫星 KH-12，地面分辨率可达 0.1 米；"长曲棍球"雷达成像卫星可全天候全天时实时侦察，地面分辨率可达 1 米，而且还能鉴别伪装，发现隐蔽的武器装备和识别假目标，甚至能够穿透干燥地表，发现隐藏在地下数米深处的目标。

2. 电子侦察卫星

电子侦察卫星是用以侦测敌方电子设备的电磁辐射信号以获取情报的侦察卫星。它装有电子接收机、磁带记录器、快速通信设备等。其主要任务：一是侦察敌方雷达的位置和性能参数，为空中攻击武器的突防和实施电子干扰提供数据；二是探测敌方电台和发信设施的位置，以便于窃听和破坏。目前，只有美国和俄罗斯发射和使用了电子侦察卫星。美国有"纹流岩"系列、"大酒瓶""牧人小屋"等电子侦察卫星；俄罗斯有"宇宙"号系列电子侦察卫星。除美俄两国之外，法国和英国也有发射电子侦察卫星的计划。美国侦察卫星概况示意图如图 4-2 所示。

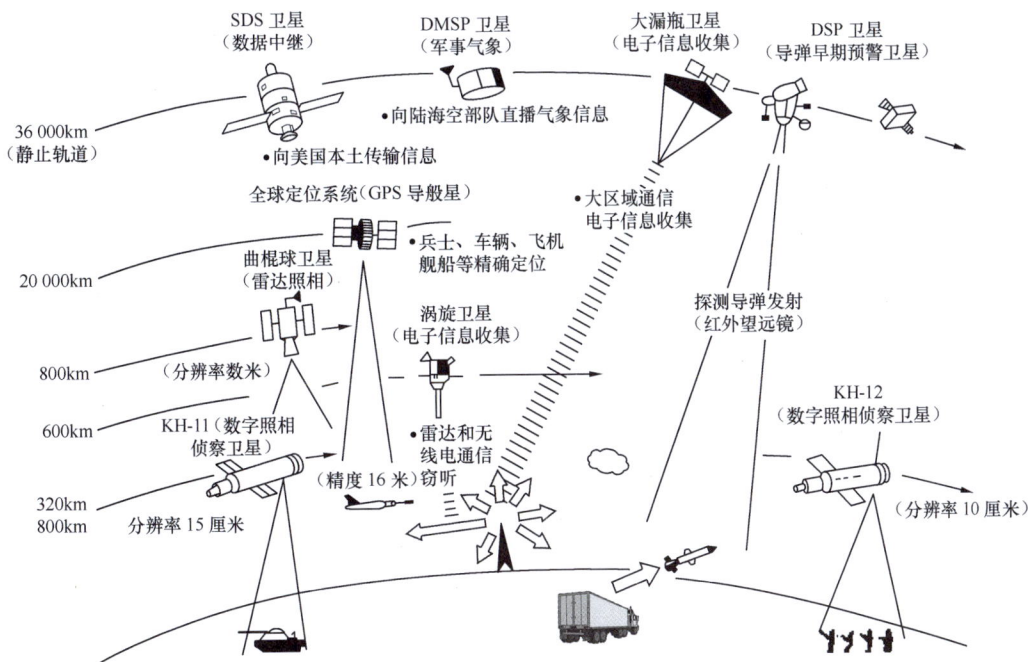

图 4-2　美国侦察卫星概况示意图

3. 导弹预警卫星

导弹预警卫星是用以监视、发现和跟踪敌方战略弹道导弹的发射及其主动段的飞行，并提供早期预警信息的侦察卫星。它装有红外探测器、电视摄像机等设备，通常由多颗卫星组成预警网，主要是用红外探测器，探测导弹在主动飞行期间发动机尾焰的红外辐射，为保证不"虚惊"、误报，还使用电视摄像机加以配合，准确地判明导弹发射。预警卫星属地球同步卫星，通常由 3 颗预警卫星组成预警网，每颗卫星负责地球表面的 1/3 区域。一旦有导弹发射，卫星上的红外望远镜在导弹发射后大约 90 秒就能探测到尾焰产生的红外辐射信号，并传送到地面站，然后又传送到指挥中心。此过程仅需 3 ~ 4 分钟，能为己方争取 15 ~ 30 分钟的预警时间。目前，美国在地球同步轨道上部署有 5 颗导弹预警卫星，海湾战争中用其监视了伊拉克发射的"飞毛腿"导弹，为"爱国者"导弹实施拦截提供了预警信息。

4. 海洋监视卫星

海洋监视卫星是用以探测、监视海面状况和舰船、潜艇活动，侦收舰载雷达信号和窃听舰船无线电通信的侦察卫星。1982 年马岛战争中，苏联发射了几颗海洋监视卫星监视英阿双方海军舰只的活动，阿军击沉英军"谢菲尔德"号驱逐舰就是由其海洋监视卫星提供舰位的。美国的海洋监视卫星主要是"白云"号，海湾战争和科索沃战争期间曾用其进行海上监视。

三、侦察监视技术的发展趋势

随着微电子、光电子、通信、雷达、航天等技术的发展及广泛应用，现代侦察监视技术已经进入了一个崭新的发展阶段。不但从侦察方式、手段和设备上，而且从战术技术运用上，也都将提高到一个新的水平。实时、可靠的侦察监视效果，对现代战争进程和结局将产生直接影响。

（一）空间立体化

为了适应高技术立体战争的需要，侦察卫星、侦察飞机、陆地上的雷达、地面传感器、无线电设备、水下的声呐等侦察监视设备，必将有机地形成一个整体，组成一个涵盖陆、海、空、天、电磁的综合的侦察监视网络。在侦察监视的区域、时间、周期以及对情报的处理和利用上，使不同的侦察监视设备之间互相取长补短和相互印证，充分发挥侦察监视设备的效能。

（二）速度实时化

现代战争，作战节奏快，战场态势瞬息万变，要求侦察监视提供的信息也要快，否则就满足不了作战的需要。为此，必须要提高信息处理和传输能力。随着遥感技术和计算机技术的迅速发展，借助大容量和运算速度快的计算机对遥感图像进行自动分类和识别，可大大地提高信息处理速度，将使侦察监视获得的信息实时地传递给指挥决策机构。

（三）手段综合化

侦察技术的发展，反过来又促进了反侦察技术和伪装干扰技术的发展。为了有效地发现、区分、识别、定位、监视和跟踪目标，特别是有效剥除其伪装，不仅要加强目标特征研究，还要加速研制新的遥感器，使用多种遥感器，同时观测同一地区，既能获得较多的信息，也能使各种信息之间相互对照、比较和印证，从而提高信息的可信度。

（四）侦察监视系统与攻击系统一体化

现代战争，目标被发现即意味被摧毁。只有侦察监视系统与武器系统有机地结合起来，才能充分发挥侦察监视的效果。以往作战效果不理想，往往不是武器系统"够不着"，而是侦察监视系统"看不到"。现代战争，侦察监视系统不仅能以自身携带的武器攻击。更重要的是能引导空中、地（水）面的武器攻击所发现的目标。2001年美军在阿富汗战争中，使用"捕食者"无人机首次携带"地狱火"导弹对地攻击，取得了很好的效果，实现了侦察监视系统与攻击系统一体化的实战运用。"察打一体"无人机在叙利亚战争中得到运用。

（五）提高侦察监视系统的生存能力

由于精确制导武器的迅速发展，对侦察监视系统的生存构成了严重的威胁，能否确保侦察监视系统的生存，将直接关系到作战结局。航空侦察监视系统，要向高空、高速、隐形等方向发展，以便让对方的防空火力"够不着""追不上""看不见"。反卫星武器的出现，使航天侦察监视系统也不再"高枕无忧"，而必须在如何躲避攻击、抗电子干扰、耐核辐射等方面采取措施。地（水）面和水下实施侦察监视更要随时做好反侦察监视的准备。如何提高侦察监视系统的生存能力已成为侦察监视技术发展的重要课题。

思考题

1. 侦察监视技术按活动区域分为哪几种？

2. 地面侦察监视主要有哪些方式？

3. 声呐的工作原理是什么？是怎样区分的？

4. 航空、航天侦察监视有哪些主要设备和平台？

5. 现代侦察监视技术有怎样的发展趋势？

第三节 伪装与隐身技术

侦察探测技术的迅猛发展，必然使与之相对抗的反侦察技术不断发展。伪装技术已成为对付侦察探测和精确打击最有效的技术之一。而隐身技术作为伪装技术领域的拓展和延伸，更是现代进攻性武器装备增加突防能力的重要手段。

一、伪装技术

伪装是隐蔽自己和欺骗、迷惑敌方所采取的各种措施，即"隐真示假"。现代伪装离不开伪装技术。

（一）伪装技术的基本原理及其分类

伪装的基本原理，就是调整或处理目标与背景之间的关系，减小目标与背景在光学、热红外、微波波段等电磁波波段的散射或辐射特性的差别，以隐蔽目标或降低目标的可探测性；模拟或扩大目标与背景的这些差别，以构成假目标欺骗敌方。军事伪装就是通过利用电子、电磁、光学、热学和声学的技术手段，改变目标本身原特征信息，实现目标对周围背景的模拟复制，降低或消除目标的可探测特征，以实现目标的"隐真"；或是模拟目标的可探测特征，仿制假目标以"示假"。

伪装技术是为减少目标和背景在可见光、红外、无线电波等方面的反射或辐射能量差异而采取的各种技术措施。

军事伪装有各种不同的分类。按其在战争中的运用范围，可分为战略、战役和战术伪装；按其所对付的侦察器材，可分为雷达波段伪装、可见光及红外波段伪装、防声测伪装等。另外，按所采用的技术，可分为传统伪装和高技术伪装。

（二）伪装技术措施

1. 天然伪装技术

天然伪装技术是充分利用地形、地物、夜暗和能见度不良的气候（风、雪、雨、雾）等天然条件，隐蔽或降低目标暴露征候的一种手段。天然伪装技术主要用于对付光学（紫外、可见光和近红外）侦察，在一定条件下也能对付红外侦察、雷达侦察、声测和遥感侦察。

2. 迷彩伪装技术

迷彩伪装是利用迷彩技术生产的涂料、染料和其他材料，来改变目标表面，达到消除或减小目标与背景之间反射或发射可见光、热红外和雷达波，以及改变目标外形，达到伪装目的。按照目标类型、背景特点和涂料技术，主要可分为保护色迷彩、变形迷彩、仿造色迷彩、光变色迷彩、多功能迷彩等。

3. 植物伪装技术

植物伪装技术是利用种植植物、采集植物、改变植物颜色等方法对目标实施伪装的技术。由于其简易有效，在现代战争中仍经常使用。例如，在目标上种植植物进行覆盖；利用垂直植物遮蔽道路上的运动目标；利用树木在目标地区构成植物林；利用种植物改变目标外形和阴影（植物伪装技术）；利用新鲜树枝和杂草对人员、火炮、汽车、工事实施临时性伪装等。

4. 人工遮障伪装技术

人工遮障伪装技术是利用各种制式伪装器材设置对目标进行遮蔽的一种手段。它由遮障面和支撑构件组成。遮障面采用制式的伪装网或就便材料编扎，制式遮障面有叶簇式薄膜伪装网、雪地伪装网、伪装伞、反雷达伪装网、反红外侦察伪装遮障、多频谱伪装遮障等。支撑遮障按其用途和外形，可分为水平遮障、垂直遮障、掩盖遮障、变形遮障和反雷达遮障5种。

5. 烟雾伪装技术

烟雾伪装技术是利用烟雾遮蔽目标，迷盲、迷惑敌人或使来袭制导武器失效所实施的伪装。通过散射、吸收的方式衰减光波能量，来干扰敌方光学侦察。由于发烟材料的发展，现代烟幕对雷达和红外波段同样具有干扰和遮蔽作用。同时，还可以对付激光制导炸弹等。

随着纳米材料技术的发展，纳米晶体材料可用于形成新型气溶胶，具有微波、红外、光学波段的吸收能力，能全波段干扰敌方的侦察。

6. 假目标伪装技术

假目标伪装技术是指为欺骗、迷惑敌人而模拟目标暴露征候所实施的伪装。主要包括形体假目标和功能假目标两类。形体假目标主要是指仿造的兵器、人员、工事、桥梁等，目的是迷惑敌人，吸引敌人的注意力和火力，从而有效地保护真目标。功能假目标是指各种角反射器、尤伯透镜反射器、热目标模拟器、红外诱饵弹、综合红外箔条等具有反射雷达波或产生热辐射等特定功能的假目标。

7. 灯火与音响伪装技术

灯火与音响伪装技术是通过消除、降低和模拟目标的灯火与音响暴露征候，以隐蔽目标或迷惑敌人所实施的伪装。灯火伪装分为室内灯火伪装和室外灯火伪装。音响伪装可通过消除音响使目标音响在到达侦听点时比环境噪声小 15 分贝。如不能达到消除音响的要求，也应尽量降低音响，声级每降低 6 分贝，可使侦听距离缩小 1/2。

（三）伪装技术的发展趋势

1. 伪装技术与武器装备一体化

现有的伪装技术大都是将伪装器材与伪装目标分开，单独设计和使用。战争的发展要求伪装技术与各种具有高附加值的军事目标融为一体，即在研制、生产过程中，综合考虑其外形、结构、材料和声、光、电、热等特性，以及表面涂层的使用，将伪装技术（有选择地）纳入其结构之中，使武器装备的隐身化将成为伪装技术的重要发展趋势。隐身飞机、隐身舰船等，将成为伪装技术与武器装备融为一体的典型代表。

2. 伪装技术将有较大突破

随着红外成像技术、激光制导技术、合成孔径雷达技术、毫米波探测技术以其全天候、全天时、近实时、高分辨率的工作特点及探测地表下目标功能的迅速发展和应用，促使防红外、防激光、防雷达和防毫米波等新型伪装技术飞速发展。

超级植物毯。利用生物技术，获得生长迅速、耐旱、适应性强、外形各异、依周围天然环境变化而变化的超级植物。它由供植物生长的营养剂特殊加工而成，植物的种子就编在毯中，使用时只要用水喷灌，就能在短时间内快速生长，长成后则在较长时间内保持不变，形成一种天然植物伪装。例如，在前沿阵地、工事及各种相对固定的目标上，铺上这种超级"植物毯"。

高技术迷彩。将研制一种智能迷彩系统，其以小斑点迷彩为基础，采用计算机辅助图形设计、配色（空间混色）和喷涂技术制造。这种小斑点多色迷彩，斑点直径一般为 10 厘米。各色小斑点相互渗透，疏密不一，分布形成不均匀的组合，利用空间混色原理，在不同距离上形成大小不一的图案。近距离看去是小斑点迷彩，远看去则为大斑点迷彩，被伪装的目标，在外观上始终被这些对比鲜明的斑点所分割、变形。

高技术涂料。主要有光变色生物涂料和多频谱伪装涂料（纳米涂料）两种。光变色生物涂料，是根据"变色龙"的色素细胞变色的原理，利用生物技术将变色基因移植到前述的超级植物中去，使这些植物具有变色功能，自动适应周围背景的变化。多频谱伪装涂料，是指颗粒大小为纳米（十亿分之一米）级的超微细固体材料。实验证明，这种材料在较宽的频带范围内，显示对电磁波的均匀吸收性能，如在目标表面喷涂几十纳米厚的纳米材料，其吸收电磁波的效果与比它厚 1000 倍的现有吸波材料相同。

新型多功能伪装遮障。目前，正在研制一种将变形迷彩与伪装网特点相结合的多功能变形遮障装置，适用于对静止和运动目标进行伪装遮障。这种遮障采用具有光学、红外、雷达三种防护功能的伪装网制作，由几米或更小尺寸的小块组成。遮障不是将整个目标全部盖住，而是经过科学设计后，分别安装在目标易暴露部位或具有特殊形状的部位，并和原有的迷彩有机结合，从而起到很好的伪装效果。

新型气溶胶发生剂。它形成的烟幕在可见光波段有较强的散射作用，对红外线有较强的吸收作用，同时还能强烈地反射雷达波等。

智能蒙皮。蒙皮表面由众多微电子系统元件组成，它可以传感外来红外、近红外、雷达等辐射，并通过平板取向、染料抽运和粒子的取向使表面发生改变，实现与背景的良好匹配，达到伪装的目的。

3. 研制和装备新型伪装器材

随着伪装技术的发展，未来将有一系列标准的新型伪装器材研制和装备部队。主要包括：标准组件式轻型和重型伪装网系统，多功能伪装服及多用途单兵伪装器材，自动烟幕和假目标或诱饵施放系统，新型多功能、高效率的伪装作业机械。

二、隐身技术

（一）概述

隐身技术是传统伪装技术走向高技术化的发展和延伸。作为一门交叉性学科，它综合了流体力学、材料学、电子学、光学、声学等众多技术。

概念窗

隐身技术，又称隐形技术、低可探测技术或目标特征控制技术，是通过降低武器装备等目标的信号特征，使其难以被发现、识别、跟踪和攻击的综合性技术。

目前，隐身技术通常分为雷达隐身技术、红外隐身技术、电子隐身技术、可见光隐身技术、声波隐身技术等。随着隐身技术的发展和应用，在未来战场上的作用越来越大。一方面，大大提高武器装备的生存能力、空防能力和作战效能，打破已形成的攻防平衡态势；另一方面，推动防御系统中的各种探测系统发生重大变革，促进反隐身技术的发展。

（二）隐身技术的现状

隐身技术最早可追溯到第二次世界大战时期，德国潜艇在通气管和潜望镜上运用吸波材料对付雷达探测。20 世纪 50 年代，美国在 U-2 侦察机上探索减小雷达散射截面的途径。20 世纪 70 年代后，美国、苏联、英国、法国、德国、意大利、日本、加拿大、以色列等国都投入巨资研究隐身技术，取得了不同程度的进展，并应用于各种隐身武器装备上。进入 21 世纪，隐身技术得到极大的发展。

1. 雷达隐身

雷达是最重要的侦察探测装置之一，雷达隐身技术自然成为一种最重要的隐身技术。其原理是根据雷达在无干扰时自由空间的测距方程，具有一定性能参数的雷达的探测距离与目标（如飞行器）的雷达散射面积的 4 次方根成正比。因此，要想缩短雷达的探测距离，就要减小目标的雷达散射截面。目前，雷达隐身的技术措施主要有以下几类。

（1）隐身外形技术。合理设计目标外形，是减小其雷达散射截面积的重要措施。例如，美国下一代 CVN-21 级航空母舰就采用了最新的隐身技术：上层建筑采取集成化设计，使

传统拥挤的舰桥体积明显缩小，质量大为减轻，并靠后推移；干舷显著降低，舰面设施非常简化，使飞行甲板与航空作业区连成一片，从而最大限度地减小其雷达反射截面。

（2）隐身材料技术。目前研制的隐身材料主要有雷达吸波材料和雷达透波材料，按其使用方法可分为涂料型和结构型。吸波涂料敷在目标表面，所使用的是高性能的磁性——耗能吸波材料"铁球"涂料和"超黑色"涂料。涂料层薄，但容易脱落，而且覆盖的频率范围有限，所以又发展了结构型隐身材料，它们用来制造机身、机翼、导弹壳体等。

（3）自适应阻抗加载技术。在金属体目标（如飞行器）表面附加上集中参数或分布参数的阻容元件，使其产生与雷达回波的频率、极化、幅值相等但相位相反的附加辐射波，它与雷达回波相抵消，从而达到减小目标雷达散射截面积的目的。

（4）微波传播指示技术。利用计算机预测雷达波束在不同大气条件下传播发生畸变所产生的"空隙"和"波道"，使空防飞行器在雷达波覆盖区的"空隙""盲区"或"波道"外飞行，以避开敌方雷达的探测。

（5）等离子体隐身技术。用等离子气体层包围飞机、舰船、卫星等目标的表面，利用其对雷达波具有的特殊吸收和折射特性，减小雷达回波的能量。

2. 红外隐身

许多军事目标，如飞机、导弹等都因在飞行途中发出强大的红外辐射而被对方发现。红外隐身技术除采用红外干扰外主要是通过抑制目标的红外辐射，使敌方红外探测系统难以发现的一种技术。目前，红外隐身的技术措施主要有：改变红外辐射波段，使飞机等目标的红外辐射波段处于红外探测器的响应波段范围之外，或使目标的红外辐射避开大气窗口而在大气层中被吸收和散射掉，从而达到隐身目的。

降低红外辐射强度。这是红外隐身的主要技术手段。主要措施有改进发动机结构，使用能降低排气的红外辐射的新燃料，装备表层采用吸热、隔热材料和涂料，利用气溶胶屏蔽发动机尾焰的红外辐射，采用闭合环路冷却环境控制系统，降低荷载设备的工作温度。

调节红外辐射的传输过程。直升机动力排气系统的红外抑制器就有这种功能，因而能有效抑制红外探测器威胁方向的红外辐射特征。

3. 电子隐身

电子隐身技术主要是抑制武器装备等目标自身的电磁辐射。目前，采用的主要技术措施如下。

（1）减少无线电设备。如用红外设备代替多普勒雷达，用激光高度表代替雷达高度表，用全球定位系统或天文惯性导航系统代替无线电导航系统等。

（2）采用低截获概率技术改进电子设备。如采用发射功率自动管理技术，在时间、空间和频谱方面控制无线电设备的电磁波发射，采用频率捷变技术，武器装备采用被动雷达电子探测系统等。

（3）减小电缆的电磁辐射。如尽量缩短各种电子设备的距离，用光缆取代电缆等。

（4）避免电子设备天线的被动反射。如将天线做成嵌入目标体内的结构，不使用时回收体内等。

（5）对电子设备进行屏蔽。如改进装备结构，采用特殊材料、涂料等。

4. 可见光隐身

可见光探测系统的探测效果，取决于目标与背景之间的亮度、色度、运动等视觉信号参数的对比特征。采用可见光隐身技术的目的就是要减少这些对比特征。目前，可见光隐身技术措施主要如下。

（1）改进目标外形的光反射特征。如飞机采用平板或近似平板外形的座舱罩，以减少太阳光反射的角度范围和光学探测器瞄准、跟踪的时间等。

（2）控制目标的亮度和色度。如涂敷迷彩涂料或挂伪装网，涂敷能随环境亮度变化而变换自身亮度与色度的涂料，用有源光照亮目标低亮度部位等，以使目标与背景的亮度和色度匹配。

（3）控制目标发动机喷口的火焰和烟迹信号。如采用不对称喷口、转向喷口或喷口遮挡，使燃料充分燃烧或在燃油中加入添加剂以减少烟迹等。

（4）控制目标照明和信标灯光，以及控制目标运动构件的闪光信号等。

5. 声波隐身

声波隐身技术，是控制目标的声波辐射特征，以降低敌方声波探测系统对目标的探测概率。目前，声波隐身技术措施主要有：发动机和辅助机采用超低噪声设计，采用吸声和阻尼声材料、减振和隔声装置，减小旋桨对介质的扰动噪声，合理进行目标整体设计，以避免发生共振现象等。

（三）隐身技术的运用

隐身技术运用的直接形式，是发展隐身武器装备。隐身武器装备，是应用隐身技术研制的不易被敌方雷达、红外、电子、可见光和声波探测系统发现的武器。隐身技术为有效地解决武器装备的战场生存问题提供了新的途径，改变了传统的依靠增加钢甲厚度而牺牲机动性能来提高生存能力的方法，实现了隐身、机动和防护的完美结合。因此，隐身武器装备格外受世界各国军队的青睐。

1. 隐身飞机

隐身飞机是隐身武器研制和发展最快、取得成果最多的领域。隐身飞机之所以能有效地对付雷达、红外、电子、可见光和声波的探测，就是由于它综合运用了各种隐身技术，降低飞机的雷达截面积、红外辐射特征；控制飞机的可见光目视信息特征及降低飞机的噪声等。

美国的 F-117A 是世界上第一种按低可探测性技术设计原则研制并投入实战的隐身战斗机。B-2 是美国第二代隐身轰炸机，具有更好的隐身效果。F-22"猛禽"战斗机，是当今世界唯一的实用型第四代先进战斗机，1997 年 9 月首次试飞成功，其设计兼顾了超音速巡航和隐身特性两方面的需要，具备超高机动性与隐身性能。在隐身性能上，F-22 隐身性能提升了 80 倍。F-22 隐身技术包括进行外形优化、电磁及热信号屏蔽、关键部位覆盖隐身涂料、加装电子欺骗、干扰等手段。"暗星"无人机，是美国正在研制中的具有当今先进水平的高空长航时无人机，也是世界上第一种全隐身无人侦察机。X-45A 无人驾驶战斗机，是美国波音公司研究的无人机，其机体完全采用特殊材料制成并加敷了涂层，具有极好的隐身能力。

俄罗斯在研发新型作战装备时十分注意突出武器装备的隐身性能，如 T-50 战斗机是一款由俄罗斯联邦联合航空制造公司旗下苏霍伊航空集团主导，在"未来战术空军战斗复合体"计划下开发、生产的高性能多用途战机。其机头、机舱、机翼、进气管等都采用了独特的形状设计，武器舱也采取内置方式，使其雷达散射截面仅有 0.5 平方米，尽管其隐身性能比 F-22 稍逊色一筹，但采用了类似 F-22 的平滑流线型外形设计，前掠翼几乎全部采用复合材料制成，机体外涂敷雷达吸波材料，其隐身性能当属世界一流。

歼 20 是我国自行设计并正在研制的第一款第四代战斗机，它是双发重型隐形战斗机，采用了单座、双发、全动双垂尾、DSI 鼓包式进气道、上反鸭翼带尖拱边条的鸭式气动布局，雷达反射面积为 0.1 ~ 0.3 平方米。

2. 隐身导弹

隐身导弹是伴随隐身飞机发展起来的，目的是减小被拦截概率，增强突防和攻击能力。导弹隐身主要是通过采用雷达吸波材料及特殊的头部外形设计以减小雷达散射面积，改进发动机及尾气排放装置以降低导弹的红外特征来实现的，如 AGM-86B 型、AGM-109C 型和 AGM-129 型隐身战略巡航导弹、AGM-137 型和 MGM-137 型隐身战术导弹等都是近年来美国成功研制的隐身战术导弹。法国生产的巡航导弹，采用翼身融合体，使用吸波材料来减少雷达截面积。隐身导弹已成为一种发展趋势，不仅发展隐身巡航导弹、地对空导弹、反舰导弹，有些国家还正在探索研制隐身洲际弹道导弹。

3. 隐身舰船

隐身飞机的迅速发展和出色表现，极大地促进了隐身战舰的发展，美国"海影"号隐身军舰，于 1983 年开始秘密设计建造，10 年后，"海影"脱颖而出，并进行了一系列海上试验，曾掀起了轩然大波。目前美海军装备的 SSN-688"洛杉矶"级、"海狼"级潜艇都可谓是隐身潜艇，如"海狼"（SSN-21）攻击型核潜艇是世界上最安静的潜艇，其优越性超过俄罗斯的"奥斯卡"级核潜艇。美国最新研制并服役的"朱姆沃尔特"级驱逐舰以"隐身能力强"著称，因而赢得不少外号，如"科幻战舰""未来战舰""隐形的银色子弹"等。它虽然是排水量达到 1.5 万吨的庞然大物，但斜角式船舷使它的雷达截面积只有传统驱逐舰的五十分之一，从雷达上看不比一艘鱼船大多少。

俄罗斯充分利用其在舰艇隐身技术处于世界领先水平的优势，精心打造超级隐身军舰。目前，俄海军已装备了"基洛夫"级隐身驱逐舰，隐身潜艇有 636 及 877"基洛"级潜艇、"阿库拉"（又名"鲨鱼"）级潜艇、SSN-P-IX 级潜艇，其中"鲨鱼"潜艇在隐身性能上当属世界一流。

4. 隐身坦克

随着现代高技术反坦克武器的发展，坦克一旦被发现就很容易被摧毁。引入隐身技术使其难以被发现是增强坦克生存能力十分有效的途径。目前，隐身坦克、装甲车辆的研制步伐加快，并推出 M-113 隐身装甲车。美、英两国已计划联合发展未来的隐身侦察 / 步兵战车，美国在"未来作战系统"上采用的隐身技术，其绝大部分都将用于这种未来的隐身侦察 / 步兵战车。俄罗斯已问世的 T-14 主战坦克、BM-2T 步兵战车等都具有很强的隐身性能。

（四）隐身技术的发展趋势

进入 21 世纪，世界各国特别是美、俄、英、法等军事强国都加大了隐身技术的研究力度，拓展了研究范围，并在传统隐身技术研究的基础上，不断探索仿生学隐身技术、等离子隐身技术、微波传播技术、有源隐身技术等新的隐身机理，研制高分子隐身材料、纳米隐身材料、结构吸波材料、智能隐身材料等新型隐身材料。可以预见，隐身技术发展前景非常广阔。

1. 扩展雷达隐身的频段

目前，隐身技术主要针对厘米波探测雷达，为了达到反隐身目的，探测雷达的工作波段正在向长波和毫米波、亚毫米波乃至红外、激光波段扩展。因此，隐身技术所能适应的波段也必须相应地扩展，如研制新型宽频带吸波涂料和结构型材料，研制宽频带干扰机等，否则难以达到隐身的目的。此外，还在寻找更多更新的技术途径，如将仿生学的研究用于隐身技术。研究发现：海鸥与燕八哥的体积相近，但它的雷达的散射面积却比燕八哥大 200 倍；蜜蜂的体积小于麻雀，但它的雷达散射面积反而比麻雀大 16 倍。

2. 发展隐身材料的功能

隐身技术的发展使隐身材料进入一个新的阶段。一是隐身材料向反雷达探测和反红外探测相兼容的方向发展。要求未来的隐身材料必须具有宽频带特性，既能对付雷达系统，又能对付红外探测器；二是雷达吸波材料向超细粉末、纳米材料方向发展。人们发现超细粉末、纳米材料可能是良好的雷达吸波材料。目前，一些国家正在对其吸波材料机理进行深入研究。这类材料的优点是质量轻、透气性能好，但制造技术要求高，价格昂贵。

3. 注重各种隐身技术的综合运用

现代侦察探测系统采用了多种探测技术，决定了隐身技术是一项多学科的综合性技术。要想使目标达到理想的隐身效果，必须综合应用各种隐身技术。实验证明，采用隐身外形设计可降低 5 ～ 8 分贝，利用吸波材料可降低 7 ～ 10 分贝，其他措施（如阻抗加载、天线隐身等）可降低 4 ～ 6 分贝，综合起来，可获得降低约 20 分贝的隐身效果。

4. 武器装备将广泛应用隐身技术

根据现代战争的需要，隐身技术的发展与应用现已由隐身飞行器开始扩展到研制地面坦克和火炮、水面舰艇、水下潜艇等各种武器装备。一些国家还在研究具有隐身性能的机场、机库、士兵、侦察系统、通信系统、雷达等。预计未来将会出现更多的隐身和具有部分隐身性能的武器装备和设施。

5. 降低隐身武器装备的成本

由于目前采用隐身技术的成本很高，如吸波结构材料和吸波涂料的价格非常昂贵，导致隐身武器装备的造价不菲。例如，F-22 隐身战机售价近 2 亿美元，远贵于 F-16 的 2000 万美元。因此，如何在技术上突破，降低隐身武器装备的成本，是今后隐身技术发展的重要方向。

思考题

1. 什么是伪装技术？伪装的主要技术措施有哪些？

2. 什么是隐身技术？

3. 隐身技术主要有哪些？

4. 结合新型武器装备的发展，谈谈隐身技术的发展趋势如何。

第四节 军事通信技术

随着世界进入飞速发展的信息时代，通信技术已在各个领域起着关键性的作用，在人们的日常生活、教育、科研、国防等领域显得日益重要，已成为社会和经济发展的生命线。军事通信系统是军队指挥信息系统的重要组成部分，是军队战斗力的要素之一。它是保障军队指挥的基本手段，其技术能力对于军队战斗力的形成和发挥具有重要的意义。

一、军事通信概述

（一）通信与军事通信

一般来说，用任何方法、通过任何传输介质将信息从一地传送到另一地，均可称为通信，如古代的"消息树""烽火台"及现代的电话、电报等。在各种各样的通信方式中，用电信号传送消息是一种最为常用的方法。它可不受时间、地点、空间、距离的限制，把信号迅速、准确、可靠地传到接收方。因此，从本质上讲，通信就是一门实现信息传递功能的科学技术，它要将大量有用的信息无失真地进行传输，同时还要在传输过程中将无用的信息和有害信息抑制掉。在当今自然科学中，"通信"和"电通信"几乎同义，不仅要有效地传递信息，而且还具有存储、处理、采集、显示等功能；不仅有人与人之间的信息传递，还有人与机、机与机之间的信息交换。通信已成为信息科学技术的一个重要组成部分。

概念窗

> 通信是指利用电子等技术手段，借助电信号（含光信号）实现从一地向另一地进行消息的有效传递和交换。

在国防建设中，人们历来都十分重视军事通信的发展，并尽可能地把最新通信设备、最先进的通信技术广泛地应用于军事领域，以提高军事通信的质量和水平，适应现代高技术战争对军事通信的日益增长的需要。军事通信已从传统作战保障转变为作战的主战武器，成为现代战争胜负的关键，是军队战斗力的体现。因此，把军事通信定义为：保障军队指挥和兵器控制的信息传输活动。

（二）军事通信的产生和发展

你也许听说过古代战争中"烽火传敌情，金鼓令三军"的烽火狼烟和鼓令旗语，你也许对驿传通信传递作战方案、指令与计划并不陌生。有人说驿传通信系统的形成，对秦始皇巩固统一六国，发挥了重大的保障作用。"一代天骄"成吉思汗曾建立了一个遍及欧亚的驿传通信网。奔跑 42.195 千米的希腊士兵菲迪皮茨斯，在传递完"我们胜利了！"的喜讯之后就含笑而死，其感人事迹引入了奥林匹克运动会，成为"马拉松赛跑"的竞赛项目，鞭策鼓励着后人。《水浒传》中的"神行太保"为传递军情而日行八百里，虽是文学艺术上的夸张，却一直为世人称奇。

军事通信是随着军队而出现的，最早是指挥员用语言、动作或通过传令兵下达命令。我国古代典籍中记载，公元前发生的涿鹿之战就使用了号旗、战鼓、烟火等通信工具，起到了指挥协调的作用。商朝时，古人戍守边疆，以土作高台，置薪草于其中，有寇即燃火相告，曰烽；又多积薪，寇至则燃之，以望其烟，曰燧。例如，万里长城上的烽火台，就是用于军事接力通信的。《孙子兵法》中的"言不相闻，故为金鼓；视不相见，故为旌旗"和"夜战多火鼓，昼战多旌旗，所以变人之耳目也"。这些都是灵活运用通信工具实施指挥的总结。公元前 10 世纪左右，西周在通信中，使用了传车，春秋末又产生了单骑马传，出现了专使和接力通信的形式，用以传递情报、邮件、口头命令等。西周还创造了使用"阴符"和"阴书"的保密通信方法。

为保守军事秘密，出现了密码通信，即一种秘密的语言表达方式。世界上最早使用口令，即密码通信是发生在公元前 525 年的吴楚之战。楚军在一次战斗中缴获了吴王的战船，吴国为报仇雪耻，千方百计地想在夜间夺回这条船，但又不知楚军的防守部署，遂派 3 名士兵潜入楚军驻地侦察，并约定夜间用"余皇"为暗号（即口令）进行联系。

公元前 4 世纪，斯巴达人曾将切成细长三角形的羊皮，螺旋状缠绕在木棒上，横着写上信文后再将棒取出，打开的羊皮上只是一些不成文的字符；收信者只需用同样的木棒缠绕羊皮，即可获知所需信息。公元前 1 世纪，凯撒的军队编写了"单式换字法"，即按一般拉丁字母顺序，每隔 3 个或 4 个字母变换前面一个。这就出现了编写密码和解读密码，并发展成为密码学。例如，1586 年法国人德•毕基内编写的一套密码很久无人能破译，直到近 300 年后的 1870 年才被破译出来。

但在军事通信问世后 2000 多年里，中外军队的军事通信大都是在这种简易、运动或保密范围内进行的。19 世纪 30 年代发明了有线电，1854 年启用有线电报，1877 年出现军用有线电话，军事通信发生了巨大的变革，信息传递的距离和速度成倍提高。直到 1895 年，意大利人马可尼和俄罗斯人波波夫分别发明了无线电收发报机，信息可以瞬间穿越江河、大海和高山，军事通信才产生了质的飞跃。1897 年，美国人贝尔发明了电话机，军事通信大踏步向前发展。进入 20 世纪后，各国陆、海、空军都先后装备并使用无线电台。

如果说第一次世界大战期间，一些国家的军队仅仅使用中、长波电台来进行陆、海、空军的作战指挥，那么到了第二次世界大战期间，战场上就已经出现了大量的短波、超短波电台，以及接力机、传真机、载波机等通信装备。

第二次世界大战前后，军事通信技术迅速发展，无线电接力、长波、短波、超短波、微波、散射等通信手段迅速应用于军事通信。20 世纪 50 年代后期，美、苏等国具备了卫星通信能力。20 世纪 60 年代，数据网和计算机网络进入军事通信，提高了通信保障的自动化水平与快速反应能力。20 世纪 80 年代，开始研制综合业务数字网，即采用数字传输和数字交换提供多种业务的通信网，将多种通信业务融为一体，实现指挥自动化和办公自动化，大大提高了军队作战的快速反应能力。

当前，军事通信采取多种手段，它们各有所长，其在军队指挥中的具体运用取决于指挥要求、技术特点及其对战时环境的适应能力。从总体上讲，战时以无线电通信为主，各种通信手段结合使用。军事通信业务主要是传输电话、电报、数据、图像通信等，为战略、战役和战术作战行动提供通信保障。

为适应现代作战指挥的需要，军事通信将进一步提高快速反应能力、协同通信能力、通信对抗能力、机动通信能力和抗毁能力，广泛采用数字化技术和电子信息技术，实现标准化、模块化和通用化，建设扁平网络化通信体系，实现三军信息互通。

为了解决各类信息互通问题，集声、图、文、像传输于一体的多媒体技术崭露头角，能将各种信息转换成数字信号（数字化），大大提高了信息传输的速度，由此出现了"信息高速公路"——由通信网络、计算机、数据库以及日用电子产品组成的完备网络，能给用户提供大量信息。它对军事产生了巨大的冲击，把军事通信引向更高的发展阶段，推动部队的数字化建设。

自古以来，人们一直在追求和探索着"更快、更远、更简便、更安全、更可靠"的军事通信。今天，"千里眼"和"顺风耳"终于成为现实。面对变化莫测的军事风云，军事统帅们真正可以运用通信系统和信息系统来实现"运筹帷幄之中、决胜千里之外"的最高指挥决策境界。

（三）军事通信的分类

通信的种类很多，按不同的分法可以分成许多类。按业务的不同，分为电报、电话、

传真、数据传输、可视电话、无线寻呼等。按所传的信号形式，可分为模拟通信和数字通信。模拟通信包括普通电话、传真、电视电话等；数字通信包括电报、数据通信等。数字通信与模拟通信比较，具有抗干扰、抗噪声性能好，差错可控，易加密，易与现代技术相结合等优点。按传输媒介，可分为有线通信和无线通信。有线通信是电信号在电缆、光缆、波导上传输的通信，应分别称为明线、电缆和波导通信；无线通信是电波在空间传播的通信，有两种分类方法：一类是按传输方式分为微波中继通信、散射通信、卫星通信等；另一类是按所用波段分为超长波通信、长波通信、短波通信、超短波通信、微波通信、毫米波通信、光通信等。

军事通信和民用通信相比有很大的不同，主要体现在军事环境对通信的要求上。一是按执行的任务，军事通信可分为指挥通信、协同通信、报知通信和后方通信。指挥通信是按指挥关系建立起的通信联络，是军队作战指挥的保障。协同通信是有协同关系的各部队之间在执行共同任务时按某种协同关系建立的通信联络。报知通信是为保障传递警报信号和情报信号而建立的通信联络。后方通信是为了保障军队后方勤务和战场技术保障勤务指挥，按照后方勤务部署、供应关系及技术保障关系建立的通信联络。二是按通信保障的范围，军事通信分为战略通信、战役通信和战术通信。战略通信的基本任务分平时和战时，平时主要是保障国家防务，应付反恐维稳、突发事件、抢险救灾、科学试验、情报传递、教育训练、日常生活等通信联络；战时保障战略警报信号和情报信息的传递，统帅部指导战争全局和直接指挥重大战役的通信联络，指挥信息系统的信息传递，实施战略核反击的通信联络以及战略后方的通信联络。战役通信是为保障实施战役指挥在作战地区建立的通信。平时任务与战略通信相同，战时则保障战略、战役警报信息的传递，保障指挥战役、战斗和战役协同、战役后方、技术保障的通信联络，以及指挥信息系统的信息传递。战术通信是为保障实施战斗指挥在战斗地区内建立的通信，主要由无线电台、有线电台、无线接力通信和野战光缆通信设施组成。战术（役）通信系统，我军称为野战综合通信系统。

（四）军事通信的手段

目前，按通信手段的不同，军事通信包括无线电通信、有线电通信、光通信、运动通信和简易信号通信。

无线电通信，是利用无线电波传输信息的通信方式，通常包括无线电台、无线电接力机、散射、卫星、流星余迹通信等，可传送电话、电报、数据、图像等信息。无线电通信建立迅速、受地理条件的影响小，能在移动中的、方位不明的、被敌人分割或被自然障碍阻隔的部队之间建立通信联络。其缺点是容易被敌方截获、测向和干扰，在军事上使用时通常要采取各种保密和抗干扰措施。

有线电通信，是利用金属导线传输电磁信号的通信方式，可传输电话、电报、图像、数据等信息，是军事通信的重要手段之一。其优点是：信号沿线路传输，性能稳定，通信质量较高，保密性较好，利用复用设备可获得大量信道；电磁辐射较少，所传输的信号不易被敌方截获；不易受自然或人为的干扰，能较好地保证信息的正常传输。其缺点是在通信距离较远时，每隔一段距离需设立增音站或中继站，以补偿线路衰减和减小失真；线路建设时间长、投资大，维护保养困难，机动性差，战时易遭敌方破坏。

光通信，是利用光传输信息的通信方式，它的频带宽，通信容量大，抗电磁干扰能力强。按光源特性的不同，光通信分为激光通信和非激光通信。激光通信是利用激光传输信息；非激光通信是利用普通光源（非激光）传输信息，如灯光通信。按传输媒介的不同，光通信分为大气激光通信和光纤通信。大气激光通信不需要敷设线路，便于机动，但易受气候和外界影响，适用于地面近距离通信和通过卫星反射进行的全球通信。采用激光器作光源的光纤通信，不受外界干扰，保密性好，使用范围广，适用于陆上和越洋的远距离大容量的干线数字通信。采用发光管作光源的光纤通信属非激光通信，适用于近距离、中小容量的模拟或数字通信。按传输波段的不同，光通信分为可见光通信、红外线（光）通信和紫外线（光）通信。早期的可见光通信采用普通光源，如火光通信、灯光通信、信号弹等。由于散发角大，通信距离近，只作为视距内的辅助通信。近代的可见光通信有氦氖激光（红色）通信和蓝绿激光通信。红外线通信是利用红外线传输信息，紫外线通信是利用紫外线传输信息，两者均为非激光通信。它们所用的设备结构简单、体积小、质量轻、价格低，但在大气信道中传输时易受气候影响，适用于沿海岛屿间的辅助通信。随着科学技术的发展，非激光通信已部分地被激光通信代替。

运动通信，是军队中由人员徒步或乘坐交通工具传递文书、口头信息的通信方式。其保密可靠，能传递数量多、体积大的文书（含录音磁带、录像带），但易受气候、地形、交通条件和敌情的影响，通信速度和通信范围受到一定限制，在现代战争中仍有一定作用。有些国家的军队认为，在电子对抗十分激烈的条件下，要更多地使用运动通信手段，因此，许多国家的军队都编有运动通信分队，并配有先进的交通工具。现代的运动通信，通常由军队按级组织，通信双方互派信使。基本的组织方法分为定时传递与不定时传递，直接传递和中间转递。直接传递，即将文书直接送往收件单位，战时多采用此种方法。中间转递，即在通信对象之间的适当地点开设文件收发室收转文书，或由指定的文件收发室转递文书，也可由双方在约定的时间、地点交换文书。

简易信号通信，是使用简易信号通信工具、就便器材和简便方法，按照预先规定的信号或记号传递信息的通信方式。通信工具通常分为视觉信号通信工具和音响信号通信工具；就便器材指实施通信时易于到手的现成物体；简便方法包括喊话、手势、口技以及采用某些自然物组成的几何图形等。简易信号通信易于组织，工具多样，在一定范围内信号能为指战员同时接收；缺点是易受气候、地形、战场环境等影响，通信距离较近，一般只适用于营以下分队及空军、海军近距离通信和导航，如手旗、旗语、灯光、音响、通信等。简易信号通信主要用于传递简短命令、报告情况、识别敌我、指示目标、协同动作等，是军事通信的手段之一。

二、新型军事通信技术

随着科学技术的发展，特别是以信息技术为核心的高技术群在军事领域的广泛应用，光孤子通信、蓝绿光通信、流星余迹通信、混沌通信、中微子通信和量子通信等新型通信手段将在未来战争中大显神通。

（一）光孤子通信技术

所谓光孤子就是在传输和反复碰撞的过程中形成的一种"孤立"的光波，其形态完全不改变，始终保持着自身的特有性质，就像"粒子"的行为一样。光孤子通信无论从传输距离还是信息容量，与现有光纤通信相比都有极大的飞跃。其工作原理是：先由光孤子激光器产生光孤子，所需传输的信息经光孤子开关调制后耦合到光孤子载波上，在光纤中经过多级中继后传输到接收端，被接收到的光孤子载波经放大、整形和解调再还原为原始信号。

光孤子通信具有极高的信息保真度和传输速率。目前，普通的光纤通信传输速率可达16亿比特/秒，最长中继间隔为40千米。美国科学家宣称，光孤子通信将来可实现1000亿比特/秒的信息传输，中继间隔长达6000千米。有关专家预测，光孤子通信可能是未来全光数字通信的最佳方案。

（二）蓝绿光通信

蓝绿光通信是激光通信的一种，它采用的光波波长为 0.45 ～ 0.57 微米，介于蓝光和绿光之间，称作"蓝绿光"。其工作原理与大气激光通信相似：在输入端，通过光调制器将所需传输的信息调制到蓝绿光激光束上，然后经过一种特制的光学发射天线发射出去。在接收端，通过光解调器，将光信号转变成电信号，再把电信号还原成信息。

长期以来，由于普通无线电波大量被海水吸收，能量很快衰减，深海茫茫一直被视为无线电通信的"禁区"。若用甚低频和较低频通信，穿透海水的能力大约只有 30 米。潜艇为保持通信联络，只好冒着遭敌人侦察、干扰和摧毁的风险，上浮到接近海面的高度才能完成。科学实验发现，蓝绿波段的激光能直透海洋深处。海水对它的吸收很小，损耗不大，可以说是"透明"的，因而是深海通信最理想的传输媒介。如果蓝绿光的波长选用得当，2 千米深的海水可实现高达 95% 的透光率，这种现象称为海水的"蓝绿窗口"，它为实现深海通信打开了方便之门。今后，导弹核潜艇在海底就可与地面、海面甚至高空进行通信联络，不必担心敌方的侦察、干扰和摧毁。

（三）流星余迹通信

流星余迹通信就是利用流星"尾巴"进行通信。据天文观察，每天大约有近 100 亿颗流星划过太空坠落大气层。由于进入大气层时的速度很快（可达 12 ～ 72 千米／秒），与空气产生剧烈摩擦，绝大部分因燃烧发出耀眼光芒而瞬间消逝。当其掠过时，流星体中飞出的原子与空气中的分子、原子相碰撞，分离成带有正、负电荷的微粒，因而在流星飞驰的轨迹上留下一条长长的电离气体柱。约 250 毫秒后，电离气体柱中的带电微粒逐渐扩散，成为一条柱状电离云，宽为 15 ～ 40 千米，距离地面 80 ～ 120 千米，留存时间为十分之几秒到几分钟，此为流星的"尾巴"，也称"流星余迹"。

科学实验证明，凡具有波动性的物质都可反射无线电信号，能用来传递信息。流星余迹也是波动物质，将无线电波对准流星余迹发射时，会产生前向和后向两类反射。其中前向反射可用于流星余迹通信。它就像是一颗"天然的通信卫星"，为地面用户构筑了一座"高空彩桥"。由于流星余迹稍纵即逝，且对无线电波反射具有明显的方向性，因而不易遭敌侦察、截获，保密性好，抗干扰能力强，传输距离远，必将成为通信领域电子对抗的主要手段。

虽然宇宙每小时有几亿颗流星坠入地球大气层，但何时出现是随机的，要想实现流星余迹通信，须在通信系统中设置一名"侦察兵"，随时探测流星的出现，并优选一条合适的流星余迹。一旦捕捉到合适的流星，即打开发射机，将事先储存好的信息以最快的速度发向流星余迹。与此同时，一直处于"待收"状态的接收机，自动将断续收到的信息送到存储器保存起来，然后再把它变成连续的信息。流星余迹一消失，通信系统恢复到等待状态，准备进行下一轮的信息传递。

（四）混沌通信

"混沌"本指古人想象中的开天辟地前的状态。在物理学中是指物质的一种可确定，但是不可预测的不规则运动状态。混沌现象最本质的特征在于其对初始条件的灵敏依赖性。这种确定性系统的内在随机性便是混沌可运用于保密通信的本质所在。对于一个混沌系统，如果能保证其长期稳定同步，则可把信息隐蔽于混沌信号中，敌方用普通无源对抗不易发现和识别，而接收端由于恢复了与发射端同步的混沌信号，则可实现真正意义上的扩展频谱通信。

用同步混沌电路进行保密通信的一个最简单的办法是把要传输的信息叠加在混沌信息中得到加密信息，在接收端再减去已恢复的混沌信息，从而解调出所需信息。同步混沌电路还可应用到扩频通信系统，通常在发射端把信息频谱拓展到一混沌频谱上，接收端由于恢复了拓展混沌信号，因而通过相关运算，所需信息即可恢复到未扩频前的原始带宽，而其他任何不匹配的干扰信号被混沌信号扩散到更宽的频带，从而使落入到信息带宽范围的干扰信号强度被大大降低，当通过窄带滤波器时，就全部抑制了滤波器频带外的干扰信号，从而加强了信息的隐蔽性。

（五）中微子通信

中微子通信是一种采用小微子束来代替电磁波传递信息的无线通信方式。中微子是一种基本粒子，是质子或中子发生衰变时的产物。它既是一种体积极小的中性粒子，比电子的质量还要小近 10 个数量级，又是一种奇特而稳定的粒子，沿直线传播，不发生反射、折射和散射现象，几乎不产生传输衰减。据计算，中微子束即使穿透地球，其能量也仅衰减一百亿分之一。这些特性使中微子在通信领域脱颖而出。其通信原理如下：在发送端，用欲传递的信息对中微子束进行调制，使载有信息的中微子束按人的意志传向目标；在接收终端，借助光控测器，把原来由中微子束所携带的信息解调出来，从而达到通信的目的。

中微子可穿透地层或进入深海进行直线传播，因此不易遭受侦察、干扰、截获和摧毁，保密性和抗干扰能力强，可冲破电磁波不可逾越的地下和水下两大禁区。不仅敌方的电磁干扰影响不了它，就是核爆炸引起的巨大辐射也奈何不了它。中微子通信已走出实验室进入实用阶段，美国和苏联曾合作进行了一项中微子穿透地球的实验，并获得成功。可以预测，在未来的信息化军事对抗中，中微子通信将成为电子对抗的主要手段。

（六）量子通信

进入 21 世纪，随着电子信息技术的迅猛发展，以微电子技术为基础的信息技术即将达到物理极限，以量子效应为基础的量子通信，即将成为引领未来科技发展的重要领域。量子通信是利用量子纠缠效应进行信息传递的一种新型的通信方式。所谓量子纠缠，是指微观世界有共同来源的两个微观粒子之间存在着纠缠关系，不管它们离多远，只要一个粒子状态发生变化，就能立即使另一个粒子状态发生相应变化。即两个处于纠缠状态的粒子无论相距多远，都能"感应"对方状态。从物理学上讲，量子通信是在物理极限下，利用量子效应实现的高性能通信方式。从信息学上理解，量子通信是利用量子力学的基本原理或者量子态隐形传输等量子系统特有属性以及量子测量方法，完成两地之间的信息传递。

量子通信与成熟的传统通信技术相比优点突出，主要有以下特点。一是安全保密通信。量子通信采用的是"一次一密"的加密方式，两人通话时，密码机每分每秒都在产生密码，牢牢"锁"住语音信息；一旦通话结束，这串密码就会立即失效，下一次通话绝对不会重复，而且量子通信所提供的密钥无法破解。可以说，用量子电话网，虽然跟平常打电话一样，却不用担心被窃听，相互之间通话绝对安全。二是超光速通信。与传统光速通信相比，量子超光速通信具有许多人们梦寐以求的优点：线路时延可以为零，从而实现最快通信；信息传递的过程不会为任何障碍所阻隔；完全环保，不存在任何电磁辐射污染。三是远距离通信。有科学实验证实，量子隐形传态过程有穿越大气层的可能性，为未来基于卫星量子中继的全球化量子通信网奠定了可靠基础。

所谓量子，是指构成物质的最基本单元，不可再分割的能量单位。人们熟知的分子、原子、电子、光子等微观粒子，都是量子的一种表现形态。

量子通信技术发展十分迅猛。有专家预测，量子通信可能在 20～30 年后对人类社会发展产生难以估量的影响。由于量子通信应用在信息时代具有巨大的优势，因而发展迅猛，引起了世界各国政府、科技界和信息产业界的高度重视。

量子通信在国防和军事应用前景广阔。量子"不可分割""测不准""不可克隆"等特性，使得原理上"绝对安全"的量子通信成为可能，在国防和军事领域显示出了无与伦比的魅力。一是用于通信密钥生成与分发系统。量子技术最大特点是具有完全安全性的特征，是传统加密通信无法实现的。在现有的军事通信系统网络基础上，可以通过天基平台部署量子通信密钥生成与分发系统，向未来战场覆盖区域内任意两个用户分发量子密钥，从而构成作战区域内机动的安全军事通信网络。二是用于信息对抗。由于光量子密码具有"不可破"和"窃听可知性"，且光量子加密设备可与现在的光纤通信设备融合。因此，可用来改进目前军用光网信息传输的保密性，从而提高信息防护和信息对抗能力。三是用于深海安全通信。岸基与深海之间的通信一直是世界性难题。利用长波通信，不仅系统庞大、造价高、抗毁性差，而且仅能实现海水下百米左右的通信。由于量子通信光量子隐形传态与传播媒质无关，这就为远洋深海安全通信开辟了一条崭新的途径。四是用于构建超光速信息网络。军事信息网络需要大容量、高速率传输处理及按需共享能力。随着量子通信技术的研发突破和日趋成熟，可利用量子隐形传态以及超大信道容量、超高通信速率和信息高效率等特点，建立满足军事特殊需求的超光速军事信息网络。

可以说，量子通信将推动量子信息技术的发展，使其在信息计算、密码安全、高速通信、气象模拟和智能传感等领域发挥重要作用。随着量子信息技术越来越广泛地用于军事领域，掌握了量子技术的军队，或将扮演未来战争"颠覆者"的角色，在战争爆发时巧用技术代差"压倒"对手，达到出奇制胜的战略目的。

目前，中国的量子通信技术已经走在世界前列。2008 年 10 月，中国组建了三节点可扩展的量子通信网络，这是全球首个量子保密电话系统。我国还将建成全长 2000 多千米的"量子通信京沪干线"，沿线的军事、政务、金融等领域用户可以享受量子通信服务。2016 年 8 月 16 日，世界上第一颗空间量子实验卫星"墨子号"成功发射，在人类历史上首次尝试在太空进行量子通信。2017 年 1 月 18 日，"墨子号"完成在轨测试任务，正式交付用户单位使用，意味着建设全球化的量子通信网络在技术上成为可能。

三、军事通信的地位和作用

从古至今，军事通信在人类的军事行动中不可或缺。它经历了运动通信、简易通信和电通信，发展成为现代信息化条件下的军事通信，历来被视为军事指挥的"中枢神经"和作战行动诸因素的"黏合剂"。

（一）通信是指挥的命脉，是各军兵种联合、协同作战的基本手段

军事指挥是指挥者为了达到一定目的进行运筹决策，从而计划组织和协调控制部队作

战行动的活动。这些"活动"主要是依靠通信联络达成的，因此，通信成为指挥系统中最活跃的因素，是制约战争胜负的关键因素之一。

在现代战争中，作战指挥和各军兵种的联合、协同作战对通信的依赖越来越大。一方面，部队高度机动，作战样式转换频繁，兵力配属相对分散，作战空间十分广阔，依靠指挥员及其机关工作人员的视觉、手势和语音指挥已无法满足战场的要求。只有通过现代化的通信工具和联络手段，才能知己知彼，掌握全局，及时准确地指挥部队行动。在海湾战争中，多国部队通过全球战略通信网指挥一万多公里外的前线指挥部和作战部队进行作战的同时，对伊军的指挥通信设施进行强大的电磁干扰和火力打击，使伊军指挥失灵，情报中断，最终失败。可以说，"没有通信联络，就没有指挥"。另一方面，现代战争已从过去的单一兵种或小规模、小范围的协同作战，发展为诸军兵种大规模、大范围、全过程的联合作战，诸军兵种如何进行联合作战，如何协调一致运转，主要依靠通信。

（二）通信是军队战斗力的重要组成部分

军队战斗力是指军队征服敌对集团的物质力量和担负作战任务的作战能力。构成军队战斗力的物质力量，最基本的两个要素是人和武器装备。通信系统是联系人和武器从而形成战斗力的关键。一方面，从通信的构成看，通信装备与使用人的有机结合构成通信组织，承载着作战中的通信任务，因而具备了形成战斗力的基本条件；另一方面，从通信的作用看，先进的通信方式使传统的作战指挥、协同方式及战场观念不断发生变化，电子战可在广阔的电磁空间，通过破坏敌指挥系统和制导系统，从而达到削弱敌战斗力的目的。

（三）通信是 C^4ISR 系统的神经和支柱

C^4ISR 是指挥、通信、计算机、控制、杀伤侦察、监视和情报系统的总称。军事通信是连接 C^4ISR 各大要素的纽带和桥梁，是 C^4ISR 系统的神经网络。C^4ISR 中的通信不仅能实时保障指挥，同时也能实时控制现代化武器系统。现代战争将是体系的对抗，是武器装备体系总体作战能力的较量。武器系统之间，武器系统各子系统之间，以及各单元装备之间，必须紧密配合，组成一个有机的整体，才能发挥作用，而现代化的军事通信系统是形成这种整体力量和作战效能的关键。

在 C^4ISR 系统不同层次中使用不同的通信保障，其主要目的是迅速、准确、保密和可不间断地传输各种指挥、控制和情报信息，把各军兵种、武器装备和支援保障系统连成一个有机整体。所以通信是信息战的支柱，指挥信息系统的基础。

（四）通信是军队日常工作的可靠保证

通信对军队日常工作的保障主要体现在保障应付重大事件和突发事件的通信联络。和平时期，在遇到各种重大事件和突发事件时，通信联络如不能快速反应、快速保障，就会贻误时机，给国家和人民造成损失。

四、军事通信的作战功能

军事通信技术的不断发展和在武器装备上大量运用，使军事通信在作战行动中表现出多种不同的功能。

（一）电子对抗

电子侦察设备用于战场，使通信系统的隐蔽变得十分困难，因而夺取电磁优势已成为夺取作战胜利的首要条件。在现代战争中，由于空间技术、遥感遥测技术、信息技术广泛应用于侦察领域，侦察手段已由人工观察、侦察，发展到雷达、光电、红外线夜视和卫星侦察；侦察的范围已由地面、海上（下）扩展到空间和太空，侦察的精度也由米级分辨率发展到厘米级。众多的通信设备一旦开机工作，就形成一个个易被敌侦察定位的电磁辐射源。以干扰与反干扰、侦察与反侦察、保密与窃密、定位与反定位为基本内容的电子斗争，已构成了一个电磁战场，促使交战双方在多层领域展开电磁斗争。电子对抗主要表现在电子战编成大、能力强，电子对抗范围已由无线电对抗发展到光电对抗等领域，对抗的频谱从短波、超短波发展到微波和光波段，电子干扰方式也由单一方式发展为综合运用多种方式，使指挥通信中断、武器失控、行动失调。因此，军事通信系统必须具备电子战的能力，才能抵御和打击敌方的软杀伤。

（二）抗打击

信息化条件下的局部战争，交战双方为尽快达成战争目的，将集中使用高精度、大威力、智能化的精确制导武器、反辐射导弹、电磁脉冲和定向能武器，对作战部队、指挥机关、通信系统实施火力袭击，而军事通信设施历来都是首先被攻击、杀伤的目标。例如，海湾战争中，多国部队第一枚导弹瞄准的是巴格达的电信大楼，最先打击的目标是伊军的指挥通信系统，使伊军 80% 的指挥控制系统被毁，95% 的雷达系统无法运转，从而完全掌握了信息主导权。因此，军事通信系统必须具备生存和抗毁能力，以及防止电子高能武器的破坏与损伤的能力。

（三）安全保密

随着现代技术对信息的侦收、截获和破译能力的提高，信息传输时刻都在被监视、侦收、窃听之中。而且在信息传递、存储和处理过程中，必须对收发身份和信息的完整性进行鉴别、公证与审计，以对抗敌方非法存取、插入、删改、欺骗等主动攻击和信息收发者抵赖。计算机技术在通信网中的广泛应用，也给敌方施放病毒提供了可乘之机。因此，军事通信系统必须具备信息的安全保密能力和抗病毒能力。

（四）快速反应

信息化条件下局部战争广泛使用先进的电子技术和远战兵器，使战争的突然性增大，进程明显加快，通信业务量剧增，通信强度在时间、空间分布上差异极大，对通信联络的准备、组织与实施的要求越来越高，时间因素急剧增值。如果没有及时的通信，指挥员就难以及时掌握战场瞬息万变的情况，难以及时开展军事行动，就会贻误战机，造成严重后果。为了保障作战指挥的及时、高效、稳定和不间断，要求军事通信系统要具备快速响应、实时调整、补充网络资源的能力，使通信联络以最快的速度，在最短时间内完成任务。

（五）综合保障

战场的高度信息化，使通信系统保障任务比其他任何类型的作战更为重要。整个作战系统的运转完全依赖于信息源，信息对抗将成为战场的重心。现代战场高技术装备多，自动化程度高，行动速度快，对抗性强，使指挥、控制、通信和情报系统出现了大容量、高速率的信息传输与交换，不仅数量比以往成倍增长，而且实时性要求也大大提高。加之战场不分前沿与后方，没有翼侧和纵深，因此，要求军事通信系统必须综合利用各种手段，实施全纵深、全方位的整体保障，使战略、战役和战术层次以及军兵种通信网纵横互连、融为一体，保证各战区和陆、海、空三军通信，以及区域防空、区域情报、三军联勤等信息传输。

（六）协同通信

现代战争是诸军兵种整体作战能力的较量，作战行动将在多维空间展开，一体化联合作战成为战争的基本形式。诸军兵种联合作战，需要空地一体协同配合，才能发挥整体威力。部队高度机动、超远打击、"软杀伤"和"硬杀伤"同时进行，作战进程速战速决，协同精确度和速度要求空前提高。这就要求军事通信能适应各种不同的指挥样式，保障各种武装力量之间、各作战集团之间的协同，具有多种手段综合运用能力，提供通信与识别、定位的综合能力。

（七）个人通信

高技术条件下的局部战争是高度机动、具有破坏性的，这就要求各级指挥人员能随时随地与部队保持通信联络，实施指挥与控制，即指挥员应具有个人通信能力，不仅能通过其随身携带的通信终端随时连接到通信网，及时、准确地提供所需信息，而且还能在网内任何终端设备上以其个人身份、特殊保密编号获取或输入与其身份适应的语音、数据、图像、位置报告等信息。

为了保证以上通信能力的实施，军事通信系统应具备的技术能力有：多层次、全方位、大纵深的立体覆盖能力；多网络无缝链接能力；高速、宽带信息传输与交换能力；语音、数据、图形、图像多业务的综合能力；互联互通、互操作能力；全天候的可靠工作能力；通信与导航、识别、定位的多功能综合能力；通信资源共享能力。

五、军事通信对战争的影响

信息时代，以信息技术为核心的高新技术蓬勃发展，引起战争领域发生许多重大变化，其中军事通信对战争的影响更为突出。

（一）提高信息对战争的影响能力

最早的信息战是从通信开始的。如果从史料考证，人类最早的传递战争信息的活动，要追溯到 3400 年前的殷商时代。当时，边境守将就是靠士兵击鼓，接力传递，向天子报告外寇入侵信息的。直到 1837 年发明了有线电报之后，信息战开始进入了电子领域。美国南北战争期间，南部同盟军骑兵司令部的电报兵，通过军事通信线路向联邦军司令部发送假命令，或转接到错误的地点以及破坏通信线路等方式开展了信息战。随着通信技术的发展，人们日益强调综合通信信息系统和战场通信数字化，要求不仅在干扰和信号截获领域，而且在利用信息控制和信息制胜的整个领域，为从事信息战提供新的通信和信息能力。

（二）催生战场数字化

各种通信方式的产生和发展，逐渐使人们认识到战场信息传递的重要性。各种信息要在一体化通信网中传送，必须实现信息的数字化。数字化就是应用数字通信技术在整个战场收集、交换、传送和利用信息，就是将语音、图像进行数字化处理，与数据信号一起综合传输，保障指挥员、战斗员和后勤保障人员及时而准确地把握战场态势，制订和实施作战计划。数字化部队就是以数字通信技术为基础，使指挥控制、情报侦察、预测探测、信息利用和信息对抗一体化，武器装备智能化的部队。数字化战场就是利用现代通信手段和计算机技术把战场上的所有武器与战斗部队紧密地连接在一起，构成一个战斗整体，指挥机构和作战部队能够迅速、准确、可靠地传递和交换信息，从而获得很强的作战能力。可见，通信系统的数字化能实时或近实时把战场情报在各单位之间传递，是取得未来战争胜利的关键环节，对战场数字化有着重大影响。

（三）促进作战行动一体化

军用通信的发展最终目标是建立一个全球（全国、或某区域）一体化信息网，为各级指挥员提供所需的服务。多种通信技术的综合是一体化通信网的重要技术基础，其对作战行动的影响主要表现在：一是促进各作战单元互联互通。网络能够互联，信息能够互通，系统设备能够互换使用，就能为资源共享和联合作战的统一指挥、控制提供强有力的保障。二是通过系统集成，提供可靠通信能力。通信系统与其他领域的系统，通过高层综合，集成为一个功能更强的一体化网络，如通信与计算机的集成，通信与侦收、导航定位系统等的集成。不同系统的集成，使网络共享资源，可在需要时统一持续调度，为作战提供有力的通信支持。有了一体化通信网，通信、指挥、控制、计算机与情报（C^4I）系统才能得以保障。因此，在未来信息战、数字化战场上，一体化军用通信网是军事通信发展的趋势，它将把陆、海、空、天各种力量连为一体，把情报信息、指挥信息、武器控制和部队行动连为一体，促进作战行动的一体化。

总之，军事通信是现代化战争的重要支柱，是决定战争胜负的重要因素。目前，不论是技术先进的军事大国，还是发展中国家，都把军用通信技术的发展放在其军事技术发展的重要位置予以充分重视，投入大量的人力、物力和财力改进现有通信设备，开发新型通信工具，发展新型军用通信技术，以满足作战部队在未来作战中对通信的要求。

思考题

1. 什么是通信技术和军事通信技术？
2. 军事通信的地位和作用有哪些？
3. 军事通信的作战功能有哪些？
4. 军事通信的手段有哪些？

第五节 军事航天技术

航天技术是当今世界最具挑战性和广泛带动性的科学技术之一，深刻改变了人类对宇宙的认知，为人类社会进步提供了重要动力。当前，越来越多的国家，包括广大发展中国家将发展航天技术作为重要的战略选择，世界航天活动呈现蓬勃发展的景象。同时，航天技术在军事领域的广泛运用，给现代战争带来了深刻影响。

一、航天技术基础知识

航天技术是指把航天器送入太空，用来探索、开发和利用太空及地球以外天体的综合性工程技术，又称空间技术。

（一）航天技术的组成

航天技术通常划分为航天运载器技术、航天器技术和航天测控技术三个部分。

1. 航天运载器技术

航天运载器技术是利用运载器的推力克服地球引力和空气阻力，把各类航天器送入太空的技术。常用的运载器是运载火箭。运载火箭主要由动力系统、控制系统、箭体和仪器、仪表系统组成。为了使航天器获得必要的速度，靠单级运载火箭的推力往往难以达到，为此诞生了多级运载火箭，多级运载火箭由几个能独立工作的火箭沿轴向串联、横向并联（即捆绑式）或串并联组成。

> **概念窗**
>
> 航天：人类利用航天器在外层空间开展的活动，又称空间飞行。
> 空间：地球稠密大气层以外的宇宙范围。

2. 航天器技术

航天器技术集中体现在航天器上。航天器是在太空沿一定轨道运行并执行一定任务的飞行器，也称空间飞行器。航天器分为无人航天器和载人航天器两大类。无人航天器按是否环绕地球运行又分为人造地球卫星、空间探测器等。载人航天器按飞行和工作方式分为载人飞船、空间站、航天飞机等。其中载人飞船可分为卫星式载人飞船、登月式载人飞船、行星式载人飞船等；空间站可分为单一式空间站和组合式空间站。我国发射的"神舟"系列飞船就是卫星式载人飞船。

3. 航天测控技术

航天测控技术是对飞行中的运载火箭及航天器进行跟踪测量、监视和控制的技术。为了保证火箭正常飞行和航天器在轨道上正常工作，除了火箭和航天器上载有测控设备外，还必须在地面建立测控（包括通信）系统。地面测控系统由分布全球各地的测控台、站及测量船组成。航天测控系统主要包括光学跟踪测量系统、无线电跟踪测量系统、遥测系统、实时数据处理系统、遥控系统、通信系统等。

（二）航天器飞行的基本条件

航天器在外层空间运行必须具备一定的速度和高度。

1. 航天器的速度

航天器若想脱离地球、飞向宇宙，必须借助运载火箭的推力使其具备一定的速度，以克服地球的强大引力。根据万有引力定律推算，能环绕地球在最低的圆形轨道上运行的速度称为第一宇宙速度，约为 7.9 千米 / 秒；能挣脱地球引力飞向太阳系的最小速度称为第二宇宙速度，约为 11.2 千米 / 秒；飞出太阳系的最小速度称为第三宇宙速度，约为 16.7 千米 / 秒。

2. 航天器的高度

地球周围有稠密的大气层，空气密度与距地面的垂直高度成反比。航天器在稠密大气层中高速飞行，会与大气摩擦产生上千度的高温而被烧毁，或因大气阻力而减速，直至陨落。在距地面 100 千米的高度，空气密度约为海平面的百万分之一，但是在 100 千米到 200 千米的范围内，还存在高层大气的扰动作用，所以，航天器通常都在距地面 120 千米以上的高空飞行，国际上把 120 千米称为临界轨道的高度。

（三）航天器的运行轨道

航天器的运行轨道是其运行时质心运动的轨迹，由其入轨位置、入轨速度和入轨方向决定。

1. 轨道参数

航天器运行状态、空间方位及其特定时刻的位置，常用轨道参数来描述，即轨道形状和高度。轨道形状区分为圆轨道和椭圆轨道。航天器到地球表面的垂直距离称为轨道高度。航天器沿圆轨道运行时只有一个高度参数；沿椭圆轨道运行时，离地面最近的位置称为近地点高度，最远的位置称为远地点高度。

2. 常用轨道

航天器常用轨道主要包括地球同步轨道、地球静止轨道、太阳同步轨道和极轨道。轨道周期与地球自转周期（23 小时 56 分 4 秒）相同的航天器轨道称为地球同步轨道。对于轨道周期与地球自转周期相同、倾角为 0 度的航天器轨道，则称为地球静止轨道，此轨道上运行的卫星，高度为 35786 千米，卫星和地心连线与地面的交点为赤道上的一个点，从地面上看好像静止不动，因此称为静止轨道卫星。通信、气象、广播电视等卫星，通常采用地球静止轨道。轨道平面绕地轴的旋转方向和周期，与地球绕太阳的公转方向和周期相同的航天器轨道，称为太阳同步轨道，此轨道上运行的卫星，每次从同一纬度地面目标上空经过，都保持同一地方时、同一运行方向，具有相同的光照条件，因此可在同样条件下重复观测地球。气象、地球资源等卫星，通常采用这种轨道。倾角为 90 度的航天器轨道称为极轨道，此轨道上运行的卫星，每圈都经过地球两极上空，其星下点轨迹可覆盖整个地球。气象、地球资源、侦察等卫星，通常采用这种轨道。

二、航天技术的发展现状

1957 年 10 月 4 日，苏联发射了人类历史上第一颗人造地球卫星，标志着人类进入了航天时代。半个多世纪以来，人类已将近万个各种类型的航天器送上太空。

（一）世界航天技术发展概况

1926 年 3 月 26 日，美国进行了世界上第一枚液体火箭的发射试验，第二次世界大战后，由于发展洲际导弹和航天的需要，运载火箭技术得到了迅速发展。随着航天事业的发展，液体火箭已逐渐由武器和运载两用，转向主要为航天运载服务。固体火箭则主要用于运载火箭的助推器。美国从 1972 年开始研制可重复使用的航天飞机。1981 年 4 月 12 日，"哥伦比亚"号航天飞机进行了首次轨道飞行。1988 年 11 月 15 日，苏联也研制成功了"暴风雪"号航天飞机。2011 年，"亚特兰蒂斯"号航天飞机完成最后一次太空任务后，美国向外界宣布，航天飞机退出历史舞台。

1957 年以来，各类人造卫星纷纷被送入太空，除科学卫星和技术试验卫星外，数量最多的是各类应用卫星。截至 2016 年 6 月 30 日，全球在轨卫星数量达到 1421 颗。载人航天技术发展迅猛。1961 年 4 月 12 日，苏联宇航员乘坐"东方"号载人飞船进入太空，第一次将人类遨游太空的梦想变为现实。1969 年 7 月 20 日，美国宇航员乘坐"阿波罗"11 号飞船首次登月成功，开辟了人类登月活动的新篇章。1971 年 4 月 19 日，苏联发射了第一个载人空间站"礼炮"1 号，随后又发射了 6 个"礼炮"号空间站，并于 1986 年 2 月 20 日发射了"和平"号空间站。1973 年 5 月 14 日，美国也把"天空实验室"空间站送入近地轨道。1993 年，美、俄等 6 个太空机构联合推进了"国际空间站"计划，迄今为止，"国际空间站"仍然在轨运行。中国从 20 世纪 90 年代开始推进的载人航天工程也取得了令人瞩目的成果。

目前，世界上绝大多数航天器都是从陆上固定的航天基地发射的，俄罗斯、美国、欧洲空间局、中国、日本、印度、以色列、法国、澳大利亚、巴西、朝鲜、韩国、海射组织等国家和机构均运行有自己的航天发射场。比较知名的发射场有：俄罗斯的普列谢茨克航天发射场、哈萨克斯坦拜科努尔航天发射场，美国的范登堡空军基地、卡纳维拉尔角航空站、肯尼迪航天中心，欧盟的法属圭亚那库鲁航天中心，日本的种子岛航天发射中心，中国的酒泉、太原、西昌、文昌卫星发射场等。

（二）中国航天技术发展概况

中国航天起步于 20 世纪 50 年代中期，经过 60 多年的艰苦奋斗，取得了举世瞩目的巨大成就，在世界航天领域占据了一席之地。

1956 年 10 月 8 日，中国导弹火箭技术研究院建立；1960 年 2 月 19 日，发射了首枚试验型探空火箭；1960 年 11 月和 1964 年 6 月，中国分别发射了第一枚近程和中近程弹道导弹，为航天技术的发展奠定了基础。1970 年 4 月 24 日，中国发射了"东方红"1 号试验卫星，成为继美国、苏联、法国、日本后第五个能制造和发射人造卫星的国家。1975 年 11 月，中国发射并回收了第一颗返回式遥感卫星，成为第三个掌握卫星回收技术的国家。1981 年，中国用一枚运载火箭，一次把三颗卫星送入太空，掌握一箭多星技术。1984 年 4 月 8 日，中国发射了第一颗地球同步轨道试验通信卫星。1988 年 9 月，中国发射了"风云"1 号太阳同步轨道气象卫星。1997 年 5 月 12 日，中国研制的"东方红"3 号广播通信卫星发射成功。1997 年 6 月 10 日，"风云"2 号气象卫星发射成功，中国成为第三个能同时发射太阳同步轨道和地球同步轨道气象卫星的国家。2002年5月15日，中国自行研制的第一颗海洋探测卫星"海洋1号"成功进入预定轨道，标志着中国已基本建成长期稳定运行的卫星对地观测体系。近年来，"风云""海洋""资源""高分""遥感""天绘"等卫星系列和"环境与灾害监测预报小卫星星座"进一步完善。

1999年11月20日，中国"神舟"号试验载人飞船发射。2012年6月和2013年6月，"神舟九号"和"神舟十号"载人飞船先后成功发射，与"天宫一号"目标飞行器分别实施自动和手控交会对接，标志着中国全面突破了空间交会对接技术，载人天地往返运输系统首次应用性飞行取得圆满成功。2016年9月和10月，"天宫二号"空间实验室和"神舟十一号"载人飞船先后成功发射，形成组合体并稳定运行，开展了较大规模的空间科学实验与技术试验。2017年4月，"天舟一号"货运飞船成功发射，并成功完成与"天宫二号"的首次推进剂在轨补加试验。目前，中国已突破掌握载人天地往返、空间出舱、空间交会对接、组合体运行、航天员中期驻留等载人航天领域重大技术。

2000年10月31日，中国自行研制的第一颗导航定位卫星——"北斗导航试验卫星"发射成功。2012年10月，北斗二号区域系统全面建成，14颗北斗导航卫星组网，正式向亚太地区用户提供定位、测速、授时、广域差分和短报文通信服务。目前，北斗二号全球系统建设正在顺利推进，计划2020年左右建成，提供全球定位导航服务。

2007年10月，长征3号甲运载火箭载着中国首颗人造月球卫星——"嫦娥一号"探测器奔向月球，首次月球探测工程圆满成功。2012年12月，"嫦娥二号"月球探测器成功实施图塔蒂斯小行星飞越探测。2013年12月，"嫦娥三号"月球探测器首次实现中国航天器在地外天体软着陆，完成月球表面巡视探测。2014年11月，月球探测工程三期再入返回飞行试验圆满成功，标志着中国完全掌握航天器以接近第二宇宙速度再入返回的关键技术。通过月球探测工程任务的实施，我国获取了高分辨率全月球影像图和虹湾区域高清晰影像，开展了月球形貌、月球结构构造、月面物质成分、月表环境和近月空间环境等研究以及月基天文观测等。探月工程及更远的深空探测计划正在稳步推进。

60多年来，中国已经建立了系列、完整、配套的航天器研究、设计、制造、试验、发射、测试和运营体系，卫星回收、一箭多星、卫星测控、静止卫星发射、高能低温火箭、航天遥感、数字卫星通信、载人航天和深空探测九大技术处于世界先进行列。

中国在《2016中国的航天》白皮书中向全世界宣布：探索浩瀚宇宙，发展航天事业，建设航天强国，是中国不懈追求的航天梦。未来五年及今后一个时期，中国将坚持创新、协调、绿色、开放、共享的发展理念，推动空间科学、空间技术、空间应用全面发展，为服务国家发展大局和增进人类福祉作出更大贡献。

三、航天技术的军事应用

航天技术在军事领域主要被用于完成军事侦察、通信、预警、监测、导航、定位、测绘、气象测报等军事任务，其军事应用的成果集中体现为军事航天系统。据不完全统计，目前在轨的航天器，大约70%是为军事目的服务。军事航天系统大致可分为以下四类。

（一）军事航天运输系统

军事航天运输系统是能把军用航天器、宇航员或物资等有效载荷从地面运送到太空预定轨道或能将有效载荷带回地面的运输系统。现在可供利用的军事航天运输系统主要是一次性运载火箭。目前，世界主要国家和地区研制成功的运载火箭主要有：苏联/俄罗斯的"东方"号、"上升"号、"联盟"号、"质子"号、"天顶"号、"能源"号，美国的"雷神"

系列、"宇宙神"系列、"大力神"系列、"土星"系列，欧洲空间局的"阿里亚娜"系列，日本的 H 系列和 M 系列，中国的"长征"系列等。其中推力比较大的是美国的"土星"系列和苏联的"能源"号，它们均可将上百吨的载荷送入近地轨道，把数十吨的载荷送入地球静止轨道、月球或火星、金星等逃逸轨道。

（二）军事载人航天系统

载人航天器主要包括载人飞船、空间站、航天飞机和正在研制中的空天飞机等，它们既可民用，也可执行军事任务。

载人飞船是能保障宇航员在太空执行航天任务、宇航员座舱能返回地面垂直着陆的航天器。它由轨道舱、仪器设备舱、返回舱、对接装置、太阳能帆板等组成，可独立进行航天活动，也可作为往返于地面和空间站之间的"渡船"，还能与空间站或其他航天器在轨道上对接后进行联合飞行。早期的载人飞船是由卫星改装的。苏联是世界上发展航天飞船最早的国家，1961 年开始载人飞船发射试验，先后实施了"东方"号、"上升"号和"联盟"号飞船发射计划。美国紧随其后，先后实施了"水星""双子星座"和"阿波罗"飞船发射计划。载人飞船可担负的军事使命有：作为地面与空间站的军事运输工具，向空间站运送军事补给物资和接送人员，进行空间救护等；试验新的军用航天设备；用于特定目标的侦察等（载人飞船在空间飞行过程的示意图见图 4-3）。

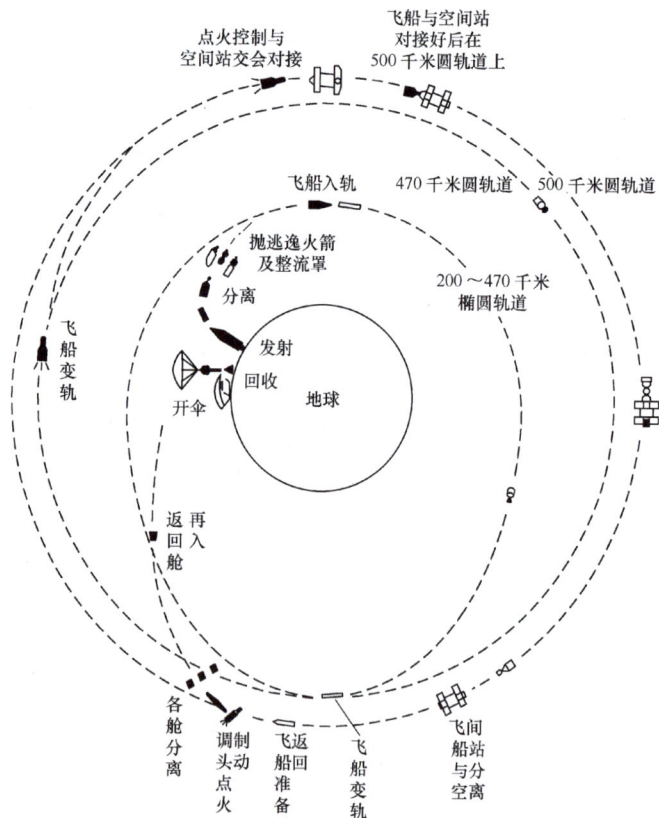

图 4-3　载人飞船在空间飞行过程示意图

空间站是在载人飞船的基础上发展起来的永久性航天器，又称载人航天站、轨道站。它标志着载人航天活动已由空间探索向开发利用空间发展。空间站是可供多名宇航员巡访、长期工作和居住的大型人造卫星，具有很高的军事价值。研制空间站的设想，最早由俄国科学家齐奥尔科夫斯基于 20 世纪初提出的。1923 年德国火箭专家奥伯特预言了航天站的军事应用。1971 年，苏联"礼炮"号空间站发射成功后，先后发射 7 个"礼炮"号和 1 个"和平"号空间站。"和平"号空间站，有 6 个对接口，可与 6 艘飞船对接成 7 个舱体的大型轨道复合体，总质量达 106 吨，工作舱总容积达 510 立方米，可容纳 5～6 人同时工作。美国于 1975 年开始实施"天空实验室"计划，接待 3 批宇航员后停止使用，于 1979 年 7 月 12 日陨落在印度洋。20 世纪 90 年代，美国、欧盟、日本、加拿大与俄罗斯联合研制国际空间站，总质量约 423 吨、长 108 米、宽（含翼展）88 米，运行轨道高度为 397 千米，载人舱内大气压与地表面相同，可载 6 人长期工作生活，设计寿命为 10～15 年。国际空间站目前仍在轨运行，促进了航天技术的发展和太空资源的开发利用。中国载人航天的近期目标是在 2020 年左右建成由 20 吨级舱段组成的长期有人照料的空间站。

（三）军事卫星系统

军事卫星是专门用于各种军事目的的人造地球卫星的统称，按用途可分为军事侦察卫星、军事通信卫星、军事导航卫星、军事测地卫星、军事气象卫星等。

1. 军事侦察卫星

军事侦察卫星是装有光电遥感器、雷达或无线电接收机等侦察设备，用以获取军事信息的人造地球卫星。根据任务和侦察设备的不同，通常分为照相侦察卫星、电子侦察卫星、导弹预警卫星、海洋监视卫星等。军事侦察卫星发展最早、应用最广，具有侦察效率高、收集和传递情报速度快、效果好、生存力强和不受国界与自然地理条件限制等特点。其主要用途是：侦察对方战略目标，对领土进行测量，监测对方战略武器系统，侦察对方地面部队的部署，侦察战场变化情况。

2. 军事通信卫星

通信卫星是用作无线电通信中继站的人造地球卫星。它接收到地面发出的无线电波后进行放大，再转发回地面。军事通信卫星分为战略通信卫星和战术通信卫星两大类，用来担负保密的、大容量的、高速率的战略和战术通信勤务。战略通信卫星通常在地球同步轨道上运行，为远程直至全球范围的战略通信服务。战术通信卫星一般在 12 小时周期的椭圆轨道上运行，提供地区性战术通信或军用飞机、舰船、装甲车辆及单兵移动通信。通信卫星具有覆盖面积大、通信距离远、通信容量大、传输质量高、机动性能好、生存能力强的特点。在地球同步轨道上，等距离部署 3 颗通信卫星，就可实现除地球两极外的全球通信。通信卫星在军事上具有广泛的应用价值，它具有全轨道连续覆盖、全天候数据收集和高速率数据传输能力，可提供良好的测控和通信手段。

3. 军事导航卫星

导航卫星是从太空发射无线电导航信号，能为地面、海洋、空中和太空用户导航定位的人造地球卫星。卫星导航或定位，由多颗导航卫星组成的卫星网来进行，具有高精度、全天候、能覆盖全球、用户设备简便等优点，在军事领域发挥着重要作用。世界上只有少数国家能够自主研制生产卫星导航系统。美国"全球定位系统"（GPS）从 20 世纪 70 年代开始研制，到 1994 年部署完毕，目前仍在更新换代中。GPS 完整星座由 24 颗卫星组成，采用双频时间测距导航体制，能向全球任何地点和近地空间的用户提供 24 小时不间断的三维位置、三维速度和精确时间信息，定位精度可达 10 米，测速精度小于 0.1 秒，计时精度可达 100 纳秒，可为地面车辆和人员、飞机、舰船、卫星等提供导航和定位服务；可作为导弹制导系统的补充以提高导弹的精度；还可用于照相制图和大地测量、航空交通控制和指挥、攻击武器定位和发射、搜索和营救工作等。苏联从 20 世纪 70 年代末开始建设的卫星导航系统（GLONASS），由卫星星座、地面监测控制站和用户设备三部分组成，1995 年全部建成，完整星座由分布在 3 个轨道面上的 24 颗卫星组成。随着苏联解体，经济下滑，GLONASS 系统的建设也经历了由盛而衰，又逐渐恢复的过程。近几年，经过高密度的补星织网，GLONASS 已经在 2011 年又重新完成了 24 颗卫星满星座部署，恢复了全球导航服务能力。目前 GLONASS 有 28 颗在轨卫星。2002 年 3 月 26 日，欧盟决定正式启动"伽俐略"（Galileo）卫星导航定位系统建设计划。它由分布在三个轨道上的 30 颗中等高度轨道卫星（MEO）构成，每个轨道面上有 10 颗卫星，9 颗正常工作，1 颗运行备用，可以分发实时的米级定位精度信息。中国在 2012 年 10 月建成了北斗区域系统，可以为亚太地区提供导航定位服务，并且计划在 2020 年左右建成北斗全球系统，实现全球导航定位。

4. 军事测地卫星

测地卫星是装有光学观测系统、无线电测距系统、雷达测高仪等设备，用于大地测量的人造地球卫星。可测定地球形体、地球引力场分布、地面的城市、村庄和军事目标的地理坐标等参数。测地卫星具有重要的军事价值，可绘制地图，为导弹、飞机、舰艇等精确打击提供定位基准。测地卫星还可配备其他专用设备进行地球资源勘察，成为地球资源卫星，用于了解和掌握各国战略资源的储备情况等。

5. 军事气象卫星

气象卫星是从外层空间对地球及其大气层进行气象观测的卫星，具有观测地域宽广、时间长、数据汇集迅速等优点，能提高气象预报的质量。美国是世界上第一个将气象卫星用于战场气象保障的国家，也是第一个研制并发射军用气象卫星的国家。20 世纪 50 年代末，美国开始研制第一代军民合用气象卫星"泰罗斯"号，并在 60 年代将其用于越南战争的气象保障。中国先后成功发射多颗"风云"系列的气象卫星，在相关领域发挥着重大作用。

（四）空间武器系统

空间武器亦称太空武器，是部署在太空、陆地、海洋和空中，用以打击、破坏与干扰太空目标，以及从太空攻击陆地、海洋与空中目标的武器统称。空间武器是航天技术军事应用的必然结果。空间武器系统主要包括反卫星武器、反弹道导弹武器、轨道轰炸武器、军用空天飞机等。

反卫星武器是用以攻击、破坏、干扰敌方卫星等航天器的武器。按部署位置，可分为地基（包括陆基、舰载和机载）和天基两种；按杀伤手段，又可分为核能、动能和定向能（激光、微波、粒子束）3 种。

反弹道导弹武器是用来拦截、摧毁敌方来袭弹道导弹和巡航导弹的武器。它可陆基、海基、空基和天基部署，主要用核能或动能、强激光、高功率微波、粒子束等定向能来毁伤目标。与其他反导武器相比，天基反导武器可实现全球范围的拦截，大大提高了拦截概率。

轨道轰炸武器平时在轨道上运行，接到作战命令后，借助于反推火箭脱离轨道再进入大气层攻击地面目标。运行不足一圈的轨道轰炸武器称为部分轨道轰炸武器。由于轨道轰炸武器和部分轨道轰炸武器从轨道再进入发起攻击，敌方的预警时间短，难以防御。

军用空天飞机是一种既能跨大气层飞行，又能绕地球轨道运行，并可执行专门军事任务的可重复使用航天器。它将给空间作战乃至整个军事活动带来重大影响。

"谁控制了太空，谁就控制了地球；谁掌握了空间，谁就掌握了战争的主动权。"伴随着航天技术的迅猛发展，各国竞相抢占太空制高点，航天技术在军事领域的广泛应用，深刻影响着现代战争的战争形态。

思考题

1. 航天技术主要包括哪三个部分？

2. 军事航天系统包括哪几部分？

3. 军用卫星按用途可分为哪几类卫星？

4. 侦察卫星按侦察设备和侦察任务可分为哪几类卫星？

5. 中国航天技术有哪些方面处于世界先进行列？

第六节 信息技术

信息技术既是一个由若干单元技术相互联系而构成的整体，又是一个多层次、多侧面的复杂技术体系。信息技术的出现及其在军事领域的广泛应用，使 20 世纪 80 年代以来的局部战争，除传统的制海权、制空权之外，又出现了制信息权，在战场上谁控制了信息，谁就能掌握作战的主动权。

概念窗

信息技术是能够完成信息的获取、传递、处理、再生、应用等功能的各种技术的统称。

一、信息技术的产生

20 世纪以来，经过两次世界大战的刺激和推动，一大批新的技术作为人类感觉器官、传导神经系统、思维器官和效应器官的延长物，不断创造和涌现。如电话、电报，无线电通信、广播、雷达、电视、电子显微镜、射电望远镜、遥控、遥感、自动控制，计算机、计算机通信、卫星通信、光导纤维通信，自动化系统，专家系统，人工智能系统、计算机辅助设计、计算机辅助生产、计算机辅助施工，计算机辅助教学、计算机辅助决策、计算机辅助管理、计算机辅助服务……汇成了 21 世纪技术发展的核心和主流，构成一个共同的特质——就是人类信息器官功能的扩展和延长。人们谓之"现代信息技术"。

二、信息技术的种类

现代信息技术主要包括基础技术、主体技术和综合应用技术 3 个层次，其核心是以下

3 种主体技术。

（一）信息获取技术

通过获取某一目标的"信息特征"来确定其存在的形状、时空位置和真伪等属性的技术手段，统称为信息获取技术。其工作过程是先对携带信息的媒质进行采集，经过必要的处理，最后加以表示。为满足获取信息的不同要求，需要利用不同的物质作为媒质，在采集、处理、表示几个环节采用不同的方法，由此形成各式各样的信息获取技术。主要包括可见光信息获取、红外信息获取、多光谱信息获取、雷达技术、卫星定位和声波信息获取等技术。

可见光信息获取技术，是以可见光作为媒质，通过接受目标辐射和反射的可见光获取信息。它是一种电磁波，波长范围为 0.4 ~ 0.76 微米。其工作过程主要是通过可见光照相、电视摄像、微光夜视与微光电视等把目标图像反映出来。在信息作战中，把照相机和电视摄像机等安装在直升机、无人遥控飞行器、空中侦察飞机以及侦察卫星和载人航天器等空中平台上，执行对地面和海面目标的战术和战略侦察任务。

红外信息获取技术，是以红外波为媒质，通过目标热辐射产生的中远红外波，实现目标成像的技术。红外波是指波长为 0.76 ~ 1000 微米的电磁波。主要有主动式红外夜视仪、被动式红外夜视仪（热像仪）和红外非成像信息获取技术。红外扫描照相可将红外信号转换成显像信号后再进行照相，主要用于卫星和航空照相来发现飞机、导弹、火箭等高能武器。如导弹预警卫星的红外探测装置，通过探测导弹发射时喷出尾焰的红外辐射，获取目标并进行预警。

多光谱信息获取技术，是将同一时间、同一目标辐射或反射的多种波长的电磁波信息进行加工、融合、处理和识别，达到鉴别目标类型和真伪的技术。主要有多光谱照相、多光谱扫描、多光谱电视技术。因其具有识别隐蔽及伪装目标的能力，而成为侦察卫星的重要加装设备。美国"陆地卫星—5"就采用可见光至热红外光谱共 7 个谱段，能在黑夜和不良气候条件下对军事目标进行侦察、监视、识别隐蔽及伪装的目标，分辨率可达 30 ~ 120 米。

雷达技术，是以比红外波波长更长的微波，以及比微波波长更长的超短波等无线电波为媒质获取信息。雷达用无线电波照射目标，然后通过目标反射的无线电波探测目标的距离、方位和仰角等信息。现在，世界上已经研制出 9000 多种不同用途的雷达。

卫星定位技术，是以微波波段无线电波为媒质，利用若干颗卫星播发信号，为地面或空中用户确定其自身精确位置的技术。目前，在地球上任何位置都能同时收到 4 颗卫星发射的数据，既可提供统一的、高精度的时间和定位基准，也可为每一用户提供高精度的、实时的位置、时间及速度等信息。

声波信息获取技术，是利用声波获取目标信息，包括有源声波和无源声波获取技术。有源声波是通过向目标发出声波，再接收并检测其回波以获取目标信息，主要以水下潜艇、鱼雷和水障等为目标。无源声波是通过接收目标变化或在运动中发出的声波获取目标信息，如窃听器等。

（二）信息传递技术

信息传递技术是指信息在空间的传递，也称为通信技术。通信是连接信息获取、指挥控制、武器平台与各军兵种的纽带。它是通过信息链保证信息流的畅通，是实现信息互通和共享的"桥梁"，在信息作战中具有特殊的地位和作用。信息传递技术按网络构成，可分为信息传输技术、信息交换技术、信息终端技术和信息网络技术。

信息传输技术。信息传输是构成信息网络的链路，信息传输技术是信息传递的主体。

随着信息技术的迅猛发展，信息传输技术向多手段、宽频带和高质大容量方向发展。按传输媒质不同可分无线电传输、有线电传输、有线光传输和无线光传输技术。无线电传输技术，主要有卫星传输、微波接力传输、散射传输、流星余迹传输、短波传输、超短波传输和毫米波传输等技术。有线电传输技术，主要有电缆、架空明线和被覆线传输等技术。有线光传输技术，主要有光纤传输技术。无线光传输技术主要有大气激光传输、空间激光传输、水下蓝绿激光传输等技术。在数字化部队中，短波传输技术、微波传输技术和光纤传输技术运用最为广泛。

信息交换技术。信息交换是信息的"转换中心"，完成对传输链路和信息业务量的汇集与分配。信息交换技术按交换方式分为电路交换技术、分组交换技术和 ATM 交换技术等。在数字化部队中无线 ATM 交换技术运用最为广泛。

信息终端技术。信息终端是直接为用户提供服务的。现代信息传递终端设备很多，如电话机、传真机、用户电报机、数据终端和图像终端等。信息终端技术主要有信源编码技术、复用技术、软件无线电技术等。在数字化部队中，软件无线电技术、编码技术运用的最多。

信息网络技术。现代通信网是数字化部队及数字化战场的遂行战斗任务的信息基础设施，其硬件部分主要由终端设备、传输设备和交换设备组成。目前，通信网的类型很多，标准不一，结构各异，但最终的发展方向是集数字化、宽带化、综合化、智能化、个人化于一体的全球通信网，信息网络技术涉及面极为广泛，有网络硬件技术、网络软件技术、网络集成技术等。具有传递方式多、距离远、容量大、质量高的特点。

（三）信息处理技术

信息处理技术，是指应用电子计算机系统，对信息进行综合、转换、整理加工、存储和表示的技术，主要包括计算、推理、存储、显示、多媒体、软件和模拟仿真等技术。其处理过程是收到信息后，对信息进行真伪的鉴别等处理，进行军事运筹、辅助决策，及对作战方案进行模拟、比较、评估和选优等。

这些技术在信息处理过程中广泛运用，而且要求越来越高。如信息传播的高速度，信息攻防、兵器对抗的快速性，对计算技术提出了很高的要求。仅依靠硬件的单向发展来提高计算速度，已不能满足信息作战对高速计算能力的需要，必须改进计算机结构，采用各种并行处理技术等新的计算方式，大幅度提高处理速度和精度。

三、信息技术的军事应用

信息技术的军事应用主要是指信息获取、传递和处理等主体技术相互融合、相互渗透，在信息作战中发挥重大作用。

（一）用于作战指挥和武器控制

信息技术极大地提高了指挥员对战场动态信息的反应和处理能力。现代战争不再单纯强调火力制胜，而是更加强调信息制胜的战场优势观。信息技术在战场上的应用，大大改善和提高了探测、识别、跟踪以及指挥、控制、通信和精确打击的方式与能力。运用战场动态摄像系统，指挥员可以从屏幕上看到战场全貌，及时处置情况，调动部队。伊拉克战争中，美军利用"战斧"巡航导弹对伊拉克进行攻击，指挥控制人员在屏幕上即可看到导弹的飞行、爆炸、击毁目标的情景。

信息技术的发展，强力推进着武器装备的信息化进程，使武器系统的目标判断、识别、精确定位、发射和跟踪实现了自动化，指挥控制和精确打击实现了一体化，大大提高了武器装备的生存能力、突防能力和杀伤效力。

（二）用于侦察与监视、定位与引导

信息技术在掌握战场态势、获取战场信息中具有重要作用，能够及其捕捉到战场瞬间变化情况，达成全方位的侦察和监视，实现精确的定位和引导。

在探测能力上，不仅能获取目标的位置，而且可探测目标的速度；不仅能捕获单个目标，而且能搜索跟踪成批的目标和多批目标；不仅能测定出目标的一般参数，而且可呈现目标的形状和特殊的属性。在探测精度上，目前的无人机机载合成孔径雷达定点侦察分辨率达到了 0.3 米，机载监视雷达系统的作用距离可达 300 千米。另外，星载预警系统可探测数百千米外的导弹发射和机群，声呐的作用距离可达数百海里等。伊拉克战争中，美军动用先进的侦察与监视手段，始终掌握着战场的信息主动权。

（三）用于信息攻击和信息防御

信息侦察技术、信息干扰技术、计算机攻击技术、破密技术以及对信息系统的摧毁技术，可以用于信息攻击，阻扰或者破坏敌方正常获取、传递、处理和利用信息。信息反侦察技术、信息反干扰技术、计算机防御技术、保密技术以及信息系统反摧毁技术，可以用于信息防御，保证己方正常获取、传递、处理和利用信息。

信息攻击和信息防御强调以攻为主，攻防结合。利用信息技术实施积极主动的信息进攻是夺取和保持制信息权的关键。单纯组织信息防护行动，有可能保证己方的信息系统免遭敌方的信息打击，却难以摧毁和破坏敌方的信息系统，不能对其构成直接威胁，无法从根本上削弱敌人的信息优势。

思考题

1. 什么是信息技术？
2. 信息技术的种类有哪些？
3. 信息技术的军事应用表现在哪几个方面？

第七节　军队指挥信息系统

军队指挥信息系统是实施信息化条件下联合作战指挥控制的平台，在现代战争中发挥着越来越重要的作用。

一、军队指挥信息系统概述

（一）军队指挥信息系统的产生及发展

人类进入 20 世纪后，现代科学技术的发展突飞猛进。第二次世界大战结束后，军事高技术特别是信息技术的发展，使现代战争的武器装备、作战方式、战场空间等都发生了巨大变化，战争的指挥控制方式面临着巨大的挑战。第一，战场空间日益扩大，作战信息量骤然增加，传统的指挥手段已不能满足战场空间变化的需要；第二，作战行动节奏逐渐加快，要求指挥控制更快、更及时；第三，武器装备日趋复杂，指挥运用的难度明显增大；第四，战场情况瞬息万变，传统的手工、机械化指挥手段已无法保证指挥人员有充裕的应付时间和足够的应变余地。在这种情况下，军队指挥信息系统便应运而生。

> **概念窗**
>
> 军队指挥信息系统是以计算机网络为核心，具有指挥控制、侦察情报、预警探测、通信、安全保密、信息对抗等功能的军事信息系统。

美国空军的"赛其"（SAGE）防空作战指挥控制系统于 1958 年建成并开始运行，它首次将与防空作战相关的情报探测系统、各级各类指挥所、防空力量等要素，以及其他一些监视、航管、气象等系统，通过自动化的指挥网联结起来，大大提高了作战指挥效率。"赛其"系统是世界公认的第一个真正意义上的指挥信息系统，它的出现标志着人类的指挥手段开始从手工方式、机械化方式进入到全新的自动化方式。

军事领域的强劲需求和技术领域的有力推动，使军队指挥信息系统经历了初创、发展、更新改造、趋于成熟四个发展过程。20 世纪 50 年代末至 60 年代中期是指挥信息系统的初始创建阶段。这一时期，以美国空军的"赛其"系统和苏联空军的"天空一号"系统为代表，在防空作战指挥系统中部分实现了情报处理的半自动化。系统的全面发展阶段从 20 世纪 60 年代末持续到 70 年代末期。美国、苏联等国家的军事指挥信息系统迅速发展，各军种、兵种都建立了各自的指挥信息系统，在一定程度上实现了情报处理的自动化和指挥控制的智能化。从 20 世纪 80 年代初到 90 年代中期是系统的更新改造阶段。这期间，各国的军事指挥信息系统普遍进行了更新、改造和完善，统一文电格式、信息流程和信息编码、传递、交换的方式等，并开始制订系统软件和硬件标准，解决各系统之间的互联互通。从 20 世纪 90 年代末期以来是趋于成熟阶段。各国开始重视研究和分析指挥信息系统在现代信息化战争中的运用规律和存在的问题，提高了系统的实战能力和互联、互通、互操作能力，系统的发展逐步趋于成熟。指挥信息系统的产生和发展被认为是第二次世界大战后继核武器和运载火箭之后的第三次军事技术革命。

（二）军队指挥信息系统的组成及分类

军队指挥信息系统一般由信息获取、信息传输、信息处理和综合控制四个分系统构成。信息获取分系统由遍布陆、海、空、天的各种侦察与监视平台搭载的雷达、夜视、光电、声呐等各种类型传感器组成，其功能是及时收集有关地区、集团和战区的兵力部署、作战行动、战场地形和气象等信息。信息传输分系统是由各种信息交换设备和通信终端设备组成不同类型的通信网，其功能是迅速、准确、保密和不间断地传输各种信息，并能自动进行信息交换、加密、解密和选路。信息处理分系统借助输入 / 输出设备和计算机系统对获取的各种情报信息进行整理综合、有效管理和及时更新。综合控制分系统主要包括精确计算、作战模拟、决策支持、实时控制等，实现对各作战单元的精确控制，确保指挥员意图正确实现。

根据不同使用目的与作用，军队指挥信息系统可以分为不同的种类。按照作战层次，可以分为战略指挥信息系统、战役指挥信息系统、战术指挥信息系统等；按照军种，可以分为陆军指挥信息系统、海军指挥信息系统、空军指挥信息系统、火箭军指挥信息系统等。

战略指挥信息系统是国家用于军事指挥的最高一级的信息系统。其主要任务是保证国家在平时、危急时刻和全面战争的各个阶段，能不间断地指挥和控制部署在各地的军事力量，采取各种必要的军事行动，达到战略目的。美国现有的战略指挥信息系统就有十余个，如国防信息基础设施（DII）是美国国防部的信息传输、处理、储存、控制、恢复和显示源，可满足美国国防部的地区和全球信息需求；国防信息系统网（DISN）可提供统一的全球终端站之间远程通信、传输信息支援军事行动；全球指挥控制系统（GCCS）可互操作、资源共享、无缝链接任何一级 C^4I 系统，其核心功能是应急计划、兵力展开、空中作战、情报、陈述信息等。

战役战术指挥信息系统用于进行战役战术军事指挥。其主要任务是在战役战术作战行动全过程中，保证不间断地指挥和控制参战的军事力量，以达到战役战术目的。各种类型的战役战术指挥信息系统，可根据作战需要灵活配置，既能独立使用，又能彼此联结、协同或上下沟通进行指挥，典型的如美国海军的"旗舰"数据显示系统、美国空军与陆军的联合监视目标攻击雷达系统等。

二、军队指挥信息系统对现代战争的影响

由于现代战争的高技术化趋向日益明显，军队指挥信息系统在现代战争中的地位不断提高，它作为一种优势技术、高效率源泉和新的威慑手段受到广泛的重视，对现代战争行动影响深远。美国明确提出："C^4ISR 将不再被作战部队视为辅助手段，而是被视为作战工具。"

（一）提高了军队整体的战斗力

战斗力是指军队实施战斗行动和完成战斗任务的能力。简单地说，战斗力可以用下面的公式来计算：

战斗力 =（战斗人员 + 武器系统）×（指挥谋略 + 指挥信息系统）

因此，要想充分发挥兵力和兵器的作战效能，最大限度地提高军队的战斗力，除了指挥员的谋略艺术外，更重要的是利用功能强大的指挥信息系统。借助高效能的指挥信息系统，指挥员才能全面了解战场态势，做出正确的决策，并迅速、准确地加以贯彻执行，实现对部队和武器系统的有效指挥控制。反之，如果没有指挥信息系统或是指挥信息系统处于劣势的一方，即使有较强的军事实力，在现代战争中也难以有效地发挥作用。军事指挥信息系统是一个有机的"人–机"结合系统，它能把各种指挥控制手段与指挥人员有机地结合起来，使军事指挥活动的信息收集、传递、处理和使用环节实现高度的自动化，指挥员决策的效率和水平得到了极大的提高，从而使部队的战斗力有了质的提升，成为军队战斗力的"倍增器"。

（二）提高了军队的一体化联合作战能力

现代战争中，参战军兵种多，武器平台多，战场分布广。单一军兵种、单一武器的作用逐渐减弱，体系对抗已成竞争的焦点，诸军兵种共同参与进行的一体化联合作战越来越成为现代信息化战争的基本作战形式。如果没有一个高效率、高度集中统一的指挥信息系统作为军队的神经中枢，那么这支军队只能是一盘散沙。只有通过指挥信息系统，各种作战要素、各类作战资源和各种武器系统才能连接成一个有机整体；只有通过指挥信息系统，指挥员才能对众多作战力量实施有效的指挥控制，才能对众多作战要素和作战资源实现最佳配置和最佳组合，充分发挥作战体系的整体效能，实现既达成作战目的又获得最佳作战效益的双重目的。指挥信息系统将使现代军队的各个组成部分有机地联为一体，充分发挥出整体威力，成为现代化军队一体化作战体系的"黏合剂"。

（三）提高了军队的快速反应能力

所谓快速反应，就是要求部队在战争的全过程中，及时准确地掌握敌人的动态，针对敌人的动向，果断地做出相应的对策，并迅速行动，做到敌动我知，敌变我变，使己方的态势适应战场情况的变化，从而立于不败之地。现代信息化条件下局部战争的突然性增强，节奏明显加快，高技术兵器的发展已使军队远距离作战能力空前提高，作战空间向远近交叉的大纵深发展，时间和速度已成为极其重要的制胜因素。军队指挥信息系统能快速收集信息，高速度地对这些信息进行分析、判断和处理，迅速传输到指挥员那里，从而使指挥员可随时了解瞬息万变的战场态势，快速做出反应，实时地进行指挥，有效地缩短了指挥周期，从而大大地提高了部队的反应能力，成为军队反应能力的"加速器"。

（四）提高了指挥员的指挥决策能力

指挥决策能力实际上就是指挥员对各种作战情况的处理能力。指挥信息系统把情报、通信、指挥、控制各个分系统联成网络，把各军种、兵种，各种武器装备和各个战场凝结成一个有机的整体，不仅可使指挥员对敌方来袭的各种目标实现从探测预警、情报侦察、监视捕捉、敌我识别、跟踪制导、电子对抗，直到命中来袭目标全过程的自动控制，而且可以使指挥员在远离战场的情况下，实时、形象、直观地掌握战场态势和有关情况，快速收集和分析各种情报，迅速定下决心，指挥协调作战行动，在某种程度上实现了"运筹于帷幄之中，决胜于千里之外"，大大提高了指挥员的指挥决策能力。

三、军队指挥信息系统的未来发展

（一）在技术上向综合化、一体化、智能化方向发展

综合化是指为适应体系对体系、系统对系统的战争需要，根据整体出威力、系统出效能的原理来构造未来的指挥信息系统。美军 C^4KISR 系统在经历了军种内部自动化、军种间自动化及全军自动化之后，未来要向综合化方向发展，即向着应用范围更广、层次更高、系统更大、内容更新、垂直水平复合、纵向横向交叉的新阶段发展。

知识窗

C⁴KISR 系统

C⁴KISR 系统是集指挥 command、控制 control、通信 communication、计算机 computer、杀伤 kill、情报 intelligence、监视 surveillance、侦察 reconnaissance 于一体的指挥自动化系统的英文首字的缩写，现在已成为包含这八个要素的指挥自动化系统的代名词。C⁴KISR 系统是从 C³I 到 C³ISR 系统逐渐发展而来的。

一体化是指各级各类指挥信息系统经过综合集成，构成一个完备而严密的整体，能够快速、灵活、高效地组织协调各种作战力量，形成整体作战优势，实施体系对抗。指挥信息系统的一体化不仅包括陆、海、空、天各军种指挥信息系统的一体化，战略、战役、战术指挥信息系统的一体化，还包括指挥信息系统与主战武器系统的一体化建设。其目标是形成适应现代战争陆、海、空、天一体的新型指挥信息系统，使部队的一切行动都依赖于指挥信息系统的指挥、控制和通信能力，做到快速准确地搜集、综合、分析和分发各种情报，预测各种威胁，选择多种作战方案、评估敌我损失等。达成在任何地方、任何时间都能为指战员提供准确、完整、经过融合的实时作战信息，最有效地发挥部队整体作战效能。

智能化是大力提高指挥信息系统水平的发展方向。提高智能化的核心是开发各类智能化软件系统。随着思维科学、决策科学、认识科学、机器自学功能的提高，指挥信息系统的智能化水平将进入更高的发展阶段。

（二）在应用上向提高各种作战和适应能力方向发展

海湾战争证明，必须进一步提高指挥信息系统的各种作战性能和适应能力，以满足未来信息化战争的需求。提高系统的快速反应能力，需要建立多层次、多手段预警和侦察系统，保证对作战命令和情报信息的迅速传递，保障各种作战指挥通畅，反应及时，要利用计算机模拟各种复杂情况，迅速做出决策。提高系统的联合作战指挥能力，是在体系对抗中获胜的前提。指挥系统、控制系统、通信系统、情报系统和武器系统要协调发展，情报的收集、处理、分发要及时迅速，指挥渠道要畅通无阻；在处理危机事件时，要确保高层决策指挥畅通，增强军兵种之间的横向沟通，陆、海、空防一体，以发挥整体优势。提高系统的机动和适应能力，是适应恶劣的自然环境和日趋复杂的战场环境的需要。各级指挥信息系统要实现车载、舰载或机载，便于灵活、迅速地开设、撤收和重新组合，能在机动中保障不间断的指挥。随着指挥信息系统自动化程度的提高，其脆弱环节也会越来越多，抗毁和生存能力将更加突出，因此，必须采取机动隐蔽、防护加固、冗余技术、容错系统、抗干扰、抗病毒等多种手段，提高指挥信息系统的抗毁和生存能力。

（三）在配置上向深海和外层空间发展

未来，外层空间提供了一个难以超越的制高点，如果谁占领了外层空间，就意味着掌握了绝对优势。空中与空间已成为一个不可分割的整体，掌握制天权是掌握制空权、制海权的重要基础。制天权正在成为未来战争的又一个制高点，使指挥信息系统向外层空间的延伸和拓展日渐成为其发展的重要内容。与此同时，占地球表面五分之四的海洋也成为世界各军事强国竞争的另一个热点领域，如美军正在研究建立海底指挥中心。特别是美军提出的建立全球信息栅格（GIG）的倡议，试图实现天基、空基、地基和海基的所有信息系统连接并集成为一个陆、海、空三军共用的全球网格。可以预见，未来的指挥信息系统将从海洋深处一直延伸到外层空间，形成立体配置、全球连通的网络。

思考题

1. 什么是军队指挥信息系统？
2. 军队指挥信息系统由哪几个部分组成？
3. 军队指挥信息系统对现代战争的影响有哪些？

第八节 精确制导武器

精确制导武器被称为"现代兵器之星"。精确制导武器发展迅速，被大量装备部队并广泛运用于现代战争，对战争进程乃至结局都产生了巨大的影响。

一、精确制导武器的起源与发展

精确制导武器起源于精确制导技术。精确制导技术是在复杂的战场环境中，利用目标的特征信号，发现、识别和跟踪目标，并将武器直接引导至目标实施有效打击的技术。第二次世界大战期间，德国人开发、制造并在实战中使用了飞航式导弹（或称为巡航导弹）V-1和弹道式导弹V-2，从此拉开了制导这门神秘技术的序幕。第二次世界大战后特别是20世纪70年代以来，微电子和计算机技术的突破和在制导技术中的应用，使制导精度有了很大提高，精确制导武器进入全面发展阶段，并在几场局部战争中产生很大影响。精确制导武器的发展，大体经历了以下四个阶段。

概念窗

精确制导武器是指采用精确制导技术，直接命中概率在50%以上的武器。直接命中的含义是指制导武器的圆概率误差（也叫圆公算偏差，表示符号为CEP）小于该武器弹头的杀伤半径。

第一阶段，20世纪50年代末60年代初出现战术导弹。20世纪50年代中期，随着小型火箭发动机和制导技术的改进，命中精度有很大提高。1956年阿以战争中，法国制造的第一代反坦克导弹SS10已具有了对付当时坦克的能力。20世纪50年代末60年代初，中国和苏联分别用苏制防空导弹击落美高空侦察机，在世界范围内引起了很大反响。

第二阶段，20世纪60年代末70年代初出现制导炸弹。随着微电子和计算机技术在制导技术中广泛应用，相继出现了电视制导、红外制导、雷达波束制导和激光制导的航空炸弹。1965年美国研制成功"宝石路"激光制导炸弹，并在越南战争中大显身手。20世纪70年代中期，开始出现了"精确制导武器"这一术语。

第三阶段，20世纪70年代末80年代初出现制导炮弹。第一代制导炮弹以80年代美军的"铜斑蛇"和苏军的"红土地"为代表。"铜斑蛇"激光制导炮弹用155毫米榴弹炮发射，制导精度可达1米以内。苏军的"红土地"制导炮弹用152毫米榴弹炮发射，采用半主动激光制导，命中精度可与反坦克导弹相媲美。

第四阶段，20世纪90年代，精确制导技术开始向"智能化"方向发展。例如，美国的"黄蜂"空对地导弹，由于采用了先进的信号处理和人工智能技术，已经具有了初步的智能化特征。2001年在阿富汗战争中，美军首次用无人机发射导弹攻击地面目标，它能够在一定程度上识别真假目标，体现了其较高的智能化水平。

二、精确制导武器的特点

微电子和计算机技术的突破及其在制导技术中的应用，使精确制导武器相对于非制导武器而言，突出表现为高技术、高精度和高效能的特点。

（一）高技术

精确制导武器是技术发展到一定阶段的产物。精确制导武器区别于一般武器的根本标志在于其有以制导技术为支撑的控制系统。该系统由信号探测、高速信号处理、自动控制等部分组成，以光电器件、集成电路、计算机等众多高技术为基础。精确制导武器在实战应用中，从发射到命中的全过程贯穿了各种技术手段的较量。所以，各国都十分重视精确制导武器技术的先进性，特别是制导精度、电子对抗和人工智能技术的领先与运用。

（二）高精度

直接命中概率高，是精确制导武器名称的根本由来，也是精确制导武器最基本的特征。精确制导武器采用导引、控制系统或装置，调整受控对象（导弹、炮弹、炸弹等）的运动轨迹，使之完成规定的任务。目前，一些有代表性的精确制导武器其命中概率可达80%以上，有的激光制导炸弹和电视制导炸弹，圆概率误差只有1~3米。由于精确制导武器的直接命中概率不断攀高，已经出现了战斗部不需要装药的精确制导武器，如英国宇航公司研制的高速防空导弹，飞行速度可达4马赫，脱靶率很低，该导弹没有爆破战斗部，依靠极其精确的制导武器直接撞击并撞毁目标。

（三）高效能

精确制导武器的效能是用精度、威力、射程、效费比、可靠性、全天候作战能力等主要战术技术性能指标来衡量的。虽然精确制导武器的技术复杂，单发成本比较高，但由于具有较高的直接命中概率，完成作战任务时其弹药消耗量小，总体费用仍有可能低于使用常规弹药。例如，一枚数万美元的反坦克导弹，可摧毁一辆数百万美元的坦克；一枚十万美元的防空导弹，可击落一架几千万美元的飞机。在马岛战争中，阿根廷用一枚数十万美元的"飞鱼"反舰导弹击沉了一艘英军价值近 2 亿美元的"谢菲尔德号"导弹驱逐舰。据国外统计，轰炸机使用制导炸弹的效费比比使用普通炸弹的效费比提高了 25 ~ 30 倍。

三、精确制导武器的制导方式

精确制导武器的命中精度主要依靠制导系统来保证。随着高新技术的发展，精确制导武器的制导方式也有各种类型，按不同的控制导引方式可概括分为自主制导、寻的制导、遥控制导和复合制导四种制导方式。

（一）自主制导

自主制导是利用弹载测量装置测定武器内部或外界某些固定的参考基准作为依据，产生控制信号，控制武器按预定的方案（弹道）飞行，直至命中目标。有关目标的特征信息是在制导开始以前就确定好的，制导过程中不需要提供目标的直接信息，通常也不需武器以外的设备配合。常用的制导方式有：惯性制导、程序制导、地形匹配制导、景象相关匹配制导、星光制导、GPS（全球定位系统）制导等。其中惯性制导是主要的一种，它的优点是和目标及指挥站不发生任何联系，对外界依赖性小，抗干扰能力强，武器射程远，但也有一经发射飞行弹道就不可改变的弊端。自主制导方式主要用于远程精确制导武器（弹道导弹、巡航导弹）的初始飞行段，适合于攻击固定目标，如地地导弹、潜地导弹部分采用自主式制导系统。

（二）寻的制导

寻的制导又称自寻的制导，是由武器上的导引系统（导引头或寻的器）感受目标辐射或反射的能量，自动跟踪目标并形成制导指令，导引和控制武器飞向目标。寻的制导精度高，但作用距离短，多用于末制导，适合打击运动目标。

寻的制导按接收的能量（红外线辐射、无线电波、光辐射、声波等）可分为雷达制导、红外制导、毫米波制导、电视制导、激光制导等类型。按信号来源可分为主动寻的制导（弹上装有能量发射装置、照射源和接收装置）、半主动寻的制导（弹上装有接收装置，照射源装在弹外的地面、舰上或机载的制导站内）和被动寻的制导（不使用照射源，弹上只安装接收目标本身辐射能量的接收装置）3 种基本类型。其中主动寻的制导和被动寻的制导均有"发射后不用管"的特点。

（三）遥控制导

遥控制导由设在武器以外（地面、飞机、舰艇）的制导站，来测定目标与武器之间的相对运动参数并形成制导指令，输入到弹上控制系统，控制武器飞向目标。武器受控于制导站，飞行弹道可根据目标运动情况随时改变，适于攻击活动目标。遥控制导多用于地空导弹、空地导弹、空空导弹和反坦克导弹上。按指令传输方式和手段，遥控制导可分为指令制导和波束制导两大类。指令制导的方式主要有无线电指令制导、有线电指令制导和电视制导。苏联的"萨姆—Ⅱ"、美国的"奈基"等均采用无线电指令制导系统，美国的"爱国者"地空导弹在飞行末段也采用了无线电指令制导系统来保证其命中精度。波束制导有雷达波束制导和激光波束制导两类。

（四）复合制导

复合制导是在一种武器中采用两种或两种以上制导技术组合而成的制导方式。单一制导方式各有所长，也有其短，若要精确制导武器既具有作用距离远、精度高，又有较强的抗干扰能力，显然依靠单一的制导方式是难以实现的。因此，先进的精确制导武器系统往往采取复合制导方式，发挥各种制导系统的优势，按导弹类别、作战要求和目标等不同，取长补短，互相搭配。远程精确制导武器一般都采用复合制导系统。

四、精确制导武器的分类

精确制导武器可分为导弹和精确制导弹药两大类。

（一）导弹

导弹是指依靠自身的动力装置推进，由制导系统导引、控制其飞行路线并导向目标的武器，通常由战斗部、推进系统、控制系统、弹体等部分组成。导弹是精确制导武器中研究最早、类别最多、生产和装备量最大的一类。导弹可从多种角度分类：按导弹发射点和目标位置，可分为地地导弹、地空导弹、岸舰导弹、潜地导弹、空地导弹、空空导弹、空舰导弹等；按作战任务，可分为战略导弹和战术导弹。战略导弹是用于完成战略任务的导弹，通常使用核战斗部，用于摧毁敌方纵深重要战略目标，战术导弹是用于完成战役战术任务的导弹，主要用于打击敌方纵深的战役、战术目标，亦可用于直接支援地面部队作战；按导弹射程，可分为近程导弹（射程在 1000 千米以内）、中程导弹（射程在 1000 ~ 3000 千米）、远程导弹（射程在 3000 ~ 8000 千米）及洲际导弹（射程在 8000 千米以上）；按导弹的弹道特征，可分为飞航式导弹（如"战斧"巡航导弹）和弹道式导弹；按攻击的目标，可分为反坦克导弹、反舰导弹、反潜导弹、反雷达（反辐射）导弹、反卫星导弹、反导弹导弹等；还可以按发动机和推进剂的种类分为固体导弹、液体导弹、固液导弹；按发动机装置的级数可分为单级导弹和多级导弹。由于精确制导武器发展趋势是通用化、多功能化，有的分类方法仍有一定的局限性。

（二）精确制导弹药

精确制导弹药也称为灵巧弹药，根据不同的作用原理可分为末制导弹药和末敏弹药两类。

1. 末制导弹药

末制导弹药装有寻的器和控制系统，在其弹道末段能根据目标和弹药本身的位置自行修正或改变弹道，直至命中目标。末制导弹药主要有制导炮弹、制导炸弹、制导雷等。

制导炮弹是用地面火炮发射，弹丸带有制导装置的炮弹的总称。它能够在火炮的最大射程内以很高的单发命中概率攻击目标，主要有激光制导炮弹、毫米波制导炮弹、红外寻的制导炮弹等。

制导炸弹也叫作灵巧炸弹，是指有制导装置和空气动力操纵面的航空炸弹，主要有激光制导炸弹和电视制导炸弹。制导炸弹是航空炸弹的新发展，通常是在制式航空炸弹上加装制导装置和空气动力装置，靠飞机投弹时给予的初速滑翔飞行，其制导系统同一般空对地导弹的导引头相似，有的甚至就是直接移植而来的。精确制导技术使航空弹药"长了大脑"，一定程度上已具有"发射后不用管""同时攻击多个目标""指哪打哪"和能在数十千米、数百千米乃至上千千米之外全天候攻击任何目标的能力。有的精确制导的航空炸弹圆概率误差为 0 ~ 3 米,命中概率是第二次世界大战普通航弹的 25 ~ 50 倍,弹药的消耗量降低到原来的 1/50 ~ 1/10,效费比提高 25 ~ 50 倍。

制导雷是一种将自毁破片技术、遥感技术和微处理机结合起来的新型雷,通常在普通地雷、水雷上加装制导系统后即可成为制导雷。制导雷有一个庞大的家族,通常可为三大类:打击坦克、装甲车和直升机的制导地雷;执行反潜、反舰任务的制导水雷;执行反卫星任务的太空雷。

2. 末敏弹药

末敏弹药不能自动跟踪目标,也不能改变飞行弹道,只能在被散布的范围内利用其自身的探测器(寻的器)探测和攻击目标。末敏弹药通常由一些子弹药组成。子弹药被抛撒后,立即用其自身携带的探测器开始在小范围内探测目标,发现目标后,即可沿探测器瞄准的方向发射弹丸,对目标进行攻击,既有较大的毁伤面积,又有较高的命中精度。末敏弹药是子母弹技术、爆炸成型弹丸技术和先进的传感器技术相结合的产物。末敏弹药探测范围较窄,一般仅为末制导弹药探测范围的 1/10 左右。

五、精确制导武器在现代战争中的运用

精确制导武器在 20 世纪 60 年代以来的几次局部战争中的运用,以显赫的战绩被誉为"点穴能手",对战争及其行动产生了深远影响。

(一)已成为现代战场的主要打击兵器

1973 年 10 月第四次中东战争,埃及和以色列展开了一场第二次世界大战以来规模最大的坦克战,交战双方使用精确制导武器约 20 种。开战后的 3 天中,以军在西奈半岛损失坦克约 300 辆,其中被反坦克导弹击毁的约占 77%。1982 年英阿马岛之争,英军用空空导弹击落阿军飞机 66 架,占阿军全部被击落飞机的 83%。1991 年海湾战争,精确制导武器更是大显身手,充当了战场的主角。多国部队使用了大约 20 种精确制导武器,如"战斧"巡航导弹、"爱国者"防空导弹、"斯拉姆"空对地导弹、"海尔法"反坦克导弹、"响尾蛇"空空导弹、激光制导炸弹等,显示出超常的作战能力。虽然使用精确制导武器的数量仅占全部弹药消耗量的 7% ~ 8%,却完成了摧毁伊拉克重要目标 80% 以上的任务。美军在海湾战争后的历次战争中,在电子战和 C^4ISR 系统的密切配合下,使用精确制导武器的数量占全部弹药总量的比例不断上升,2003 年在伊拉克战争中这个比例已达到 68%。目前,世界上拥有并能自行研制生产精确制导武器的国家有 20 多个,几乎所有国家都或多或少拥有不同种类、水平不等的精确制导武器,精确制导武器已成为现代战场的主要打击武器。

(二)使作战样式发生深刻变化

精确制导武器在现代战争中的大量使用,给现代作战带来许多新的变化。超视距、全天候、多模式、多目标精确打击成为可能。海湾战争中,美军从 1000 千米外发射的 35 枚空射巡航导弹、从海上发射的 288 枚"战斧式"巡航导弹,准确地命中了预定目标;"爱国者"地空导弹可同时跟踪 50 ~ 100 个目标或同时控制 9 枚导弹攻击不同方向、不同高度的目标。

精确制导武器可同时连续精确打击整个战场纵深，减少前沿短兵相接，使前后方界线模糊，战场呈"流动"状态、非线性或无战线化；还可实现"外科手术"式打击，使对点目标攻击的附带杀伤和破坏降至尽可能小的程度，同时提高了全天候、全时域的作战能力。

（三）改变军事力量对比的重要杠杆

现代战争表明，精确制导武器正在改变大炮、坦克、飞机、军舰等传统武器装备的军事价值，成为改变战争双方军事力量对比的重要杠杆。精确制导武器与电子战的密切配合，将成为决定未来战争胜负的重要因素。拥有先进的精确制导武器和电子战实力的一方，可以战胜具有传统武器数量优势，但精确制导武器陈旧落后、缺乏电子战配合的一方。事实说明，精确制导武器撬动军事力量平衡的杠杆作用越来越明显。同时，精确制导武器还促进了常规威慑力量的形成。从对点目标的摧毁能力上看，有的精确制导武器的威力已与小型核武器相差无几。

思考题

1. 什么是精确制导武器？它可分为哪两大类？
2. 精确制导武器的主要特点是什么？
3. 精确制导武器的制导方式主要有哪几种？
4. 精确制导武器在现代战争中的作用主要有哪些？

第九节 核化生武器

随着科学技术的发展，核化生武器作为一种重要的作战手段也在不断更新换代，对战争行动及人类的生产生活产生了重大影响。

一、核化生武器的危害及防护

核武器的出现，使战争发生了质的变化。它拥有的巨大破坏能力，能对环境和生态造成长期性、灾难性的影响和破坏。

概念窗

核化生武器是指核武器、生物武器和化学武器，又称为大规模杀伤性武器。

（一）核武器的危害及防护

核武器是利用爆炸性核反应放出的能量，造成杀伤破坏作用的武器。核武器又称为原子武器。原子弹、氢弹和中子弹统称核武器。

1. 核武器的杀伤破坏因素

核武器的杀伤破坏因素有以下五个方面。

（1）光辐射。核爆炸时从火球中放出的光和热称为光辐射。光辐射能量大，热效应极强，可使钢铁表面熔化、地表融化、木制品炭化，人若处在同样位置，则直接被火化。

（2）冲击波。它是指核爆炸产生的高速高压气浪，以超音速向四周传播，同时产生超压的挤压作用和动压的冲击作用。冲击波能把几十吨重的坦克掀翻，能引起工事、建筑物的倒塌、破坏，造成人员的直接或间接伤害。

（3）早期核辐射。它是指核爆炸最初十几秒内释放出的、特有的 γ 射线和中子流。γ 射线能贯穿人身，引起机体组织的原子电离，产生放射病。中子流能使本来没有放射性的某些金属物质，如钠、钾、铝、锰、铁等产生感生放射性。

（4）核电磁脉冲。它是指核爆炸时产生的电磁脉冲，很像雷电产生的电磁脉冲，但强度要大几百倍甚至上千倍。它能干扰几乎所有的电子设备，或直接烧坏电子元件和电子电路，让敌方通信中断，指挥失灵。

（5）放射性沾染。它是指核爆炸时产生的放射性物质对地面、水、空气、食物、人员、武器装备等所造成的沾染。放射性沾染虽不会使人立即丧失战斗力，但对人体的伤害却是极其严重和长久的。

2. 核武器的防护

尽管核武器是一种大规模杀伤破坏性武器，但它是可以防护的。我军经过几十年的努力，已经形成了一整套可行的防护措施。

一是普及核武器知识，树立积极防护意识。首先，了解核武器的基本原理、杀伤因素和防护措施。其次，通过国防教育，既要消除对核武器的恐惧感，又要认识到我们仍处在核武器威胁下的和平环境之中，不可掉以轻心。

二是积极采取防护行动，降低伤害程度。核爆炸时的防护行动可归纳为"一个卧倒，三个利用"。"一个卧倒"是在开阔地发现核爆炸闪光，应迅速背向核爆炸的方向卧倒，进行防护，减少暴露面积。"三个利用"是利用地形地物、工事和装具进行防护，在一定范围内，可减轻或避免核爆炸瞬间对人体的伤害。

三是进行医疗救治，抢救受伤人员。对于光辐射引起的皮肤烧伤，用急救包、衣服或其他布条覆盖和包裹受伤的皮肤，以保护好受伤面。对于冲击波造成的外伤和内脏损伤，早发现、早救出，并按先重后轻顺序救治。对于早期核辐射和放射性沾染造成的伤害，应尽早使用抗生素药，以减轻损伤。

3. 核武器的发展趋势

一是核弹小型化，小型化使核武器在威力上缩小了与常规武器的差距，降低了"核门槛"，增加了使用的可能性，更适合打击各类目标。

二是弹种多样化，即研制方向和主要用途各不相同，有的只突出一种杀伤破坏因素，如冲击波弹、核燃烧弹等。有的专门对电子设备进行破坏，抑制其他杀伤破坏作用，如电磁脉冲弹等。弹种多样化有效地增加了核弹的适用性，减少了使用上的限制。

三是使用可调化，主要包括当量可调、爆炸方式可调、弹种可调三种。例如，弹种可调是采用插件技术，使普通核弹变成特种核弹，用于突击特定目标。

四是爆炸装置通用化，采用通用技术，使导弹、炸弹、地雷、水雷等都可用来投掷核装置，增大了核武器使用的灵活性。同时，陆、海、空三军的核弹头还可调剂使用，便于迅速改用不同的打击手段。

知识窗

核武器的威力

核武器是一种威力巨大的武器，通常用"TNT 当量"来表示其威力。

TNT 是一种炸药，"TNT 当量"是指核爆炸时放出的能量相当于多少重量的 TNT 炸药爆炸时放出的能量。例如，当量为 2 万吨的原子弹，是指这颗原子弹爆炸时放出的能量，相当于 2 万吨 TNT 炸药爆炸时放出的能量。现在的原子弹，最小的核地雷当量只有几百吨，再大一点手提箱式核炸弹当量大约 1 000 吨（基本上可以装在书包里），最大的原子弹是苏联 1961 年试验的一个热核装置，当量达到了 5 800 万吨 TNT。

（二）生物武器的危害及防护

生物武器因生物战剂而生，是用以杀伤人、畜和破坏农作物的致病微生物、毒素和其他生物性物质的各种武器、器材的总称，旧称细菌武器。装有生物战剂的各种炸弹、导弹弹头和气溶胶发生器等，统称为生物武器。

1. 生物武器的危害

生物战是因传染病在战争中流行受到启发而发展起来的。在战争中，因传染病流行常常导致失败，使战争发起者想出以人工传播传染病的方法来征服对方。生物战剂的种类很多，大致可归为细菌、病毒、立克次体、衣原体、毒素和真菌六类，其在战争中的伤害作用，主要表现在以下几个方面。

一是致病力强，杀伤程度严重。生物战剂具有很强的致病能力，如炭疽杆菌、天花病毒、鼠疫杆菌等致死性战剂，少量病菌或病毒进入人体，就可引发疾病，以致死亡，其死亡率高达 80%。

二是施放的方式不同，杀伤的范围和危害的时间也有所区别。如一般使用气溶胶方式施放，杀伤的范围大。

三是生物战剂的剂量、配伍和使用时机，直接影响到杀伤程度。大量使用生物战剂可缩短潜伏期，改变发病过程；两种或两种以上的战剂混合使用时，难以辨别其中的一种，影响及时诊断和治疗。

四是环境不同，杀伤效果也不一样。生物武器的杀伤效果，与气象、地形、风向、风速、气温、湿度等条件密切相关。

2. 生物武器的防护

生物武器的防护主要是了解生物武器的使用途径、主要防护对象和及时做好消毒工作。具体内容是针对生物战剂和敌投昆虫的防护。

一是提前预防接种。它能够预防和控制生物战剂对人体造成伤害，增强人体的抗病能力。

二是穿戴防护装具和涂抹驱避剂。穿戴防护装具主要是用于防止生物战剂气溶胶通过呼吸道、皮肤、眼睛和黏膜进入人体；涂抹驱避剂用来防止蚊虫叮咬，以免遭到病毒或病菌的侵害。

三是对污染人员和物体的消毒工作。这与 2003 年我国控制非典型肺炎时采取的措施非常相似，实施群防群控，消除传染源，切断传播途径。

四是根据不同类别的感染者，有针对性地展开医疗救治。生物战剂的类型繁多，受伤人员病情一时难以辨清，必须对症下药，才能有效地挽救受感染人员。

3. 生物武器的发展趋势

随着生命科学的深入发展，生物武器将向基因武器发展。基因武器被称之为"世界末日武器"。它是运用基因工程技术对基因进行重组，把一些特殊的致病基因移植到微生物体而制造出的新一代生物武器。这是人类对生命的本质，也就是基因的结构、功能和差异的认识越来越深入的副产品。基因武器的杀伤力要超过普通生物战剂的 10 倍甚至上百倍。用 5000 万美元生产基因武器，其杀伤力远远超过 50 亿美元建造的核武器。

（三）化学武器的危害及防护

战争中，用来毒害人、畜的化学物质称作毒剂。装有毒剂的各种炮弹、炸弹、导弹、手榴弹、地雷、布洒器等，统称为化学武器。

1. 化学武器的分类及危害

化学武器不像核武器那样名声显赫，但它对人员和动物的杀伤作用不逊色于核武器，甚至超过核武器。化学毒剂的种类很多，分别装在炮弹、航弹、火箭弹、导弹、飞机布洒器等武器上使用。化学毒剂包括以下几种。

（1）神经性毒剂：破坏神经系统正常功能的毒剂，可通过呼吸道、皮肤、眼睛等途径使人中毒。

（2）糜烂性毒剂：使人组织细胞坏死，引起皮肤溃烂的毒剂，对眼睛也会造成严重伤害甚至失明。这种毒剂在第一次世界大战时被广泛使用，当时被称为"毒剂之王"。

（3）窒息性毒剂：伤害人的肺部，引起肺水肿，肺部吸不进氧气也呼不出二氧化碳，使人缺氧而窒息的毒剂，如抢救不及时便可导致死亡。

（4）失能性毒剂：使人的思维和运动机能发生障碍，暂时失去战斗能力。

（5）刺激剂：直接刺激眼睛、上呼吸道和皮肤的一类化学物质。许多国家用作警用武器，称为防暴剂。

（6）全身中毒性毒剂：能够破坏细胞组织的氧化功能，使全身缺氧。

2. 化学武器的防护

化学武器虽不及核武器的破坏能力大，但它使用的可能性远高于核武器，必须学会对其进行防护、消毒与急救。

（1）防护：进入有"三防"设施的工事进行集体防护，使用防毒面具进行个人防护。

（2）消毒与急救：明确各种毒剂的消毒方法和消毒药物随消毒对象的不同而不同。同时，对染毒人员急救的方法进行必要的训练。

以上方法，在平时突发性毒剂或有害物质泄漏事故的防护中，同样也适用。

3. 化学武器的发展趋势

（1）杀伤高效化：研制比现有毒性大几十甚至几百倍，具有速效杀伤能力的新毒剂。

（2）使用常规化：改进投射技术，以发展能造成大面积、高浓度染毒的远程常规武器为主，研制化学武器的抛射、投递等高技术工具，提高打击的准确性。

（3）储存安全化：通过研制二元化学武器，解决化学弹药储存过程中毒剂分解变质、弹药渗漏带来的毒性降低和安全上的问题。

二、我国面临的核化生威胁

冷战时期，美国和苏联两国之间进行了大规模的核军备竞赛，双方拥有的核弹能够将地球毁灭几十次。尽管进行核裁军，但美国、俄罗斯现在拥有的核弹仍然可以将地球毁灭数次，世界依然处于核威慑阴影的笼罩下。

（一）军事强国推行核威慑战略

美俄都把核化生武器的威慑与实战作为军事战略的支柱。2002 年 12 月 10 日，布什政府提出要在敌人使用大规模杀伤性武器之前，先发制人以秘密或公开的方式动用军事力量。美国国防部修改核战略报告，并要求制订必要时动用核武器的应变计划。美国国防部于 2010 年 4 月 6 日公布了最新的《核态势评估》报告，宣布将减少核打击的目标并削减核武器的数量。

（二）我国周边核化生形势严峻，面临多元化威胁

有关资料表明，全球能研制核武器的国家和地区有 20 多个，有能力研制生物武器的国家达到十多个，拥有化学武器的国家已达 30 多个。其中，一些主要军事强国都在我国周边地区，不同程度地对我国构成核化生威胁。

（三）国际公约难以制止核化生武器的发展与使用

近百年来，国际上签署了几十个禁止核化生武器的条约。然而，核化生武器威胁却一直没有停止。不能简单地认为，国际公约的签署，核化生武器就会很快退出历史舞台，其威胁也会随之解除。必须清醒地认识到，大规模杀伤性武器的威胁将长期存在。

美俄曾多次威胁使用核武器。自从美国在日本广岛和长崎使用核武器以后，有美国参与的 200 多次军事事件和局部战争中，曾 30 多次威胁使用核武器。70 多年来，核战争虽未爆发，但来自霸权主义的核威胁始终存在，企图使用核武器的幽灵一直在徘徊。

化学武器使用不断。第二次世界大战后，世界上被指控使用化学武器的战争达 50 多次。朝鲜战争中，美军使用化学武器达 200 多次。越南战争中，美军把越南作为化学武器的试验场，使用毒剂 7000 吨，植物杀伤剂 12 万吨，造成越南 153.6 万人中毒，约 2.5 万平方千米的森林遭到污染，约有 1.3 万平方千米的农作物被破坏。美军在阿富汗战争中，除使用大量先进武器外，还对坑道内的塔利班士兵使用化学武器。

美俄现行武器系统中都装备有生物武器。他们声称，生物战准备是为了防护的需要。朝鲜战争中，美军在 1950 年 12 月向南撤退时，在黄海道等地散布天花病毒。1951 年美军又以制造疫区、削弱有生力量为目的，秘密地实施了大规模的细菌战，企图在朝鲜战场上变相地制造"无人区"。美军的细菌战，使朝鲜历史上早已绝迹的鼠疫、霍乱等烈性传染病再次发生，一度造成部分军民的紧张心理。

（四）未来可能面临新的"核化生"威胁

一是被恐怖主义分子用于恐怖袭击的可能性增大，成为国家安全的重大威胁。随着世界核化生技术广泛应用，世界核化生恐怖活动的现实威胁日益增多。据不完全统计，从

1960—2001 年，世界上发生化学、生物恐怖事件有 1300 多起。1993—2004 年，发生在国外的核恐怖事件就有 625 起。1995 年 3 月 20 日，日本东京地铁受到沙林毒剂袭击，造成 11 人死亡，5500 人中毒，引起日本全国谈毒色变。2001 年以"炭疽芽孢邮件"为标志的"生物恐怖"袭击了美国，震惊了全球，迫使世人关注对人为蓄意使用微生物危害活动的防范。

二是对我核化工业设施实施远程精确打击，造成次生的核化危害。我国已建和待建共有 6 座核电站，也是公认的化学工业大国，化工企业大都集中在东部沿海和中部内陆地区。战时，这些核化工业设施一旦遭到袭击，不仅严重削弱战争潜力，威胁战略后方安全，而且将对社会稳定和作战行动造成极大影响。海湾战争中，伊拉克的化工设施始终是被打击的重点目标，11 个化工厂全部被摧毁。科索沃战争中，北约从发动空袭第 3 天开始，就全面对南联盟的 20 多个城市，近 30 个化工厂、炼油厂和油库进行频繁轰炸。国外评论说，北约"打了一场没有使用化学武器的化学战"。

三是通过使用"亚核化"武器，造成特种杀伤破坏。"亚核化"武器是指利用放射性物质或化学物质制造的并具有核化效应的特种杀伤破坏作用的武器，如贫铀弹等。贫铀弹主要用于摧毁装甲、坚固建筑物等目标，它的构成材料是提炼放射性铀 235 以后的副产品，具有一定的放射性，可对人体健康形成危害，对水和土壤等资源造成污染。

三、应对核化生威胁的主要对策

叶剑英元帅早就指出，人们如果对原子武器不了解，就可能引起慌张，要教育部队和人民群众，了解这种武器，掌握它的规律。要正确认识核化生武器的作用，看到核化生武器虽然具有较大杀伤破坏性，但它也是可防的。应从战略和战术上寻找应对之策。

（一）注重核常双重威慑力量的研究与运用

首先，发展"有限"的核威慑力量。根据我国现有经济实力与科技水平，不搞军备竞赛，发展可以"克敌制胜"的"杀手锏"武器，形成有效核反击能力。其次，使用"有效"的军事威慑手段。核武器与高技术常规武器相结合，有所为，有所不为，迫使对手认识到其军事行动得不偿失而放弃行动，最终消除对我国的威胁。

（二）采取有效防护措施

一是加强军民对核化生武器的防护准备。从思想上、物质上、组织上和训练上做好准备。二是加强对敌核化生武器的跟踪研究，知己知彼，有的放矢。

三是要建立健全核化生防护体系。建立核化生观测、监测和报知系统，建立疏散、隐蔽、伪装和机动防护指挥系统，完善"三防"设施建设和组织药物预防，一旦遭受核化生的威胁，组织军民科学采取应对措施，合理调集力量，积极展开部署，以防随时发生的核化生袭击。

四是提高防护保障能力。在遭敌核化生武器袭击的情况下，为减少军民伤害，由防化（民兵）分队组织和实施专业保障行动，即组织核化生观（监）测，组织辐射、化学和生物侦察，组织剂量监督，组织洗消、抢救和抢修，提高军民防护保障能力。

（三）积极参与国际核化生裁军行动

国际核化生裁军是各国军事力量角逐的另一个战场。为争取战略主动权，我国必须在国际核化生裁军领域有所作为。一是积极参与国际核化生裁军事务，二是加强我国核化生裁军机构建设和斗争策略的研究，以适应国际军控形势的需要，研究和运用适当的策略，不辱使命，维护我国的国家利益。

思考题

1. 什么是核武器？其杀伤破坏因素有哪些？
2. 生物战剂的伤害特点有哪些？
3. 什么是化学武器？其杀伤特点是什么？
4. 我国面临的核化生威胁有哪些？

第十节 新概念武器

高新技术的飞速发展及其在军事领域的广泛应用，各种新概念武器不断涌现，对未来军事理论和战争行动产生重大而深远的影响。

一、新概念武器的基本特征

新概念武器在工作原理、杀伤机理、作战方式等方面，表现出与其他武器不同的特征。

概念窗

> 新概念武器，是指工作原理、毁伤机理和作战运用方式与传统武器有显著不同的各类高技术武器。

（一）创新的工作原理

新概念武器最显著的特征是创新性强，它不仅技术含量高，而且在设计思想和理念上具有革命性的变化，是创新思维和高技术结合的产物。传统武器的基本工作原理通常是依靠火药或燃料的推力在空中飞行，最后击中目标；新概念武器则从基本工作原理和结构上与传统武器有本质区别，成为一类创新型的武器。正是由于这类武器在工作原理上的创新，使其在战争中能够发挥出传统武器难以匹敌的作战效能。例如，动能武器靠电磁加速和电能加热加速，飞行速度达到 30 万千米 / 秒，传统武器的弹丸速度无法与之相比。又如，气象武器可人为引发地震、人工控制刮风下雨，从而改变战场环境，影响作战行动。

（二）独特的毁伤机理

传统武器的种类繁多，性能各异，但其杀伤破坏机理基本是爆炸和击毁两种破坏方式；新概念武器则采用不同于传统武器的工作原理，其杀伤破坏机理多种多样，几乎每一种武器都有不同于其他武器的杀伤破坏机理。例如，激光武器是靠高温烧毁、熔化直至目标被摧毁；动能武器是靠粒子束强大的动能进行碰撞破坏；微波武器通过发射强大的微波波束攻击目标，使人产生烦躁、头痛、神经混乱、记忆力减退等毁伤作用。

（三）特有的作战方式

新概念武器所具有的全新工作原理和独特的毁伤机理，在为打赢战争提供全新手段的同时，必然形成自身特有的作战方式。在新概念武器系统中，每一类别的新概念武器都具有不同的作战方式。例如，激光武器、粒子束武器、微波武器等定向能武器，能量集中、攻击速度快、命中精度高，即使对多个方向上的多个目标实施攻击，也难以再现传统战争那种火光冲天、排山倒海的战争局面。再比如计算机病毒武器，攻击敌人指挥信息系统，造成敌方信息瘫痪、指挥紊乱，有可能战争就此结束，由于战场上看不见硝烟，听不见炮声，甚至见不到人，人们有可能没有感觉到发生了战争。

二、新概念武器的发展现状

战争的需求和技术的创新发展，使新概念武器不断推陈出新。目前，正在探索和发展中的新概念武器，开辟了武器装备发展的新领域。

（一）定向能武器

定向能武器，是指利用定向发射的电磁波束、高能激光束、高能粒子束直接攻击目标的武器，包括激光武器、高功率微波武器和粒子束武器等。

1. 激光武器

激光武器，是指利用激光束直接毁伤目标或使目标失效的定向能武器，分为战略激光武器和战术激光武器。它是利用定向发射的激光束，对目标实施软杀伤或硬摧毁。激光武器具有能量集中、传播速度快、作用距离远、命中精度高、转移火力快、抗电磁干扰能力强、可多次重复使用、效费比高等优点，但它不能全天候作战，易受雨、雪、雾等气象条件影响，且发射系统精密，战场生存能力有待考验。目前，美国、俄罗斯、英国、法国等国家都在大力研制激光武器，激光武器品种齐全，功能多样，主要类型有战略激光武器和战术激光武器，战略激光武器主要用于攻击战略导弹或卫星的激光武器，作用距离通常在数百千米到数千千米。战术激光武器主要用于光电对抗和战术防空的激光武器，作用距离通常在数十千米以内。激光武器的平台有单兵携带、车载、舰载、机载和星载。激光武器的种类有激光器、激光炮、激光枪等。激光武器将被广泛应用于反卫星、防空、防导等系统中，成为各种高速运动目标的克星。

美国在高能激光武器的发展方面处于世界领先地位。目前，美军研制的机载激光武器，能够拦截并摧毁距离上千千米外的敌方导弹。正在研制的新型激光武器，用一个发射平台，可同时拦截 50 ～ 100 个目标。随着微电子和激光技术的发展，低功率的激光武器正不断地向袖珍化、灵巧型迈进。据预测，具有较大毁伤能力的激光枪问世后，一个士兵用一支激光枪就可对付几十个空中或地面目标。

2. 高功率微波武器

高功率微波武器，是指利用定向发射的高功率微波波束毁伤电子设备或杀伤有生力量的定向能武器，由初级能源、脉冲调制系统、高功率微波源和发射天线等组成。大型天线可把超高功率微波发射机输出的能量聚成极窄的波束，使微波能量高度集中，以便照射、杀伤或摧毁目标。这种武器辐射的频率一般在 1～30 吉赫范围内，脉冲功率在吉瓦级。其发射出的微波能量比普通雷达高数百倍至数万倍。微波能量具有很强的穿透力，能够穿过缝隙、玻璃或纤维，可在不破坏目标整体的情况下，使之失去作战能力。人员受到微波照射后，轻者造成神经错乱、行为错误，重者器官功能衰竭，甚至死亡；电子设备受到微波照射后，工作性能降低或完全失效。微波武器还可用于攻击洲际导弹、巡航导弹、卫星、航天飞机、飞机、坦克、舰艇、雷达、通信器材、计算机等目标。

美国、俄罗斯、法国、英国、德国、日本等发达国家都非常重视发展高功率微波武器。其中，美国和俄罗斯的高功率微波武器发展较快，已研制并试验了能反复使用的高功率微波武器的样机，并进行了外场实验。例如，美国通用动力公司研制出用于舰载防空系统的高功率微波武器样机，主要用途是对付敌方的反舰导弹；美海军水面武器中心正在研制取代舰载"密集阵"系统的高功率微波武器；美陆军正在试验一种短程高功率微波扫雷器。俄罗斯也研制出了一种专用于防空系统的高功率微波武器，并进行了外场试验。

3. 粒子束武器

粒子束武器，是指利用接近光速的密集粒子束流毁坏目标或使目标功能失效的定向能武器，由粒子源、粒子加速器和聚焦瞄准系统等组成，分为带电粒子束武器和中性粒子束武器。粒子束武器系统通过高能强流粒子加速器，将注入其中的电子、质子和各种重离子一类的带电粒子加速到接近光速，使其具有极高的动能，然后用磁场将其聚集成密集的高能束流，并直接射向目标，汽化或融化目标结构材料，引爆目标中的引爆炸药，破坏目标的电路或电子装置。其优点是：用磁铁聚焦粒子束，设备坚固耐用；本身可产生强辐射，不会受空间辐射的影响，适合在空间工作；能把能量沉积到目标表面，并同时透入目标内部毁伤目标。粒子束武器适合部署在空间轨道上，用于反卫星和反导弹。

美国、俄罗斯是最早研究粒子束武器技术的国家。早在 20 世纪 60 年代，苏联就开始研究粒子束武器技术，论证其作为反卫星和反导弹武器的可行性，并在粒子源、加速器等关键技术方面做了大量基础性工作，取得了一定的成果。与此同时，美国也开始研究，1989 年美国利用小型的中性粒子束装置进行了空间试验，演示了中性粒子设备在空间工作的能力，成为第一个在空间试验中性粒子束技术的国家。

（二）动能武器

动能武器，是指利用具有巨大动能的非爆炸性战斗部，直接碰撞并摧毁目标的武器，主要包括动能拦截弹和电磁炮等。动能武器主要是由超高速发射装置、探测系统、瞄准系统和弹丸四个部分组成，可以分为以化学推进剂为能源的动能拦截弹和以电磁加速的电磁炮，是一种典型的直接拦截武器。随着研究的日趋成熟，世界各军事强国对它越来越感兴趣，都加大了研制发展的力度。

1. 动能拦截弹

动能拦截弹，是指依靠助推火箭发射，利用高速飞行的自动寻的动能拦截器摧毁目标的动能武器，由助推火箭和动能拦截器等组成。动能拦截弹分为反卫星和反导弹两种。前者指的是用于击毁敌方卫星的机载空对天导弹，后者指的是用于摧毁敌方来袭导弹的反导弹导弹。动能拦截弹很大一部分是利用现有的导弹技术。反导弹的动能拦截弹是美国星战

武器家族的重要成员，它于 1983 年投入试验，次年 4 月在 160 千米的高空曾成功拦截一枚洲际弹道导弹。近年来，美国在研制国家导弹防御系统（NMD）和战区导弹防御系统（TMD）的过程中，曾把反导弹的动能拦截弹作为拦截对方导弹的主要手段，并多次进行拦截试验。2008 年 2 月，美国使用舰载"标准 -3"（SM-3）导弹，成功击毁了一颗废旧的卫星。动能拦截弹将成为未来空间战的主战武器之一。

2. 电磁炮

电磁炮是利用电磁力加速弹丸的现代电磁发射系统。电磁炮作为发展中的新概念武器，其军事用途十分广泛。一是用于反卫星和反导弹。采用电磁炮把 10 克～1 千克的弹丸加速到 3～20 千米 / 秒，可用于摧毁空间的卫星和导弹，还可以拦截由舰船和装甲车发射的导弹。二是用于防空。美军认为用电磁炮替代高射武器和防空导弹遂行防空任务有许多无可比拟的优点。美国正在研制的长 75 米、发射速度可达 500 发 / 分钟、射程数十千米的电磁炮，准备替代舰上的"火神——密集阵防空系统"，不仅能打击临空的各种飞机，还能在远距离拦截空对舰导弹。三是用于反装甲。美国的打靶试验证明，电磁炮是对付坦克装甲的有效手段。发射 50 克、速度为 3 千米 / 秒的炮弹，可穿透 25.4 毫米厚的装甲。随着电磁发射技术的发展，电磁炮还可用于常规火炮的增程，飞机起飞及导弹、卫星的发射等。

随着新技术、新材料的不断发展，电磁炮的研究取得了不少实质性的进展。美国的 NMD 计划把电磁炮作为天基反导系统的重要备选方案。战术应用的电磁炮将进入全面的工程发展阶段，用于战略防御的电磁炮也将进行全面的评估。虽然目前各国的电磁炮技术都还处于预研阶段，有的方案研制出演示样机，有的方案也许还在进行理论研究，但其在军事领域有广泛的应用前景。

（三）基因武器

基因武器是运用遗传工程技术或 DNA 重组技术制造出来的武器，可大致分为种族基因武器和病毒基因武器两类。种族基因武器是根据人类不同种群的遗传基因不同的特征，选择某一种群作为杀伤对象。用不同种群的 DNA 排列，生产出针对不同种群的基因武器，只对敌方构成杀伤，对己方毫无影响。病毒基因武器是在一些致病细菌或病毒中，接入能抗普通疫苗或药物的基因，产生具有显著抗药性的致病菌，或者在一些本来不会致病的微生物体内接入致病基因，制造出新的生物制剂。

基因武器与造价昂贵的大规模杀伤性武器相比，有着无可比拟的优势。经过改造的种族 DNA 排列和病毒基因像一把特制的密码锁，只有研制者知道密码，要查清病毒的来源与属性需要很长的时间，研制成本低，杀伤能力强，使用方法简单，难以防治。

（四）军用机器人

科学意义的机器人，指的是具有某种仿人功能的自动机的总称。随着超大规模集成电路、超级计算机（特别是超级微型机和神经网络计算机）和传感器技术的发展，军用机器人的研制已成为新概念武器发展的重要方面，广泛应用于军事领域。美海军曾使用机器人潜入 750 米深的海底，成功打捞起一枚失落的氢弹；在越南战场上，美军也曾使用机器人驾驶的列车，为运输车队排险除障获得成功；还使用夜视机器人站岗，防止越军夜晚偷袭。英国陆军使用的机器人在反恐行动中多次排除了恐怖分子在汽车中设置的炸弹。

目前，机器人的智能水平、反应能力和动作的灵活性还无法和人相比，在军事领域的大规模应用尚需时日，但其巨大的军事潜力，超常的作战效能，广泛的应用前景，预示着其在未来战争中将是一支不可忽视的军事力量。美国、俄罗斯、日本、英国、德国等国家都制订了发展军用机器人的计划。仅美国列入研制计划的军用机器人就达 100 多种，俄罗斯也有 30 多种，已获重要成果。未来将要研制的军用机器人有可发射导弹的自主式装甲自行机器人，完成核火力安排的自主式核火力计划机器人等。可以预计，21 世纪的战场上，各种用途的智能型军用机器人将充分发挥作用。

（五）非致命武器

非致命武器是指为使人员或装备失能、且附带损伤最小而专门设计的武器系统，又称作失能武器或非杀伤武器。非致命武器按用途可分为反装备非致命武器和反人员非致命武器两大类。

1. 反装备非致命武器

反装备非致命武器是对人员不造成杀伤，专门用于对付敌方的武器装备的武器，主要有超级润滑剂、材料脆化剂、超级腐蚀剂、超级黏胶、动力系统熄火弹等。这类武器主要是利用化学材料对敌方武器装备、交通设施实施破坏。超级润滑剂、超级黏胶、超级腐蚀剂主要用于攻击机场跑道、航母甲板、铁轨、高速公路、桥梁等目标，可有效地阻止飞机起降，坦克、军车前进。材料脆化剂可有效破坏装备传感装置。动力系统熄火弹主要是一些云雾胶粒，一旦进入发动机便瞬时固化，使气缸活塞运动受阻，导致发动机熄火，使敌方飞机、坦克、车辆、舰艇不能正常启动和工作。

2. 反人员非致命武器

反人员非致命武器可使敌方战斗减员，主要有声学武器、情绪控制武器、光弹等类型，具有控制骚乱、使人员失能、阻止人员进入某一（地面、海上和空中）区域等非致命能力。

声学武器是利用各种技术产生不同频率和音量，使人感到不适或内脏受损而无法工作的武器。最典型的是次声武器和高能超声波武器。次声武器是利用频率低于 20 赫兹的次声波与人体发生共振，使共振的器官或部位发生位移和形变而造成损伤的一种探索中的武器。次声波对人可产生精神的或机械的损伤，主要有症状：全身不适、无力、头晕目眩、恶心呕吐、眼球震颤，严重时可发生神志失常、癫狂不止、腹部疼痛、内脏振颤等。高能超声波武器是利用高能量的高频声波造成强大的大气压力，使人产生视觉模糊、恶心、呕吐等生理反应，减弱或使其丧失战斗力。

情绪控制武器是依据声学心理矫正原理，利用专门的仪器设备发射一种特殊的电磁波或噪声（一种令人心烦或讨厌的声音），进入人的潜意识，以控制人的情绪，改变人的行为，但不扰乱其他智能。情绪控制武器平时可用于平息骚乱，战时可挫伤敌军士气，甚至使其丧失战斗力。

光弹是利用高能炸药爆炸的能量加热稀有气体（旧称惰性气体），使之发出极强的多向或单向闪光，致盲人眼。据称，这种弹药可用 155 毫米火炮发射，在居民区使用，不会造成死亡和严重的附带损伤。

目前，世界各军事强国都对非致命武器与技术开展了广泛而深入的研究，其中以美国投资强度最大，研究水平最高，美国国防部专门成立了非致命武器计划办公室。世界各国主要开发对付人员的非致命闪光手榴弹和脉冲能量弹，以及对付车辆、装备和设施的泡沫弹、碳纤维弹、阻燃弹等非致命武器。

三、新概念武器对未来战争的影响

新概念武器的出现，不仅使整个武器装备系统产生了革命性的变化，而且一旦投入使用，必将对未来战争产生重大影响，并使战场的面貌发生巨大变化。

（一）作战领域和空间更加广阔

新概念武器普遍具有作用距离远、能量传播速度快、能量集中等特性，一旦投入使用，将使未来战场的空间和战争涉及的领域不断扩大。例如，高能激光武器能将数十甚至几百、上千千米以外的目标瞬间击毁；高功率微波武器不仅会对人员和电子元件造成硬杀伤，还会产生软破坏，经过伪装、防护的目标在它们面前很可能起不到什么作用。因而，未来战争中，新概念武器的使用将使地理概念的战场，以及多维交互的空间不断扩大和延伸。

（二）非对称作战行动更加明显

未来战争中，交战双方在传统武器上存在的差距可以计量，也可以通过运用军事谋略等方式进行弥补。但是，有没有新概念武器、用不用新概念武器，或一方没有新概念武器，将使交战双方在力量对比上产生质的、断代性的差距。这种差距是无法缩小的，胜负的天平自然倾向拥有和使用新概念武器的一方。此外，新概念武器是以先进的科学技术为支撑，以雄厚的经济实力为基础的，这就限制了新概念武器的广泛运用，将可能成为某些强国在战场上的"专利"武器，其结果将导致强弱国家间军事实力的差距进一步拉大，反映到战场上，"一边倒"的损失会更加明显。

（三）传统攻防作战理论将被改变

未来战争中，拥有新概念武器的一方几乎可以在没有任何预先征兆的情况下对另外一方发起攻击，受攻击一方也很难预先采取措施进行有效防护。如果说使用传统武器进行战争，防御是一种必要的作战样式的话，那么在大量使用新概念武器的战争中，防御就等于失败。这种新情况的出现，将对传统的攻防作战理论产生巨大的冲击，现有的攻防作战原则和理论必将进行颠覆性的修改。

（四）军队编制体制将做出大的调整

新概念武器的实战应用，网络战、精确战、失能战等新的作战样式的相继出现，要求尽量减少指挥层次，缩短信息流程，作战指挥体制将向扁平网络化的方向发展。新概念武器的轻巧化、多样化和智能化将使未来战争的作战系统和军事行动更趋复杂多样，部队编制将逐步向小型化、一体化和多能化的方向发展。新概念武器装备的知识和技术含量越来越高，供应与维修将变得越来越复杂，装备保障体制将逐步向军民一体化的方向转轨。

思考题

1. 什么是新概念武器？
2. 什么是激光武器、高功率微波武器和动能武器？
3. 新概念武器的基本特征及其对未来战争的影响有哪些？

Chapter 05

第5章

现代战争知识

学习目标

① 了解信息时代信息化战争的形成和发展趋势。

② 熟悉信息化战争的特征及其与信息作战的区别与联系。

③ 理解现代战争知识，树立打赢信息化战争的信心。

　　理解时代，才能理解战争。只有勇立人类社会文明进步的潮头审视现代战争，才能看清其发展趋势。在以信息技术为核心的高新技术革命浪潮的推动下，在人类社会从工业时代向信息时代快速过渡的大变革中，波及全球的新军事变革风起云涌，其来势之凶猛，规模之宏大，范围之广阔，内容之深刻，堪称史无前例。特别是信息技术在军事领域的广泛应用，使军队的作战方法和手段呈现出崭新的面貌，促使战争形态从机械化向信息化转变。

　　本章主要从信息化战争和现代作战理论两个方面，加强对信息化战争知识的理解，对于解决长期处于和平发展状态的我军现代化建设面临的主要矛盾，加速推进我军信息化建设的历史进程具有重要意义。

第一节 信息化战争

人类社会正在进入信息时代，进行战争的方式发生了重大变化。信息化战争作为一种全新的战争形态，开始登上现代战争的舞台。

一、信息化战争的产生与形成

信息化战争是人类社会政治、经济、科学技术和战争实践发展到一定阶段的必然产物。

概念窗

信息化战争是信息时代的基本战争形态，是信息化军队在陆、海、空、天和网络电磁等空间及认知领域，运用信息、信息系统和信息化武器装备进行的战争。

（一）社会经济形态是孕育信息化战争的物质基础

战争形态是人类社会经济形态的产物，与人类社会的发展有着密切的联系。自战争产生以来，人类经历了游牧社会的徒手战争、农业社会的冷兵器战争、工业社会的热兵器或机械化战争。20世纪中叶以来，由于科学技术的飞速发展和生产力水平的大幅度提高，以计算机技术和信息技术为龙头的高新技术群迅猛发展，人类开始进入了信息时代。随着信息技术在军事领域的广泛运用，大量信息化武器装备投入战场，为新一轮战争形态的变革提供了物质基础。在科学技术和战争实践的推动下，以信息化武器装备为主导，使战争基本形态发生根本变化的信息化战争，开始登上战争舞台。由此可见，人类从事战争的工具和手段，是由特定时代的社会经济形态所提供和决定的。社会的经济形态是战争形态的母体，有什么样的经济形态，就会孕育出什么样的战争形态。这是不以人的意志为转移的客观规律。

（二）技术的发展是产生信息化战争的直接动因

战争形态的重大变革，通常发生在技术革命之后。而技术革命又往往是在科学技术水平迅猛发展并发生质的飞跃的情况下出现的。20世纪50年代以来，世界上陆续出现了一大批高新技术群：以微电子技术、电子计算机技术、人工智能技术和通信技术为基础的信息技术，以导弹为代表的精确制导技术，以人造卫星和航天飞机为代表的航天技术，以激光技术为先导的聚能技术，以核聚变为代表的新能源技术，以新材料为基础的隐形技术等。其中，信息技术在高技术群中起主导作用，引起了军事领域的技术革命。与历史上其他军事技术革命不同的是，当今这场军事技术革命是由多项高技术交叉综合作用的结果，起核

心作用的技术是军事信息技术，主要包括微电子技术、计算机技术、光电子技术和军事航天技术。军事技术的变革导致武器装备发生质的变化，使人类进行战争的工具产生飞跃，即由机械化武器装备阶段进入信息化武器装备阶段，促使战争形态发生重大变革，信息化战争应运而生。

（三）局部战争实践是形成信息化战争的初始标志

20 世纪 90 年代以来发生的海湾、科索沃、阿富汗、伊拉克等几场局部战争，在人类战争史上具有划时代的意义，具有承前启后的作用。它们既是工业时代机械化战争的延续，更是孕育信息化战争雏形的"母体"。这几场局部战争几乎都使用了全新的武器和战法，信息攻击，远程精确打击，陆、海、空、天、电一体化作战，成为主要作战样式，给人耳目一新的感觉；传统的线式作战、梯次攻击、层层剥皮的作战方式几乎被摒弃，"零死亡率"的战争成为人们追求的目标。人们强烈地感悟到，战争形态正在发生深刻变化，机械化战争虽仍在发挥着作用，但信息化战争已从萌芽状态开始现形于战争舞台。

二、信息化战争的基本特征

信息化战争是由信息主导的、使用信息和信息化武器装备进行的战争，较之其他战争形态，呈现出鲜明的时代特征。

（一）战争全程信息主导

信息对战争影响的关键是准确获得战场信息并把信息及时用于决策和控制。机械化战争，起主导作用的是物质和能量，打的主要是"钢铁仗"和"火力仗"。信息化战争，是以争夺战场"制信息权"为主要行动的战争，信息是核心资源，是决定战争胜负的关键因素。

急剧升值的信息资源，决定了争夺制信息权的斗争将在全时空进行，交战双方将倾尽全力，在战争全过程中争夺"信息优势"。在科索沃战争和阿富汗战争中，由于美军夺取和保持了全时空的信息优势，才出现了以很小的代价夺取战争胜利的结局。战争实践使人们认识到，传统的火力、防护力和机动力仍是战争制胜的重要因素，但已不处在核心位置，取而代之的是信息、信息系统和信息化武器装备，信息资源急剧升值，将成为部队战斗力的核心要素。

（二）武器装备数字链接

科学技术在军事领域的运用，尤其物化为战争"手臂"，是引起战争形态发生深刻变革的根本原因。工业时代的战争，以机械化武器装备为物质基础；而信息时代的战争，则是以信息化武器装备系统为物质基础。信息化的武器装备系统，是以信息技术为基础、以计算机技术为核心、用数字技术链接的一体化的武器装备系统。其构成主要包括信息武器、单兵数字化装备和 C^{4}KISR 系统。

信息武器系统是集侦察、干扰、欺骗和打击功能于一体，既可实施战场探测，为精确打击和各种战场行动提供目标信息，还可实施信息攻防作战，是信息化战争的重要物质基础。单兵数字化装备是指士兵在数字化战场上使用的个人装备。信息化的士兵装备，既是战场网络系统的一个终端，也是基本的作战单元，具有人机一体化的远程传感能力、攻击和生存能力，能够实时实地为炮兵和执行空地作战任务的飞机提供数字化的目标信息。C⁴KISR系统是战场指挥、控制、通信、计算机、杀伤、情报、监视和侦察系统的简称，它通过网络把作战指挥控制的各个要素、各个作战单元黏合在一起，是军队发挥整体效能的"神经和大脑"。在信息化战争中，C⁴KISR系统是敌对双方的主要作战目标，围绕着C⁴KISR系统展开的攻击和防护成为战争的重要作战行动。

（三）作战空间多维立体

作战空间随着科学技术和武器装备的发展逐渐呈现出日益拓展的趋向。冷兵器时代的战争，作战手段简单，方式单一，交战双方以密集方阵进行"点对点"的对抗，作战空间表现为一维。热兵器时代，交战双方在较宽的正面和较大的纵深进行作战，作战行动在多方向进行，战场呈平面二维性。机械化战争中，随着坦克、军舰、飞机的出现，作战空间发生了第一次革命性变化，交战的舞台主要是在陆、海、空等物理空间展开，重点是在陆地、海洋和空中进行，作战的空间由陆海平面战场发展为陆海空三维立体战场。信息化战争中，作战行动不但在三维物理空间激烈进行，而且使信息领域的对抗更加尖锐，空中的较量已经拓展到太空，作战行动已渗透到网络空间、电磁空间和心理认知空间。信息化战争战场空间呈现出陆、海、空、天、电、网等多维一体化趋势。

（四）交战过程速战速决

传统的战争规模较大，持续时间较长。而信息技术的发展，使战场信息传输与处理的时间缩短，作战行动加快，战争持续时间短暂。信息化战争中，战争的目的不再是谋求攻城略地的军事征服，而是以打击、削弱和瘫痪对手，动摇其政治、经济基础为目标。战争目的的转变，决定战争的持续时间不可能太长。拥有信息化武器装备优势的一方，为控制战争规模，在战略上力求速战速决，达成有限的战争目的。信息化战争中使用的各类武器装备，不仅杀伤破坏力大，而且打击精度、战场毁伤能力相当高，使交战双方的战场物资消耗与武器装备的损耗大幅增加。技术含量极高的信息化武器装备，其研制、开发过程复杂，难度大，造价与平时的维护费用昂贵，造成了经济上的高消耗。由于增加了战场信息处理技术，信息化武器装备发现目标的概率增大，打击目标的精度提高，力量投送的速度加快，指挥决策近似实时，带来了战争的高效率。正是由于战争目的有限，战争消耗惊人，战争效率提高，客观上限制了战争的持续时间。

（五）作战要素联合一体

一是作战力量一体。通过信息网络和信息技术，可将处于不同空间位置的各种作战能力联结成一个有机整体，形成一体化作战力量。二是作战行动联合。信息化战争中的主要作战样式，是两个以上的军种按照总的企图和统一计划，在联合指挥机构的统一指挥下共同进行的联合作战，其作战行动具有一体化的特征。三是作战指挥一体。信息化战争中，集指挥、控制、通信、计算机、火力、情报、监视和侦察于一体的C⁴KISR系统，为作战指挥提供了准确的战场情报、快速的通信联络、科学的辅助决策、实时的反馈监控，使作战指挥实现了一体化。四是综合保障一体。部队为遂行作战任务而采取的作战保障、后勤保障、装备保障、政治工作保障等各项保障措施实现了一体化。

（六）指挥结构扁平网络

机械化战争的指挥体制，主要以作战部队多层次纵向传递信息的树状结构为主。所有来自前线的敌我双方的情报信息，必须逐级向上汇报，上级的指示精神和命令也按照树状模式逐级下达，是一种典型的逐级指挥方式。信息化战争的指挥体制，趋向作战单元与指挥控制中心横向传递信息的"扁平网络"结构。在纵向上，实现从最高指挥机构与单兵间的远程直接对话。在横向上，各指挥机构间的横向联系更加紧密，不仅包括平行指挥机构之间的联系，还包含不同层次指挥机构的横向联系；不仅包括不同军兵种各层次指挥机构的联系，还包括同一军兵种平行指挥层次指挥机构间的联系。指挥控制近似实时，效率大大提升。

（七）作战行动实时精确

信息化战争中，作战部队在战场上反应敏捷、行动迅速，可实时地根据战场态势的最新变化，在极短时间内做出决策，制订计划，以最快的速度将战斗力实时投放到战场最需要的地方，迅速达到行动目的，而不是像以往战争那样，实施一次战役或战斗，往往需要提前几天至少需要数小时，进行多方筹划，尔后才按部就班地采取行动。同时，信息化战争在多层次、全方位、全时空的情报、侦察和监视网络的支持下，通过精确侦察、定位和控制，使用大量的精确制导武器进行精确打击，使各种作战行动的精确程度越来越高。

三、信息化战争的发展趋势

从世界范围看，战争形态正处于机械化战争向信息化战争过渡的转型期，准确预测信息化战争的发展趋势还比较困难。但历史的发展总有其自身的逻辑轨迹，运用历史唯物主义的方法，仍可大致地勾画出未来信息化战争的发展趋势。

（一）战争的表现形式不断拓展

未来信息化战争将在战争的暴力性、战争的层次、战争的主体等方面发生重大的变化，从而使传统的战争概念受到冲击，战争的表现形式有了很大的拓展。

一是战争的暴力性减弱。传统的战争理论认为："战争是流血的政治"，但在未来信息化战争中，由于各种经济和社会活动的高度计算机化、信息化和网络化，社会经济和政治生活更多依赖于各种信息系统。信息和信息系统既是武器，也是交战双方攻击的主要目标。战争可通过网络攻击、黑客入侵和利用新闻媒介实施大规模信息心理战等"软"打击的方式，破坏敌方的计算机信息网络，瘫痪敌方指挥系统，瘫痪敌国经济，制造敌方社会动乱，把战争意志强加给对方，以不流血的形式换取最大的政治和经济利益。在使用各种"硬"摧毁手段的作战中，进攻一方也不再以剥夺敌国的生存权利，或完全夺占敌方的领土等作为最终目标，而是注重影响对手的意志，尽可能地减少战争的伤亡，力争以最小的伤亡代价换取最大的胜利，战争暴力性将会减弱。传统战争的暴力行动，将被非暴力的"软"打击行动所替代，战争有可能成为不流血或少流血的政治。

二是战争的层次更加模糊。未来信息化战争的战略、战役和战术层次会逐渐模糊。一方面，战役、战术行动具有战略意义。大量信息化、智能化装备和系统的集中运用，武器装备的作战效能越来越高，精确战、信息战等作战行动对敌方军事、政治、经济和心理的打击越来越大，因而小规模的作战行动和高效益的信息进攻行动就能有效达成一定的战略目的，使战争进程更为短暂，战争与战役甚至战斗在目的上的趋同性更为突出。另一方面，作战行动将主要在战略层次展开。信息化战争不再是从战术、战役到战略依次突破，而是一开始打击的对象就集中于关乎敌方政治、经济和军事命脉的重要战略目标。大规模的信息进攻和超视距的非接触作战将成为信息化战争的主要行动样式。

三是战争的主体多元化。传统的战争主要发生在国家和政治集团之间，战争打击的目标主要是对方的军事力量和战争潜力，战争的主体是军队。而在信息时代，由于信息技术和信息系统高度发展，使整个世界的政治、经济、科技和文化的联系日益密切，国家的安全受到来自多个方面、多种势力的威胁，表现出易遭攻击的脆弱性。战争的主体既可能是军队，也可能是社会团体，还可能包括恐怖组织、贩毒集团等。科学技术的进步，不但使制造常规弹药易如反掌，而且制造核化生武器的技术也正在被越来越多的人了解和掌握。这种情况使国家安全面临严峻的挑战，使发动和从事战争的主体呈现出多元化的特征。

（二）太空战将成为信息化战争的主要作战样式

太空是未来信息化战争的制高点，占领太空制高点，将获得巨大的优势和利益。

一是可实现全球实时探测与预警。近期几场局部战争中，美军及其盟国的军事情报70%～90%是由太空侦察系统获得的。美国太空预警系统可以在弹道导弹发射后90秒之内就发现目标，提供大约25分钟的预警时间。

二是可实现高质量的远程洲际通信。科索沃战争和阿富汗战争中，美国国防部利用卫星通信系统第一次实现了对遥远战场进行实时指挥和控制。

三是可实现远程精确作战。太空制导和定位系统，可大大提高远程定位的精度，精确打击不受射程的影响。

四是不受国界、地理和气象条件的限制。太空没有国家主权的概念，也不受大气层内气候变化的影响，太空平台能够自由地飞越世界任何国家和地区，且昼夜畅通无阻。太空制高点的出现，将使传统战场上的制高点不复存在。

未来信息化战争，作战行动将首先在太空展开。随着太空武器装备的不断发展和太空作战能力的不断增强，为争夺太空控制权，太空信息作战、太空反卫星作战、太空反导作战、攻击大气层内目标作战等新的太空作战样式将应运而生，成为信息化战争的重要作战行动。

（三）军队将向小型化、一体化和智能化方向发展

随着技术的进步和理论的创新，未来信息化军队的规模结构、体制编制和作战手段必然依技术的进步而发展、据理论的创新而变革。

1. 军队的规模将更加小型化

信息化战争中，先进的信息化系统和远距离的投送能力，将使军队的作战能力成指数增长，使用小规模的高度一体化和智能化的军队，即可达成战略目的。加速军队的小型化成为打赢信息化战争发展需要。

2. 军队的编成将更加一体化

信息化战争是高度一体化的作战，未来军队编成的一体化，将主要表现为按照系统集成的观点，建立"超联合"的一体化作战部队。未来军队信息系统将按照侦察监视、指挥控制、精确打击和支援保障四大作战职能，建立四个子系统，构成一体化的作战体系。其功能紧密衔接，有机联系，将从根本上使作战力量形成"系统的集成"，从而能够充分发挥整体威力，实施真正意义上的一体化作战。

3. 军队的指挥与作战手段将高度智能化

信息化战争的发展趋势之一就是实现指挥平台与作战手段的高度智能化。首先，C⁴KISR 系统是指挥控制手段高度自动化和智能化的重要标志。C⁴KISR 系统的高度成熟，将真正实现侦察监视、情报搜集、通信联络、火力打击和指挥控制的无缝链接，成为作战指挥与控制的信息高速公路，可确保指挥员近似实时地感知战场，定下决心，协调、控制部队和武器平台的作战与打击行动。其次，大量智能化的武器系统和平台将装备部队，投入作战。未来信息化战争，精确制导武器系统、对空防御系统、勤务支援系统、物流分配保障系统和具有发射后不管和自动寻的功能的智能化弹药将得到更加广泛的运用；无人驾驶的坦克、飞机和舰船也将规模化投入战场；类型不同、功能各异的机器人，可能在战争中代替人进行作战。最后，许多作战行动将发生在智能化领域。由于信息战的广泛运用，智能化领域将会发生激烈的对抗。认知、信息和心理这些智能范畴，既可能成为作战手段，也可能是作战打击的目标。因此，在智能领域将会发生大量的直接对抗的作战行动。

思考题

1. 什么是信息化战争？
2. 信息化战争的产生与形成有哪些动因？
3. 信息化战争有哪些基本特征？
4. 信息化战争的发展趋势是什么？

第二节　现代作战理论

现代作战理论是军事理论中最活跃、最富于创新变革的部分，也是军事理论的前沿领域。随着新军事变革的深入发展和机械化战争向信息化战争的转变，世界各国军队都非常重视现代作战理论研究，作战理论成果层出不穷，许多富有创新性的作战理论在近期局部战争中得到了检验和验证，引起了世界各国的广泛关注。

一、联合作战理论

联合作战是指两个或两个以上军种部队为实现共同的目标在统一计划下联合实施的作战行动。目前，联合作战已成为世界主要国家军队的重要作战理论之一，并正向着一体化联合作战的方向发展和过渡。

（一）联合作战的变化

目前，外军认为，信息化条件下的联合作战不同于机械化条件下的陆海空联合作战，而是建立在信息优势基础上的思想、体制、组织和技术高度融合的一体化联合作战。与机械化时代的传统联合作战相比，信息时代的一体化联合作战在很多方面发生了重大变化。其一是作战空间不断拓展。一体化联合作战的空间已由传统联合作战的陆、海、空三维空间向陆、海、空、天、信息、认知等多维空间延伸，而在太空、信息、认知等作战空间抢占制高点、夺取优势，对整个联合作战进程和结局产生的影响更大。其二是新型作战力量不断崛起。以航天力量、信息战力量、心理战力量等为代表的新型作战力量，突破了传统联合作战以陆、海、空三个军种为主的状况，进一步强化了一体化联合作战的力量要素，并以此为基础催生了航天战、信息战、心理战等新型作战样式。其三是作战指挥正在减少层次，向精干高效的指挥结构进行转变。其四是作战保障由传统的以各军种自我保障为主向一体化的联合保障转变。

（二）联合作战理论的内涵

联合作战理论的内涵可从以下四方面进行解读。

一是一体化联合作战是"基于效果的作战"。所谓"基于效果的作战"，是指通过恰当地组织和运用军事和非军事力量，以摧毁敌领导人战争意志和发动战争的能力为核心，以最短的时间、最小的伤亡和最少的费用来获得预期的战略目标或效果。"基于效果作战"思想摒弃了机械化战争时代消耗战和运动战的思想，不追求对敌最大的物理性毁伤。它注重精确作战，强调对敌战略、战役和战术重心及关键节点进行精确打击，产生强大的心理震慑效应，破坏敌作战的连续性，摧毁其作战能力，以迅速达成预期的政治和军事目标。

二是一体化联合作战是"以知识为中心的作战"。所谓"以知识为中心的作战"是指应充分利用信息形成知识优势和决策优势，加强对敌我态势和作战环境的深刻了解和认知，在此基础上做到"先敌发现、先敌理解、先敌决策、先敌行动、果断结束"，加快作战节奏，确保战争主导权。

三是一体化联合作战强调"本质上的联合"。所谓"本质上的联合"是指思想、组织、体制、技术和武器装备等的高度联合。其一是指挥与控制的联合。要依托先进信息技术实现从战略到战术，多军种、跨机构、多国家的全面一体化联合，确保整个指挥与控制链的一体化。其二是情报、监视与侦察的联合。构建一体化的情报保障体系，确保战场态势感知能力和信息优势。其三是部署与补给的联合。利用国家和军队所有运输和补给资源，实施联合部署和集中式后勤保障，确保部队能够在远程、多维和非线性战场实施决定性和持续作战。其四是作战行动的联合。强调综合运用火力、机动力和信息战能力，在多维战场空间分散配置兵力，集中运用火力，发挥最佳效能，达成一体化作战效果。

四是一体化联合作战应"完全网络化"。所谓"完全网络化"是指通过网络将指挥控制系统、侦察传感系统、各种作战平台、打击兵器联结成有机的整体，建立上下互联、军兵种互通、侦察情报系统与打击平台互交的无缝隙数字化联合作战指挥与保障体系，由过去自上而下的逐级、按序计划和作战转为平行计划和作战，从"平台中心战"向"网络中心战"过渡，构筑一体化的战场环境。

近些年来，为了提高一体化联合作战的实际运用水平，外军采取了一系列有效的措施，如组建联合部队，为一体化联合作战奠定组织基础；不断研发高新技术武器，为一体化联合作战打造平台；强化联合作战演练，提高联合作战能力。应该说这些举措在战争实践中取得了很好的效果，但外军一体化联合作战也并没有达到理想的程度，实践中也暴露出许多弱点，表明其理论与实践之间还存在着明显差距。

二、信息作战理论

1991 年海湾战争向世人充分展现了信息优势的巨大作用。此后，在世界范围内刮起了一场研究信息作战的热潮，无论是军队还是民间学者，甚至是普通军事爱好者都卷入了这场空前的理论探讨和研究的热潮当中。

（一）信息作战概述

知识窗

　　信息作战是敌对双方在战场上为夺取和保持制信息权而展开的一系列作战行动。

随着信息技术在军事领域的广泛运用和军事理论不断更新，一种全新的作战形式——信息作战应运而生。目前，外军理论界对信息作战的内涵认识不尽相同，但总体上倾向于"在战争期间为夺取信息优势所采取的一系列作战行动"这一定义。1998 年美军颁发的《联合信息作战条令》中对信息作战的定义是：　"信息作战是为破坏敌方信息和信息系统同时保护己方信息和信息系统而采取的一系列行动。这些行动发生在某个或整个军事行动范围的各个阶段以及战争的各个层次。"俄罗斯军队《军事思想》杂志对信息作战的定义是：　"在准备和实施军事行动的过程中，为夺取并保持信息优势，按统一的意图和计划而采取的一整套信息保障、信息对抗和信息防护措施。"

在分析概念的基础上，各国专家从不同侧面描述了信息作战的主要特征：一是以争夺制信息权为目标的作战；二是敌对双方在信息空间进行的作战行动；三是以信息武器及信息系统为主要手段的作战；四是首要攻击目标是压制、削弱、破坏和摧毁敌方的指挥、控制、通信、计算机与情报系统；五是主要途径是信息攻击。

美军专家认为信息作战应遵循以下八大原则。一是电子"斩首"。要求首先攻击敌国家指挥当局和各级部队司令部，破坏敌方所有信息传媒，制止敌方使用第三方的通信系统。二是"致盲"。要求"首先摧毁敌方的传感器等探测器材，而不是敌方人员"，使敌人变成瞎子、聋子。三是战场透明。要严密监视敌人，确保战场情况对己"始终透明"。四是敏捷。要使己方部队的决策周期始终快于对方，让敌军始终处于被动挨打的地位。五是生存。就是要提高指挥控制系统的生存能力。六是兼容。强调各种信息系统必须兼容，以共享不同军种间的资源和信息。七是级差。该原则强调不要与低级别的敌人打低级别的战争。认为信息时代的军队如果面对的是农业时代或工业时代的军队，不应该打农业时代的战争，而是打信息时代的战争。八是全力以赴。认为信息作战可准确地攻击目标，附带损伤小，不会造成无法接受的人员伤亡和物质破坏，不必担心超过政治界限，因而可无所顾忌、全力以赴地进行。

（二）信息作战理论的内涵

美军认为信息作战是进攻性信息战和防御性信息战这两种基本样式的有机结合。进攻性信息战的实施手段包括作战保密、军事欺骗、心理战、电子战、实体摧毁、特种信息战、计算机网络攻击等。防御性信息战是在综合有关政策、人员、技术和作战行动的基础上，按照信息环境防护、攻击源检测、能力恢复和反应性攻击四个步骤，通过使用信息保障、作战安全、物理安全、反欺骗、反宣传、情报对抗、电子战和特种信息战等手段实施的。

俄罗斯军事理论家也提出了"信息战役""信息交战""信息行动"和"信息突击"等有关信息作战的理论。认为在信息作战的具体内容上主要有三项。一是信息保障，主要包括信息侦察、信息搜集、信息联络的组织与实施和司令部信息工作，信息保障要求获取的信息应及时、可靠、准确和完整。二是信息对抗，即对抗敌方的信息保障，主要是指伪装、反侦察、反情报、对敌信息系统进行电子—火力压制等。三是信息防护，即保护己方信息和信息系统，包括控制性侦察、信息检查、信息系统的抗火力摧毁、电子防护、反敌信息对抗等。

（三）信息作战的表现形式

信息作战的实质是通过获取信息提高己方作战行动效果的同时，运用各种可能的手段，使敌方无法获得类似的能力，以确保己方对敌的信息优势，进而夺取战场主动权。它是敌对双方围绕信息获取、信息传输和信息利用而展开的一系列作战活动。既可构成独立的作战阶段，也可贯穿于整个作战全过程。其主要表现形式如下。

1. 情报战——侦察与反侦察的对抗

情报战是指敌对双方采取各种手段，侦察和运用对方情报，并防止对方侦察、获取己方情报的行动。它是一种有意识、有目的、有组织地搜集和窃取"希望预先知道"的那些有价值的敌方及相关信息的作战行动。主要包括卫星侦察、电子技术侦察、空中侦察、海上侦察、地面侦察、特种侦察等。

情报侦察运用的手段主要是通过可见光信息获取、红外信息获取、多光谱信息获取、雷达技术、卫星定位和声波信息获取等技术，查明五维空间的所有活动。

2. 电子战——干扰与反干扰的对抗

限制敌方获取己方信息与获取敌方信息同等重要。电子战就是为削弱、破坏敌方电子设备使用效能和保障己方电子设备正常发挥效能而采取的综合行动。包括电子攻击和电子防护两种手段。电子攻击，是为破坏或阻止敌方有效使用其电子设备或系统而采取的各种行动。电子防护，是为了抵御敌方实施的电子攻击，保障己方的电子设备充分发挥效能而采取的多种措施。

现代战场各种作战平台都有电子设备，只有电子信息设备及系统的正常工作，才能适时掌握战场态势。电子攻击的大量应用，使战场电磁环境日益复杂和恶化，要保障己方的信息优势，就必须采用各种电子攻防技术，实施有效的指挥控制，才能掌握"制信息权"和战场主动权。

3. 网络战——破坏与反破坏的对抗

网络战是以信息技术为基本手段，以计算机和计算机网络为主要攻击目标，在整个信息网络空间进行的各类信息攻防作战的总称。在军事领域，计算机网络已成为连接各级指挥机构、武器平台、作战部队的纽带和神经。网络空间已成为敌对双方激烈争夺的焦点，网络攻击和网络防护就自然成为网络战频繁使用、不能偏废的两种手段。

网络攻击是以敌网络系统为目标，采用病毒侵袭、逻辑炸弹、黑客入侵、信息阻塞、硬件摧毁等方法，造成敌方网络瘫痪。如，向对方电子信箱不断地发送地址不详、信息量庞大的垃圾邮件，挤爆信箱，冲掉正常邮件，使其不能正常接收邮件甚至死机。病毒侵袭，是利用网络传播、预先设伏和无线注入等方式将计算机病毒侵入被攻击目标的计算机里，

使其工作程序遭到破坏，导致信息系统或武器失灵、瘫痪。"黑客"入侵，是指通过技术手段进入对方网络系统，采取窃取机密信息、传播病毒、散布虚假信息、破坏工作程序等手段对敌方进行攻击，达到干扰、瘫痪、摧毁敌方网络系统的目的。有"黑客"扬言，世界上没有一个联网的计算机系统是他们不能渗入的。逻辑炸弹，是在满足特定逻辑条件时，对目标系统实施破坏的计算机程序。信息阻塞，是让敌人获取过量的无用信息，阻塞其信道，扰乱其指挥。例如，海湾战争初期，美军地中海海军通信主站和西太平洋海军通信主站，因自动电话网的信息量过大而呈饱和状态，导致联合参谋部进入欧洲的所有信息业务量降到最低限度。

网络防护，是防止敌方网络攻击、保护己方网络安全的行动。主要包括反病毒攻击、反网络入侵、网络恢复等手段。网络战不仅仅是用黑客去攻击敌方，而且还应采取积极的措施防御敌人的攻击。例如，在信息存储和传输过程中进行加密，以防止未授权用户（如黑客）查看或篡改信息等。

4. 心理战——认知领域的对抗

心理战是指根据人的心理活动规律，按照己方的目的，利用各种媒体，通过有效的信息影响、改变敌方心理和保护己方心理的综合行动。它是一种精神战，或者叫"心战"，实质是瓦解敌人，激励自己。主要是通过电视宣传、广播宣传、散发传单，投送电子邮件以及用高技术手段进行心理欺骗等手段，对敌人心理进行影响，形成一种心理威慑，使其丧失战斗意志甚至精神崩溃。

心理欺骗主要是用计算机图形、仿真技术、显示技术等虚拟现实技术，生成一个逼真的具有视、听、触、味等的虚拟环境，扰乱对方的心理或指挥的行动。例如，美军在伊拉克战场上用激光模拟技术，在空中绘制出真主图像，并虚拟显示部队作战行动的幻影或图像，造成了对方的心理失衡和指挥混乱。

5. 实体摧毁——摧毁与反摧毁的较量

实体摧毁是以兵力、火力对敌信息系统和武器信息化系统实施直接破坏和打击的行动。一是利用精确制导武器（反辐射武器）和常规火力攻击。反辐射武器主要是跟踪并攻击敌空中、海上和地面的电磁辐射源（雷达、通信设备等）并将其摧毁。伊拉克战争中，美军使用的"哈姆"反辐射导弹，对各种辐射源构成了致命的威胁。二是利用新概念武器进行破坏。新概念武器有的已经用于实战，如，科索沃战争中美军就使用了集束、贫铀、石墨炸弹，使南联盟大面积停电和信息系统受损。三是组织特种力量，渗入敌纵深，破袭其信息系统进行摧毁。

反摧毁主要是采取信息伪装和信息保密等措施。信息伪装，是运用各种防护手段，有效防止敌方对我方信息系统进行侦察和火力打击的行动。信息保密，是不让敌方获得己方作战意图、作战能力和作战部署等重要情报信息的方法和行动。同时，还需组织力量进行有效防护。

目前，世界主要国家军队都在不断深化对信息作战的认识，提出新的概念，使信息作战理论内容在原有的基础上进一步丰富和完善。

三、精确作战理论

1967年，美军为轰炸越南重要战略目标杜梅大桥，曾先后实施64次大规模空袭，投掷约900枚炸弹，损失飞机8架，始终未能完成任务。5年之后的1972年5月，同样是这座大桥，美军只出动飞机数架，使用几枚炸弹就将杜梅大桥炸毁，自己毫发未损。同样是轰炸却出现了两种截然不同的结果。为什么？因为这一次美军飞机投下的是激光制导炸弹，采用的作战方式是精确打击。

（一）精确作战概述

对敌实施精确打击是古往今来军队作战孜孜以求的目标。随着信息时代的来临和精确武器的不断发展，精确打击从梦想逐渐变成了现实。近期几场局部战争中精确打击的巨大作战效能，促使军事家们开始从理论的高度研究其在作战中的作用。

外军认为，"精确作战"是指在综合电子信息系统提供的信息支援下，用信息化、智能化的高精度武器装备实施的作战行动。它要求对作战目标实施精确的侦察、跟踪和定位，对作战决策实施精确的运筹，对兵力投送实施精确的计划，对作战行动实施精确的指挥，对部队作战实施精确的保障，对打击效果实施精确的评估，以最低的代价达成最佳的作战效果。

实施精确作战离不开两个最重要的物质基础：信息化高精度打击兵器及与之相配套的C^4ISR系统。信息化高精度打击兵器是实施精确作战的"硬件"系统。现在，西方发达国家军队已装备了第二代、第三代高精度打击兵器，正在开发第四代、第五代。与精确打击兵器相配套的C^4ISR系统是实施精确作战的"软件"系统。因为只发展精确打击兵器本身是远远不够的，还必须有C^4ISR系统为其提供信息保障。目前，外军已经开发出C^4ISR系统，下一步还要发展C^4KISR系统，以使战场综合电子信息系统和所有武器系统实现一体化。

（二）精确作战的主要特点

一是信息与火力高度融合。两者融合后，可实现以信息控制火力、提高火力的打击效能，以火力摧毁敌武器系统、保护己方信息和信息系统。二是能直接打击敌重心。使用远程精确制导武器实施精确作战，可直接打击敌重心，迅速取得作战的胜利。三是促使作战节奏明显加快。精确作战中高度机动灵活的硬杀伤型信息武器系统和一体化C^4ISR系统，可以保证作战部队以更快的速度作出反应，作战周期将大大缩短，作战节奏明显加快。四是使战场生存问题变得至关重要。交战双方将更加强调质量优势，主要使用精确制导武器等实施精确打击，目标一旦被发现就意味着可能遭到命中和摧毁，战场目标的生存问题日益突出。

（三）精确作战的实施过程

精确作战的实施主要有六大环节。一是精确侦察。实施精确作战的前提条件。在现代战争中，多种侦察手段并用，全方位、全天候、全时辰、全频谱的精确侦察，可以确保指挥员迅速、准确、全面地掌握战场情况，并且为武器控制系统获取精确的目标信息提供重要的保证。二是实时传递。获取战场信息后，如何将信息及时、准确地传输给部队和武器装备，是实施精确作战的又一个重要方面。近期几场战争中，外军依靠各种卫星通信、网络传输和指挥控制系统，实现了战场信息近实时的处理与传递，满足了作战部队进行精确作战的需要。三是精确定位。对战场目标的精确定位是实施精确作战的重要基础。随着航天技术的发展，天基导航定位系统使全球精确定位变成现实。四是精确控制。各种参与精确作战的武器系统，只有通过精确指挥控制的"聚合"，才能构成有机整体，发挥出精确打击的威力。作战中精确控制主要是通过C^4ISR系统来实现的。五是精确打击。精确打击是精确作战的目的与核心，精确制导武器是实施精确打击的主角。六是精确评估。精确评估打击效果非常重要，没有准确可靠的目标毁伤信息，就不能及时判断攻击效果，精确打

击也就不可能顺利地进行。精确作战的这六大环节环环相扣、互为支撑，要实施精确作战，就必须确保这些环节的正常运转。

作为一个不断发展的新型理论，精确作战理论在海湾战争后的几场战争中得到了广泛运用，进一步显示出令世人瞩目的巨大效能。在科索沃战争中，尽管南联盟的地形和气候条件复杂，以美国为首的北约部队却通过精确打击摧毁了 95% 以上的固定目标，对移动目标的命中率也高达 60%。在阿富汗战争中，美军在开战 3 天中就摧毁了 85% 的预定目标，基本做到了"发现即意味着被摧毁"。在伊拉克战争中，美军通过海空精确打击，击溃了 80% 以上的共和国卫队师。与海湾战争相比，伊拉克战争中美军精确作战又出现了一些新的动向：精确打击的范围更广、效能更高、运用更加频繁；精确打击成为制订作战计划、实施作战行动的基本依据和手段；精确打击与信息作战的联系更加紧密并逐步融为一体。

思考题

1. 什么是联合作战？
2. 什么是信息作战？
3. 信息作战的主要形式有哪些？
4. 什么是精确作战？
5. 精确作战的实施过程有哪些？

第6章

局部战争战例分析

学习目标

① 了解局部战争的过程和特点。

② 结合军事高技术，熟悉未来战争的武器装备。

③ 理解现代战争知识，增强打赢未来战争的信心。

　　现在人类社会已经由工业时代迈入了信息时代。与此相适应，在军事领域，战争形态也正处在由机械化战争向信息化战争过渡的时期。在这一过渡时期，美军一直主导着世界新军事革命，先后打赢了海湾战争、科索沃战争、阿富汗战争和伊拉克战争这四场局部战争，促使战争形态从机械化战争向信息化战争一步步地逼近。在这一过程中，美军是打一仗，进一步，进步神速，特别是美军多年来信息化建设的成果在战争实践中得到了充分的体现和检验。

　　本章的主要目的是通过对四场局部战争战例的研究和分析，促使同学们关心我国军队现代化建设面临的主要矛盾，有针对性地努力学习，在今后工作中为加速推进我军信息化建设的历史进程而不懈奋斗。

第一节　海湾战争

1991年1月17日—2月28日，以美国为首的39个国家，在联合国的授权下出兵海湾，与伊拉克打了一场自第二次世界大战以来参战国家最多、一次性投入兵力兵器最多的现代局部战争。由于高技术武器装备在作战中的大量运用，海湾战争成为人类战争史由机械化战争走向信息化战争的转折点，以美国为首西方发达国家先进武器装备在战场上的大量运用，引发了武装力量建设、作战方式方法等一系列重大变革。

一、作战企图

海湾战争的导火索是伊拉克侵占科威特所引发的海湾危机。1990年8月2日凌晨，在特种部队的密切配合下，伊拉克共和国卫队3个重型师越过边境，对科威特发起了突然进攻。伊军8月3日中午占领了科威特全境，宣布将其划为伊拉克的"第19个省"。伊拉克对科威特的非法侵占，违反了联合国宪章也严重触犯了美国及其盟国的利益，引起了美国政府的强烈反应。为维护自身利益，美国在11月29日获得联合国授权后，组建了39个国家的多国部队对伊拉克发动了海湾战争。1991年1月17日海湾战争正式爆发，至2月28日战争基本结束。

多国部队的作战企图是瓦解萨达姆政权，沉重打击伊拉克的政治、军事中心和指挥控制系统，摧毁伊拉克共和国卫队，迫使伊军撤出科威特，制止伊拉克在中东地区的霸权主义，以维护美国及其盟国在中东地区的石油利益和战略利益。

伊军作战企图是利用预先构筑的防护工程和设施，保存有生力量，以抗击多国部队的空袭，并依托其坚固防线和阵地，以持久的阵地防御和反击作战相结合的方法，挫败多国部队的地面进攻和海上进攻。

二、战争准备

（一）多国部队战争准备

1. 快速建立了以美军和沙特军队为首的两大平行指挥体系

海湾出现危机后，美国任命原中央总部司令施瓦茨科普夫为美驻海湾军队的总司令，负责筹划多国部队行动。美国又与沙特阿拉伯国王协商，任命沙特阿拉伯原空军司令哈立德中将为副总指挥，负责指挥阿拉伯国家和伊斯兰国家的军队。为了在部队指挥权和作战控制等问题安排上照顾到各个国家、民族、宗教的尊严和政治上的需求，协调一致地发挥整体力量，多国部队在建立统一、协调的指挥机构和体制方面下了不少功夫。经过美国和沙特阿拉伯等国领导人的多次协商，最后决定采用平行指挥体制。1990年8月中旬，建立了美军和沙特军队为首的两大平行指挥体系：以美国为首的西方国家部队由美军中央总

部司令施瓦茨科普夫负责，对美军实施直接作战指挥，对英军部队和其他一些西方国家的部队实施作战控制（英军同时也受英军司令部指挥）；以沙特阿拉伯为首的地区联合部队称战区联合部队，由沙特阿拉伯空军原司令哈立德·本·苏尔坦亲王担任司令，对所有阿拉伯部队实施作战控制。法国部队则在本国指挥和控制下单独进行活动，但要与沙特和美军中央总部密切协调，并由哈立德亲王对其负责战术控制（1990年12月中旬，在准备进攻行动时转由中央总部陆军进行战术控制）。西方国家的最高当局继续对其部队进行指挥，而阿拉伯国家则授权沙特阿拉伯对其部队进行全权指挥。10月又对多国部队指挥机构进行了改组，哈立德中将被任命为联合部队暨战区司令，增大其决策权。

2. 向海湾地区调遣兵力，快速完成防御和进攻部署

从1990年8月7日至1991年2月23日，以美国为首的多国部队从各自国家，通过战略空运和战略海运方式，向海湾地区集结了大量兵力，迅速完成了防御和进攻部署。截至战争爆发前，多国部队总兵力达70多万人。

3. 空运、海运力量联合出动，加强各类保障准备

在海湾危机期间，美军投入25万人参加保障，动用战略运输机406架，空运50.1万人，作战物资54.4万吨；动用大型运输船206艘，海运了320万吨物资和420万吨燃料；在沙特北部建立了5个保障基地。保障人员除完成以上任务外，还对51种主要武器系统进行了技术维修保养，为参战部队提供了价值25亿美元的弹药。

4. 多国部队到达战区后，进行了各种临战训练和演习

多国部队及时组织多种训练和联合演习，范围涉及沙漠地区生存、防御和进攻作战，以及防生、化措施等。空军多次进行沙漠地区的飞行巡逻、空中防御、监视与侦察、空中支援、战场遮断、空中加油等科目的训练。1990年10月2日，美海军陆战队第4远征旅的数千名陆战队员在阿曼湾举行了以大规模的两栖登陆和城市巷战为内容的军事演习，第101空中突击师的伞兵部队参加了战术演练。为了配合演习，美国"独立"号航空母舰和4艘扫雷舰驶过霍尔木兹海峡进入波斯湾，进行海湾制空、火力支援、扫雷等战术演练。10月4日，美国中央总部司令部组织所属师级以上部队指挥官进行了一次图上演习，要求每个高层军官了解防御计划和各自的任务。10月30日，美海军陆战队又在阿拉伯海北部进行了长达10天之久的代号为"海上战士2号"的两栖作战演练，有18艘舰艇、20架飞机、75架直升机、1600名陆战队员参加了演练。除此之外，美军还积极加强与阿拉伯国家军队、盟军之间的训练和协调，提高联合行动能力。

5. 充分动员后备役力量，弥补军队保障力量的不足

美国实际征召后备役部队36万人，赴海湾参战的约15万人，其中大多是专业技术保障人员。美国通过落实法律规定、建立办事机构、提供特殊待遇等手段征召后备役人员，后备役人员转入现役后，主要从事战斗支援和战斗勤务支援任务。

（二）伊军战争准备

1. 扩编军队，进行全民战争动员

为应付多国部队的进攻，伊拉克积极扩军备战，并在国内进行了战争动员。陆军师由原来的52个增加到77个，正规军队的人数也由原来的90万人增加到125万人。

2. 调整力量部署，向靠近科威特战区的南部地区增加兵力

侵占科威特后，针对多国部队大兵压境，伊拉克及时调整兵力和部署，积极备战，确定南部地区为主要作战方向，北部为次要作战方向，据此将地面部队分成五大部分。整个兵力

部署两头大，中间小，呈哑铃状，配置重心靠南，中部力量薄弱。科威特战区（包括伊南部和科威特）部署 43 个师、约 54 万人，拥有 4280 辆坦克、2800 辆装甲输送车和 3100 门火炮，均为陆军及共和国卫队的主力。北部战区为防御多国部队在土耳其开辟第二战场，在边境地区部署约 18 个师。巴格达战区部署 5 个师（旅），负责守卫首都。西部战区部署 4 个师，负责巴格达以西广大地区的安全。中部战区部署 3 个师，配置在与伊朗接壤的边境地区。

3. 修建防护工程，构筑坚固防线

伊军在巴格达修建了 8 个互相连接的地下指挥中心，20 多个多层地下掩蔽部，防护强度可抗击小型原子弹的突击。在部队驻地，修建了 40 多个地下兵营，每个兵营可容纳1200 人，并备有 1 个月的生活用品。在空军基地和机场，修建了 8 个钢筋混凝土结构的"超级空军基地"，其防护强度可抗击敌空中火力突击。同时，还修建了 300 多个地下和半地下飞机掩体和机库，每个掩体可容纳 1 架飞机，每个机库可存放数架飞机。为抗击多国部队地面进攻，在伊沙、科沙边界修了坚固的"萨达姆防线"。

三、作战经过

（一）空袭作战阶段，"沙漠风暴"行动（1991 年 1 月 17 日—2 月 23 日）

在海湾战争中，空袭阶段为 38 天。而实际上从 1 月 17 日作战行动开始至 2 月 28日宣布停火的 42 天里，空袭行动一直持续未断。从整个空袭过程看，多国部队的空袭作战按其目的和重点的不同，大体分为三个部分。一是实施战略空袭。从 1 月 17 日至 1 月30 日，多国部队出动各型飞机约 3 万架次，美海军发射"战斧"式巡航导弹 240 余枚，主要对伊军统帅机构、通信中心、机场、防空体系、雷达、电站、导弹基地、核生化设施等具有战略意义的军事目标实施摧毁性轰炸，目的在于削弱伊方战争实力，夺取并确保制空权，为后续阶段的战斗创造有利的战争环境。二是夺取制空权。这一阶段持续的时间比较短，主要作战目的是对伊拉克的空中力量进行打击，以夺取科威特战区制空权。三是进行战术轰炸，时间从 1 月 31 日至 2 月 23 日。在前阶段空袭基础上，多国部队出动各型飞机 6.8 万架次，美国海军发射巡航导弹约 40 枚，对伊拉克在科威特及伊南部的地面部队及其防御阵地、伊军的坦克和装甲车集群、交通枢纽、桥梁、铁路和公路运输线、燃料和弹药储存设施以及补给基地等目标进行猛烈轰炸。其目的是消灭前沿伊军有生力量、切断其供应线、削弱其战争潜力，为地面部队进攻扫清道路。与此同时，多国部队空军还对伊拉克境内部队实行牵制，以防其南调增援。

（二）地面作战阶段，"沙漠军刀"行动（1991 年 2 月 24 日—2 月 28 日）

2 月 24 日 4 点—2 月 28 日 8 点，多国部队对伊拉克前沿部队进行了 100 小时的地面作战。作战的主要目的，一是彻底摧垮伊拉克的军事进攻能力，即消灭伊拉克的共和国卫队；二是将伊拉克入侵军队赶出科威特。在地面作战开始之前，多国部队根据地面作战的要求，特别是为了达到消灭伊拉克共和国卫队的目标，对作战部队进行了大规模调动，重新部署了地面作战力量。把美军第 7 军和第 18 军以及一些盟军部队，从东向西调动，进入伊拉克右翼当面的进攻阵地。在地面作战中，由美海军陆战队、阿拉伯联合部队南北特遣队组成的正面进攻部队实施正面多路攻击，全面突破伊拉克在沙科边境的防线，直指科威特城；由美第 7 机械化军和英军第 1 装甲师组成的主攻部队，由伊科沙三国边界汇合处由南向北

发起猛烈进攻，直指部署在伊科边境地区的伊拉克共和国卫队；由美第18空降军和法第6轻型装甲师组成的纵深作战部队，对伊拉克巴士拉附近地区纵深攻击，切断伊军的退路，从而对伊拉克在科威特战区的共和国卫队实施分割包围，最后一举全歼。经过100小时地面作战，多国部队歼灭或打垮了伊拉克在科威特战区43个师中的36个师，达成了消灭伊拉克共和国卫队和把伊拉克军队赶出科威特的双重作战目的，并最终取得了战争的胜利。

四、参战主要装备

海湾战争中，以美国为首的多国部队大量使用高技术武器装备对伊拉克展开连续的猛烈进攻，以极小的代价取得了决定性的胜利。

（一）多国部队参战主要装备

1. 电子信息装备

在空中，分布着预警机、电子侦察机、电子战飞机等。美军使用了27架E-2C和14架E-3预警机，完成了空中预警、空战指挥、航空管制等任务。电子侦察机有2架E-8A、3架EP-3E、10架P-3C、1架P-3B、7架RC-135、18架OV-10、24架RF-4C等。英军、法军等也部署了电子侦察机，还有132架OH-58D侦察直升机。美军在战区部署了158架电子战飞机，包括41架EA-6B、24架EF-111、62架F-4G、13架F-16C、18架EC-130H。这些飞机配备了先进的电子干扰设备，不少飞机还装备了高速"哈姆"反辐射导弹，可以对各类电磁辐射源进行软杀伤和硬摧毁，另外还部署了24架EH-60电子战直升机。在地面，美陆军部署了3个电子战营，配备各种车载、便携式电子侦察和干扰装备。在海上，各种主战舰艇都有电子信息装备。在太空，多国部队部署各类卫星56颗。

2. 海上作战装备

美海军在海湾战争中投入了"独立"号航母编队、"艾森豪威尔"号航母编队、"中途岛"号航母编队、"萨拉托加"号航母编队、"肯尼迪"号航母编队、"突击者"号航母编队、"罗斯福"号及"美国"号航母编队共8个航母编队，部署了230艘舰艇，400多架A-6E、F/A-18、F-14和S-3A/B舰载机及240多架海军陆战队飞机。英海军派出主要力量参战，17艘部署在波斯湾、10艘部署在阿曼湾，执行空中打击、协助登陆和海上封锁任务。法国海军先后派遣了"克莱蒙梭"号、"福煦"号航空母舰，"科尔贝尔"号巡洋舰，"泥灰岩"号补给指挥舰，"杜达尔"号、"德拉格雷"号、"博里舰长"号、"普罗泰"号护卫舰，"莱茵河"号支援舰，"闪电"号和"暴风"号登陆舰等舰船，执行海上封锁任务。另外，加拿大、意大利、澳大利亚、西班牙、丹麦、挪威，以及阿拉伯国家也投入了部分海上力量，主要执行支援保障和海上封锁任务。

3. 空中作战装备

多国部队投入作战飞机3500架（美军2800架），同时还有323枚巡航导弹和1600多架直升机参与空中作战。其中，B-52战略轰炸机66架，F-117隐形战斗机44架，F-111战斗轰炸机110架，F-15战斗机253架，F-16战斗机340架，A-10攻击机198架，以及各种勤务保障飞机225架。"战斧"式巡航导弹、"爱国者"防空导弹、AIM-120中距空空导弹、AIM-132近距空空导弹、SRAM-2空地近距攻击导弹均在此次战争中首次实战使用。此外，美空军在空袭作战中大量使用了GBU-15、ABM-65激光和电视制导炸弹和导弹，GBU-88"哈姆"式反雷达导弹以及AGM-142空射巡航导弹等最先进的精确制导武器。

4. 地面作战装备

多国部队投入了大量的地面作战装备，包括 6000 辆（美军 3000 多辆）主战坦克、大量的装甲车辆和大口径火炮。美军投入的 2316 辆 M1A1 和 654 辆 M1A1HA 坦克，以良好的防护能力和战斗性能，成为对抗伊军 T-72 主战坦克和进行直接火力攻击的有力武器；投入 M2 和 M3"布雷德利"步兵 / 骑兵战车 2200 辆，其车载热成像瞄准具可全天候捕获目标；部署 M270 多管火箭炮 189 部，具有较强的火力压制和目标摧毁能力；"陶"式反坦克导弹可在 2500 ～ 3000 米上准确击穿装甲目标。

（二）伊拉克军队参战主要装备

1. 地面作战装备

伊拉克陆军具有很强的实力，地面作战装备种类齐全，数量众多，且具有相当高的技术水平。其中，主战坦克 5500 辆，包括 T-72 和改进型 T-72M1、T-72G 共 1000 辆；苏制 BMP1 型和 BMP2 型共 1500 辆；装甲输送车 6000 辆；自行火炮约 500 门，牵引火炮约 3100 门，各型火箭炮、迫击炮数百门。

2. 防空作战装备

伊拉克共拥有各型地空导弹发射架 700 部左右，其中具有中高空拦截能力的 SA-2/3 发射架 270 部，中低空导弹 SA-6 发射架 100 部，低空近程 SA-8、SA-9、SA-14 发射装置近 300 部。此外，伊拉克另有 ZSV-23-4、37、57、85、100 型高炮约 4000 门。

3. 空中作战装备

伊拉克所拥有的主要制空作战飞机米格 21/ 歼 7、米格 25 和幻影 F-1EQ 均属第二代飞机，其机载雷达作用距离都在 100 千米以下，多无下视下射能力。

4. 海上作战装备

伊海军实力较弱，共有兵力 5000 人。海上作战主要装备有：大型驱逐舰 1 艘，导弹巡逻艇 16 艘，鱼雷巡逻艇 6 艘，水雷作战艇 2 艘，两栖作战舰艇 10 艘等，战争中基本没有发挥作用。

5. 战役战术导弹

伊拉克军队具有一定的近、中程地地攻击能力，主要靠其自行改进的苏制"飞毛腿"导弹遂行。伊拉克共有 86 具地地导弹发射架，包含 FROG-7 型发射架，苏制"飞毛腿"B 式导弹发射架，自行生产的"侯赛因"和"阿巴斯"式导弹发射架。

五、海湾战争评说及启示

海湾战争是"冷战"结束，苏联即将解体，国际战略格局处于"新旧交替"时期所发生的一场具有全球意义的、具有信息化战争特征的局部战争。战争以美国为首的多国部队的胜利和伊拉克的失败而告终。正确分析和深刻认识这场战争中美伊双方的胜败得失，从中吸取有益的经验教训，对加强我军建设具有重要意义。从资料分析，美国赢得这场战争，在战略指导上有其独到之处。

（一）谋形造势，力求达成未战先胜

"不战而屈人之兵"是交战双方追求的上上之策。海湾危机爆发后，美国的战争机器高速运转，迅速采取了各种对策，形成有利形势。

首先，舆论造势，获取动武"许可"。美国制订了各种"惩罚"伊拉克的计划，充分利用其在联合国的影响力和对国际事务的干预力，鼓动国际社会谴责伊拉克的行为，促成安理会通过了12项谴责和制裁伊拉克的决议，先后有107个国家加入对伊制裁行列，形成了对美有利的国际"大气候"。在国际上，促使联合国安理会通过了678号决议，拿到了1月15日后对伊"使用一切必要的手段"的"上方宝剑"。在国内，打着"解放科威特""维护和实现联合国决议"的旗号，赢得了国内舆论的广泛支持，取得了国会参众两院对伊开战的授权，从而顺利拿到了国内外两张可以随时对伊动武的"许可证"。

其次，游说谋形，拼凑"反伊联盟"。在国际舆论向美"一边倒"的氛围下，美国一面准备"沙漠盾牌"计划，一面加紧结盟活动。先说服苏联人谴责萨达姆，断绝对其武器供应，成功避免海湾危机演变成一场超级大国之间的对抗，将伊拉克置于孤立无援境地。后四处游说，促成英国、法国、意大利、埃及、叙利亚、捷克、阿根廷、巴基斯坦等西方、中东、东欧和亚洲共39个国家结成"国际反伊联盟"，联合向海湾地区派出兵力70多万，共同对付伊拉克。

最后，借势"化缘"，筹集战争资金。据美国战前估计，海湾战争如在1个月内结束，需军费开支至少280亿美元；如果打3个月就要花费600亿美元；如果打6个月，则需860亿美元。如此庞大的军费开支，美国不愿意也不可能全部承受。为打赢这场战争，美借海湾危机涉及联盟各国的利益，顺势采取"广开财路"的集资办法，要求参加"反伊联盟"的国家出人、出枪又出钱，尤其是动员日本、德国及欧共体国家等一些"大户"解囊相助。据不完全统计，仅海湾危机爆发至"沙漠风暴"行动开始之前，美国就已获取了各种"赠款"约200亿美元，为打赢战争奠定了经济基础。

上述行动，促成对美有利的战略态势，政治上师出有名，军事上合纵连横，经济上财力坚实，综合对比，客观上形成了美胜伊败的格局。

（二）"慑"打并举，以求小代价换大胜利

海湾危机爆发前，美军"威慑"战略和"逐步升级"的军事理论在其军事战略中占有重要地位。在这次海湾战争中，美"慑"打并举，注重战争逐步升级，充分表现了其战略指导的特点。

以"慑"为主促变。海湾危机爆发后，美首先实行了"威慑"战略，企图通过政治孤立、经济制裁、重兵压境等方式，迫使伊拉克撤军，力争兵不血刃收复科威特。在制裁决议不断升级的情况下，以快速反应部队速抵沙特，遏制伊军趁机侵占沙特的势头。接着又快速地在海湾地区部署了25万地面部队，加上占绝对优势的海军、空军力量，形成了较强的综合作战能力。在行动中，公开报道多国部队的兵力部署、武器装备，公布了隐形轰炸机、"战斧"式巡航导弹等大批先进武器装备的数量及战术、技术性能，形成多国部队占有绝对优势的态势。针对伊拉克化学武器的严重威胁，英国驻海湾部队司令暗示，多国部队在迫不得已时有可能动用核武器。美国总统也声称，一旦战争爆发，"我不会束缚将军们的手脚"。说明了美有意通过各种形式和途径向伊拉克传递信息，显示力量，并以此作为向对方发出警告和威慑的一种方式。

"慑"打并举迫变。以慑促变未见成效，美国除继续以强大的政治、外交攻势，向伊拉克施加压力外，断然对伊拉克实施了大规模的战略空袭，企图促使伊拉克内部发生变化，迫使萨达姆改变政策，力求缩短战争时间和避免地面部队的参战造成较大伤亡。1月17日凌晨3时，美开始"沙漠风暴"军事行动，对驻科威特和伊拉克境内的伊军及重要军事目标实施了大规模空袭。重点轰炸了伊空军基地、导弹阵地、通信枢纽、雷达站和萨达姆住宅、政府、军事指挥中心以及化工厂、炼油厂、电厂等要害部位。旨在瘫痪伊的政治、经济、军事枢纽，削弱其战的决心。多国部队首次空袭只持续了两个多小时，并将轰炸目标限制

在巴格达的重要军事设施、要人住地等范围内，而未对伊全境和重兵集团实施轰炸。其目的带有明显的警告性质，留出一定余地让萨达姆醒悟，及早主动从科威特撤军。

空地一体逼变。尽管战略空袭战役持续了一个多月的时间，对伊战争机器给予了重创，却没伤伊筋骨，尤其是伊军 120 万熟悉沙漠地域作战，并在 8 年两伊战争中积累了较丰富作战经验的地面部队未受重创。对此，美为实现既定战略目的，适时地投入地面部队。为了避免"越战"后果，以美国为首的多国部队进行了周密的筹划，在伊拉克意想不到的时机和方向，集中 10 多万兵力，陆、海、空密切配合，多路、立体、快速地发起了地面进攻。开战仅 3 小时就攻占法拉卡岛，并进抵沃夫拉市，很快达成了对伊共和国卫队的钳形合围，掌握了地面战场的主动权。随后，又乘胜追击，对被围和撤退的伊军穷追猛打，终于迫使萨达姆无条件地接收了安理会的全部决议。

从海湾战争中我们可以看出，美军非常注重"威慑"的运用，以求在心理上"震摄"对手。但其"威慑"又是以实战为后盾展开的，展开实战又是逐步升级的，以求以最小的代价获取较大的效益。

（三）扬长避短，避实击虚，追求速战速决

以美国为首的多国部队虽在总体上占有绝对优势，然而在作战行动上仍然比较谨慎，强调扬长避短，力争速战速决。针对伊拉克本土作战，伊军熟悉沙漠地形作战，占有天时、地利的优势，美在作战指导上采取了以下措施。

1. 扬长避短，发挥高技术兵器的优势

海湾战争是第二次世界大战后投入新式武器最多、技术水平最高的战争。多国部队使用了大量高技术武器装备，并充分发挥了这些武器的优势：一方面，充分运用了空间侦察力量和电子战优势。美在海湾地区上空调用和部署了数十颗侦察、通信和气象观测卫星，为多国部队及时掌握战局的变化提供了可靠的保证。战前 9 小时，美对伊指挥中枢、无线电通信和雷达警戒系统，实施了强大的电子"软杀伤"；同时以高速反辐射导弹摧毁伊的防空火控系统，使伊的 C3I 系统一度陷于瘫痪，防空系统难以组织起有效的对空防御。另一方面，全面投入高技术兵器，增强袭击效果。美首先以"战斧"式巡航导弹，从位于红海、波斯湾和地中海的军舰上发射，袭击伊拉克的空军基地、雷达系统、指挥中枢等目标，命中率高达 90%，成功瘫痪了伊对空防御系统。同时，使用"爱国者"导弹拦截伊拉克发射的"飞毛腿"导弹，减轻了被袭目标和己方的损失。

2. 选择战机，达成突然袭击之目的

在空袭时机的选择上，为扰乱和迷惑伊的视听，巧妙运用政治、外交和国际舆论，一面大肆渲染解决海湾危机的和平诚意，一面施放出多国部队面临指挥、协同困难，作战准备尚需一段时间等烟幕。选择安理会规定伊从科撤军的最后期限刚过 20 小时，即在漆黑的午夜不宣而战，达成了袭击的突然性。首次空袭时，伊拉克首都巴格达市还灯火通明，40 分钟后才实行灯火管制，几乎没有组织起有效的抵抗和反击。在地面进攻时机的选择上，美同样利用了人们认为苏联出面调停，即将达成伊"撤军协议"，多国部队似乎已无地面进攻必要的判断基础上，在最后通牒规定的从科撤军期限过后仅 8 小时，仍选择无月光的天气，从伊意想不到的方向发起了大规模的多路进攻，再次达成地面进攻的突然性。

3. 避实击虚，形成迂回突击之态势

由于伊在其南部及科威特战区部署了 54 万军队，600 多辆 T-72 坦克，而且在沙科边境和沙伊边境构筑了大量的防御工事，多国部队若从正面进攻，必然付出沉重的代价。为达成快速突破并减小伤亡，美军采取了避实击虚，主力迂回的战法。1990 年 12 月前，

美军故意将第 7 军集结于沙科边境，摆出要向科威特境内大举正面进攻的架式，引诱伊军向科威特南部增兵，致使西面伊沙边境仅剩一个师的兵力防守。而在发起地面进攻之前，美却悄悄将大批军队从正面调到了西部翼侧。作为迂回战术的一个组成部分，多国部队继续在科威特沿海水域集结了 1.7 万海军陆战队员，摆出准备登陆的架式，并通过报道迷惑伊军。地面进攻发起时，以美军为主的多国部队兵分三路：第一路从沙伊边界，第二路从沙科边界，第三路则从科东南沿海，出其不意地从伊军防御薄弱部位发起了进攻，对伊军形成南北夹击之势，达成速战速决之目的。

（四）有限控制，把握节奏，有效掌握战争进程

美国在海湾战争中非常注重对战争规模的控制和战场节奏的把握，警惕反伊联盟瓦解，防止战争向不利于己的方向转化。

1. 既定目标，控制规模

海湾战争，美国既定的战略目标是解放科威特，重创伊拉克的军事力量，力使萨达姆政权垮台。其核心是以最小的代价解放科威特。这一目标决定了美必须在有限的空间，使用有限的手段，在有限的时间内，威慑与实战并举，逐步完成对伊作战，尽力将战争规模控制在符合美国根本利益和既定目标的范围内。因此，美军运用了逐步升级的战略。"沙漠风暴"行动，空袭目标基本上都是伊的军事目标。"沙漠军刀"地面进攻，也仅限于沙伊边界、科威特及其伊拉克南部的有限区域内。

2. 避免混战，谨慎行动

海湾危机爆发后，伊为避免美之打击，先后采取了"人质威慑""生化威慑""石油威慑""环境污染威慑"等手段与美抗衡。战争爆发后，伊又千方百计改变战争性质，扩大战争规模，并寄希望于地面决战取胜。为达此目的，伊军向以色列发射"飞毛腿"导弹，企图激怒以色列参战，促使战争向阿拉伯世界扩大。面对挑战，美国小心翼翼，唯恐一着不慎或以色列轻率介入造成联盟内部阿拉伯国家的反感，引起局势失控而酿成一场中东大战。为此，美国力劝以色列顾全大局，采取低姿态，反复重申承担保护以色列的责任，还免除了以色列欠美的 41 亿美元军火债，允诺提供 10 亿多美元的新援助，并紧急运去了包括"爱国者"导弹在内的一批新式武器，稳住了以色列，避免了战争扩大化的风险。

3. 把握节奏，见好就收

战争是政治的继续，是为达成政治目的创造有利条件，并受到双方政治的严格约束。从海湾危机爆发到战争结束，美采取了以"慢"为主促变、"慑"打并举迫变、空地一体逼变的逐步升级战略。目的一经达到，即行停火结束战争，较好地控制了战场节奏。

尽管海湾战争是一场在特定地域进行的特殊战争，但是它也反映了现代局部战争的一些共性特征，对世界各国的军事战略指导和军队建设等方面提出了新的挑战，给我们以有益的启示。

启示之一，"和平与发展"仍是当今世界的两大主题，但在国际政治秩序的交替和战略格局的演变时期，必然会经历一个失衡、多变和动荡不安的曲折过程。国与国之间在利益上的某些矛盾和一些历史争端，有可能导致地区性武装冲突的频发和升级。海湾战争虽然早已结束，但大国政治角力和地区利益争夺并未结束，海湾战争结束后引起的一些国家和地区的军事战略调整，从而出现的一些新战略格局变化，现在已经有所体现。因此，我们不仅要对当今国际形势保持清醒的认识，沉着、冷静地对待和处理可能出现的各种严峻局势，而且更要在全面建设小康社会的前提下，刻不容缓地加强并加速国防现代化建设，实现富国与强军的统一。从科威特 6 个小时即被伊拉克吞并的教训可以进一步看出：国富绝不等于兵强。没有强大的国防，就谈不上安全，发展也就没有可靠的保障。

启示之二，注重对周边地区安全与稳定的控制，妥善处理历史遗留问题。周边是否稳定，直接影响国家的稳步发展，甚至关系到整个国家的安危。局部地区的突发事件、武装冲突或战争，往往是一些历史遗留问题诱发的。伊拉克吞并科威特的企图，就是从解决历史遗留问题开始的，它是国家政治、经济利益的集中体现。对于国家之间的历史遗留问题必须妥善处理，尤其是对一些敏感问题的处置，条件不成熟可以先"搁置争议"，如果轻率处理，往往会造成更加不利的局面，影响周边地区的稳定。但暂时搁置，不等于放松对敏感地区的控制，应当扎实而有成效地做好各方面的工作，创造更多的有利于解决这些问题的环境，促进周边的稳定。

启示之三，加强对作战理论的研究，提高战略决策指导能力。武器装备的优劣，固然影响战争的进程和结局，但它不是战争胜负的决定因素，尤其是在回旋余地较大的国度进行战争，形势判断和战略决策对战争的胜负往往起着关键性的作用。伊拉克吞并科威特，自认世界战略格局处于调整、动乱时期，不会引起各国的关注，更没有料到美国会兴师动众，劳师远征，在形势判断上一开始就陷入先入为主的巢臼，面对战争，只能是被动应付。反观美国，在对伊拥有优势的情况下，并没有重蹈"越战"逐步添油的覆辙，而是决策一步到位。美国充分发挥自身优势，不断适应战场情况，灵活果断实施指挥，最大限度地扬长避短。同时，充分利用伊拉克所犯错误，不断造成其犯新错误，打了一场确有把握的速决战。我军未来进行的局部战争，与对手相比，虽然在武器装备等方面还有不小的差距，但如果我们能面对现实，加强对现代作战理论的研究，提高战略决策指导能力，就可最大限度地弥补武器装备方面的劣势。

启示之四，下大力抓好战区战场建设和边防建设。海湾战争中，在以美为首的多国部队大规模的持续空袭下，伊拉克还保全了部分作战飞机、导弹发射装置、指挥和通信设施，尤其是基本保存了地面部队的有生力量，其经验就在于伊拉克在多年战争中持续进行了战备设施和国防工程建设。在海湾危机爆发后不到半年的时间里，伊拉克入侵科威特部队紧急修筑了大批坚固防御工事和掩体，从而在一定程度上削弱了多国部队空中突击的效果。我国是一个幅员辽阔的大国，局部战争的主要危险和战场，主要或首先发生在周边。对于自然环境恶劣的地区，由于受地理、气候等自然条件的制约，战场建设的周期长、难度大，不是一朝一夕的事情，要靠长期不懈的努力。其他重点或敏感地区，要统筹规划，重点抓好通信、道路、阵地和后勤系统的建设，同时还要围绕提高生存防护能力等方面展开建设。

> **思考题**
>
> 从联军和伊军武器装备对比中，谈谈高技术武器装备对战争进程和结局的影响。

第二节 🔭 科索沃战争

1999 年 3 月 24 日—6 月 10 日，以美国为首的北约在未经联合国授权的情况下，对

南斯拉夫联盟共和国（简称南联盟）发动了一场历时 78 天、代号为"联盟力量"的大规模空袭作战。这场战争，双方始终处于力量悬殊的对抗态势；没有经过地面作战，依靠空袭决定了战争的结局；北约动用了除核武器以外的所有现代化武器实施进攻，南联盟最大限度地发挥了中低技术武器的抵抗能力。研究和总结作战双方的经验与教训，有利于我们深入探索高技术局部战争的一般特点和规律，为我军未来作战提供有益启示。

一、作战企图

科索沃是南联盟南部的一个省，其居民 90% 以上是阿尔巴尼亚族人，塞尔维亚族人占人口比例不到 10%。科索沃历来都是民族矛盾和宗教矛盾比较复杂的地区，漫长的历史变迁和人口迁徙，为科索沃的动荡不安埋下了隐患。1998 年 9 月，南联盟当局为了维护国家主权，开始对科索沃阿族非法武装实施全面进攻，重创了"科索沃解放军"；阿族非法武装则大肆开展恐怖袭击，使科索沃地区的冲突达到了白热化的程度。这就给北约插手科索沃提供了一个借口。出于自身的战略图谋，北约一方面在政治上和舆论上继续偏袒、鼓励阿族分离主义者，另一方面加大了对南联盟经济制裁的力度，进行武力威胁与恫吓，并加紧实施军事打击部署。1999 年 3 月 23 日，南联盟代表与科索沃阿族代表之间的朗布依埃谈判彻底破裂。同日，北约在没有联合国授权的情况下，对南联盟实施空袭打击，从而宣告科索沃战争正式爆发。

北约企图通过猛烈的空中打击，并在外交围剿、经济制裁和心战攻势的配合下，削弱乃至摧毁南联盟的作战能力、战争潜力和抵抗意志，迫使南联盟接受北约提出的和谈条件，从科索沃撤军，北约维和部队顺利进驻科索沃。

南联盟希望动员全民族的力量，争取国际同情和支持，与拥有优势装备的北约打一场持久战，粉碎北约速战速决的侵略企图，以拖待变，维护南联盟的统一和领土完整。

二、战争准备

（一）北约战争准备

为了在外交努力失败后实施对南联盟动武，北约在战前进行了大量准备工作，只等一声令下，就发起对南联盟的大规模空袭。

1. 建立集中统一的作战指挥体系

为顺利地对南联盟进行空袭，北约战前对空袭指挥责任进行了明确的分工，建立了统一完整的盟军作战指挥体系。欧洲盟军最高司令部充当作战指挥机构，统一指挥整个空袭行动，最高指挥官由克拉克将军担任。美海军舰载机由指挥舰"拉萨尔"号指挥，B-2 隐形轰炸机由美国本土的指挥所指挥。

2. 拟定作战行动计划

早在 1998 年 5 月，北约内部就开始拟定对南联盟作战的计划，制订军事行动方案，包括为达成北约目标使用空中力量和地面部队的方案。1998 年 9 月 24 日，北约各国的国防部部长们在葡萄牙的维拉莫拉开会，一致同意拟定两项空中作战计划。第一项空中作战计划依次包括五个阶段：把空战兵力兵器部署到欧洲战区；在科索沃上空建立空中优势；打击科索沃境内的军事目标和北纬 44 度以南的、可对驻科索沃的塞族部队进行增援的南联盟军队；扩大空袭范围，打击南联盟全境内的各种高价值军事和安全部队目标；根据需要重新部署部队。第二项计划称为"有限空中反应"计划，要求主要使用巡航导弹对在南联盟全境内选定的目标进行打击，旨在对在科索沃发生的严重、但又有一定限度的事件，随时作出有限的空中反应，防止局势进一步恶化。

3. 向南联盟周边地区集结兵力

北约在战前花了近一年的时间将大量军事力量集结起来，以图在很短的时间内使南联盟屈服。美国海军向地中海集结，美国驻欧洲的空军部队也向意大利阿维亚诺空军基地云集；北约其他成员国的海空部队也开始进行各种准备，以参加对南联盟的军事干预行动。1999年2月6日—3月19日，即朗布依埃谈判和巴黎谈判期间，美国一直在从本土向欧洲增派兵力，其中包括向马其顿派遣4000人的部队，另将大批人员和装备运抵希腊塞拉尼克港。

4. 组织各类保障准备

在长期准备的基础上，北约在开战前的一个多月时间里，通过各种运输方式向各作战基地补充了大量的武器装备、弹药和器材。为保障此次行动的顺利进行，开战前美军向各作战基地调集了大批的维修人员和工程技术人员。

5. 利用军事演习训练部队

在对南联盟实施空中打击之前，美、英、法、德等北约国家还大量调动兵力，多次举行联合演习。1998年6月15日，北约在阿尔巴尼亚和马其顿举行了代号为"猎鹰"的演习，有13个北约国家的约80架飞机参加了此次行动。此后，北约又举行了两次大规模联合军事演习。

（二）南联盟的战争准备

1. 建立防空区，明确防空责任

南联盟战前在全国建立了三个防空区，每个防空区由一个防空指挥机构具体负责，各防空指挥机构实行情报共享，全国防空统一由防空军司令部负责。

2. 侦察敌情，制订反空袭战法

在遭受空袭之前，南联盟运用各种侦察手段，出动两个侦察中队的部分战机实施空中侦察，已预知北约兵力集结、准备发动空袭的企图，准确判明了首次空袭的重点目标。南军深入研究了波黑战争期间塞族反北约空袭的经验，并汲取海湾战争中伊拉克反空袭作战的经验教训，精心制订了一旦遭北约空袭时的作战方案，并多次组织军队进行反空袭演习。

3. 调整兵力部署

首先，调整了防空力量部署。在北约主要空袭方向上进行了前伸部署、梯次配置，形成层层拦截的对空火力网，加强了重点目标的防空力量，同时加强了机动防空作战的准备。根据对北约首次空袭重点的判断，南军在首都贝尔格莱德周围建立了三道防空拦截地带，严阵以待。其次，为了应付地面作战，第二轮科索沃和平谈判破裂后，南联盟最高指挥部立即派部队重返科索沃，抢占战略要地，重新部署兵力。战前，南联盟将科索沃地区的兵力增加到2万人左右，并配置了大量的坦克、装甲车等重装备。

4. 组织保障准备

早在战争发生前两年，南联盟便着手扩充战略物资储备。从1997年开始，针对战略环境的恶化，南联盟在经济不景气的形势下，仍增加了战略物资储备，拨专款建立了20多座大型战略物资库，储备了大批弹药、器材和其他军用物资。

5. 动员全民参战

南联盟不但投入了全部的12.65万正规军，还大量动员预备役人员，征召65岁以下

人员入伍，预备役人员达到了 40 万人以上。南联盟加紧补充了防空部队的人员和装备，并将其疏散配置于国家的各战略要地，还改进了部队现有防空雷达、防空导弹等武器装备；南联盟还坚持自力更生，对现有装备进行了革新挖潜。与此同时，为了有效抗敌，南联盟在战前进行了深入的战术技术训练。

三、作战经过

1999 年 3 月 23 日，北约秘书长索拉纳在布鲁塞尔北约总部下达对南联盟进行空袭的命令。3 月 24 日晚 19 时 50 分（北京时间 25 日凌晨 1 时 50 分），第一枚"战斧"式巡航导弹从部署在亚得里亚海的"冈萨雷斯"号驱逐舰上发射升空，从而拉开了美国主导下的北约"联盟力量"行动的序幕。科索沃战争历时 78 天，根据北约的空袭进程，大体可分为四个阶段。

第一阶段，夺取制电磁权和制空权（1999 年 3 月 24 日—3 月 27 日）

北约空袭作战的主要目的是夺取制电磁权和制空权，重点打击南联盟防空系统、机场以及指挥系统。北约在本阶段进行了四轮空袭，出动了包括 EA-6B、EC-130 等电子战飞机，以及 B-2A、F-117A 隐形轰炸机等 1300 多架次，发射各型巡航导弹 300 余枚，使用的精确制导武器占本阶段全部弹药的比例高达 98%，基本夺取了战场制电磁权和制空权。

南联盟在防空作战中采取了积极防御措施。24 日和 26 日两次起飞米格 -29 迎战，结果 5 架战机全部被击落。南联盟虽然丧失了制电磁权、制空权和制海权，防空设施也受到严重破坏，但指挥系统仍在运转，并通过机动防空等方式保存了有生力量。27 日南军用相对落后的萨姆 -3 防空导弹首次击落 F-117A，对北约造成巨大的震慑。

第二阶段，通过空袭削弱南军作战能力和潜力（1999 年 3 月 28 日—4 月 4 日）

北约企图进一步削弱南军作战能力，同时逐渐摧毁南联盟的战争潜力。美军在继续使用巡航导弹突击防守严密的关键目标的同时，增派了一个航母战斗群和包括 B-1B 轰炸机在内的战机 130 多架，并首次将 A-10 攻击机投入空袭作战。随着南联盟天气状况的逐渐转好，北约扩大了空袭规模，由过去的间歇式空袭改为 24 小时不间断打击。空袭主要针对南军防空系统和其他军事目标，特别是科索沃及其附近地区的南军警部队，同时把打击范围扩大到南联盟各类基础设施，包括桥梁、教堂、学校、炼油厂、中心供暖厂、油库等。在这一阶段作战中，北约虽然给南联盟造成巨大损失，但仍未完全摧毁南联盟的抵抗意志。

面对北约空袭的升级，南军适时调整作战方针，坚持持久作战。南联盟开始检讨防空作战，更加注重保存实力。坦克、飞机、火炮等进入战备工程，防空设施和各部队分散部署，严密伪装，隐真示假，引诱北约误判和消耗弹药，有效地保护了一些重要目标。同时，坚决对"科索沃解放军"的武装骚扰进行剿灭，粉碎了北约和"科索沃解放军"的两面夹击。

第三阶段，扩大空袭规模（1999 年 4 月 5 日—5 月 27 日）

北约在前两个阶段没能实现预期的作战目标，因此在第三阶段大幅度扩大了空袭的规模，企图最大限度地削弱南联盟维持战争的能力，震撼南联盟军民的心理，动摇南联盟领导层的战争意志和决心，迫使南联盟无条件接受北约提出的和谈条件。为加强对南联盟的打击力度，尽快实现其战争目的，北约继续向战区增派兵力，到本阶段行动结束前，北约部署在亚得里亚海海域的舰艇已达 40 余艘，参战飞机达到 1100 余架。B-2A 战略轰炸机和"联合直接攻击弹药"（JDAM）首次用于实战，此外，还大量使用了贫铀弹、集束炸弹和常规炸弹。北约战机每天 24 小时不间断轰炸，除继续空袭军事目标外，开始更广泛地轰炸军民两用或民用目标，包括电台、电视台等媒体，医院、集市、民居、国际列车、难民车队等民用目标，以及南联盟总统府等政治目标。鉴于战争形势的需要，北约还积极进行地面作战的军事部署。4月5日，美军向科索沃周边地区派遣了24架阿帕奇直升机和2000名陆军官兵。在北约连续、强大的空袭下，南联盟经济、运输、能源、生产、贸易等陷入瘫痪，日常生活受到严重威胁，难民大量流散，国民悲观失望，怨声载道；有些部队军心不稳，发生了抗命、叛逃、开小差等现象。公众舆论对米洛舍维奇的不满越来越严重。

进入第三阶段后，南联盟损失巨大。南联盟军民继续进行顽强抗击。在整体防空系统被严重破坏的情况下，依靠小规模的防空游击群打击空中之敌。据南联盟有关资料介绍：4月5日—5月26日，南军防空部队击落击伤敌机16架（含无人机2架、直升机2架）。尽管南联盟军民竭尽全力抗战，却难以扭转战争态势，面临的形势越来越严峻。南联盟政府不得不正视现实，在继续抗战的同时，积极寻求尽快结束战争的途径。

第四阶段，以打促谈，直至战争结束（1999年5月28日—6月10日）

北约企图以打促谈，以军事打击配合外交斡旋以及北约与南联盟军事代表团的谈判，确保在取得科索沃战后事宜主导权的同时，最大限度地削弱南联盟的作战实力和战争潜力。为此，空袭强度达到了最猛烈的程度，一般维持每天400～600架次，最多时每天高达792架次。空袭摧毁了更多的基础设施，致使多个大城市断电停水，造成重大人员伤亡。为配合北约与南联盟6月5日举行的谈判，从6月4日起，北约缩小了空袭范围，主要集中打击科索沃境内的南军地面部队、警察部队、重型武器装备、防空阵地、炮兵阵地、机场等军事目标。同时，北约提出，如果南联盟在未来3周内仍不接受北约提出的条件，将考虑实施地面作战的可能性。在北约的军事和政治压力下，南联盟实在难以继续抗敌，为避免国家遭受更大损失，稳定国内局势，最终只得屈服。南联盟与北约在6月5日—6月9日间举行了四轮谈判，一再妥协并签署了和平协议。6月10日，南联盟按照协议开始从科索沃撤军。当晚，北约宣布结束战争。

战后，据北约统计，78天空袭目标1900多个，摧毁南军部署在科索沃地面重型武器637件（其中，火炮314门，装甲车203辆，坦克120辆），占总数30%以上；摧毁南军作战飞机100多架，占南联盟作战飞机的50%以上；摧毁南联盟约50%的防空导弹、9个主要机场、14个军队指挥系统；摧毁了大部分军工生产设施；炸毁了南联盟全部炼油设施和41%军用油料储备，以及29%弹药储备；炸毁了34座公路桥和11座铁路桥，使进出科索沃全部铁路和主要公路遭严重破坏；炸死炸伤南军警1.5万人，死亡约5000人。北约在作战中仅损失F-117A和F-16飞机各1架，无人机15架，人员无一死亡。

另据南联盟统计，共击落北约飞机61架，直升机7架，无人机30架，拦截巡航导弹238枚。由于采取了各种有效的防护措施，南军大部分有生力量和机动装备保存完好，南联盟只损失了3%的坦克、15%的装甲输送车、5%的火炮、2%的防空兵器以及3%的车辆，共有524名官兵阵亡。固定军事设施和重要民用设施损失严重。初步估计，空袭使南联盟损失高达2000亿美元，并造成数百万平民失业和失去生活保障。

四、参战主要装备

在这场战争中，北约使用的几乎全部是20世纪90年代以来的新技术装备，各种先进作战飞机几乎全部登场；南联盟大部分装备相对北约落后一代甚至更多，体系结构也不尽合理。这就造成了在整场战争中，北约能够采取非接触的方式攻击南联盟的任何目标，而南联盟在大部分时间里只能被动防御，难以对北约构成威胁。

（一）北约参战主要装备

1. 电子信息装备

北约使用的预警机包括 E-3、E-8、E-3F、E-3D 等各种型号若干架。使用的电子战装备包括专用电子战飞机及搭载在各种平台上的电子战系统。共投入 EA-6B、EC-130H、EC-130E、RC-135、EP-3 等专用电子战飞机 32 架。各种型号的战斗机、攻击机、轰炸机、直升机、运输机、有人侦察机基本上都安装有电子战支援、告警或电子干扰装置，"全球鹰""捕食者"等无人机配备有电子侦察装备甚至反辐射导弹，太空中的 KH-11、KH-12 卫星具有较强的电子侦察能力。据有关资料介绍，北约还使用了专门破坏电子设备的电磁脉冲炸弹。

2. 海上主要装备

北约先后动用海军舰艇 50 余艘，主要有航空母舰 4 艘（美国"罗斯福"号和"企业"号、英国"无敌"号和法国"福煦"号），巡洋舰 3 艘，驱逐舰 9 艘，护卫舰 10 艘，潜艇 6 艘，其他支援舰、运输舰、补给舰、油船和登陆舰若干。

3. 空中主要装备

北约参战飞机总数多达 1259 架，其中美军投入飞机约 850 架，其他北约国家投入飞机 409 架。美军投入的作战飞机有：F-14、F-15、F-16、F/A-18、A-10、AV-8B、B-52、F-117、B-1B、B-2 等战斗机和轰炸机，K-1、KC-135、KC-10A、C-130、C-141、C-160、C-17、C-5A 等加油机和运输机，以及大量专用电子战飞机、侦察机、预警机、无人机等。此外，美军还为可能的地面作战预先部署了数十架 AH-64、UH-60、CH-47、CH-53 等各型直升机。

4. 精确制导武器

除了部署和使用 AIM-9"响尾蛇"、AIM-45"不死鸟"、AIM-120 等空空导弹以外，北约大量使用了从空中对地面进行攻击的导弹和精确制导弹药，包括 AGM-86C、AGM-84E、AGM-130、AGM-154、AGM-142、AGM-65、JDAM、"铺路"系列激光制导炸弹等。

（二）南联盟军队参战主要装备

1. 电子信息装备

南联盟拥有少量电子信息装备。可投入作战的电子战装备包括：各型雷达、SO-1 型和 PRD-1 型雷达告警接收机、LID 多平台激光告警器、IRI/HJ287 型高频通信干扰机、VJ290 型战场通信干扰机，以及 IRI/MTV288 型电视波段截获和干扰系统。

2. 空中主要装备

作战飞机约 260 架，其中米格 -21 型 100 架，米格 -29 型 16 架，南产 J-22"鹰"式攻击机 66 架，G-4"超级海鸥"和"海鸥"式训练机 75 架，"小羚羊"等武装直升机 54 架。

3. 陆上主要装备

坦克 1000 余辆，其中 T-54/55 型 700 辆、俄制 T-72 坦克仿制型 M-84 型约 230 辆；装甲车 1000 余辆，其中南产 M-980、M-590、M-3 型步兵战车约 950 辆，M-60P 型装甲输送车 143 辆；76 毫米、105 毫米、130 毫米、152 毫米、155 毫米口径火炮

1500 余门；"蛙"-7 型地地导弹（火箭）发射架 10 部。20 毫米、30 毫米、57 毫米口径高炮 1850 门。

4．海上主要装备

南联盟海军装备各种舰艇 60 余艘，其中南联盟国产鱼雷攻击潜艇 4 艘、护卫舰 4 艘、大型巡逻舰 2 艘、导弹快艇 10 艘、坦克登陆艇 2 艘、扫雷艇 10 艘、巡逻艇 16 艘、微型潜艇 6 艘，另有俄制岸舰导弹发射车 10 部。导弹艇主要配备"冥河"反舰导弹。

5．精确制导武器

萨姆 -2 型（24 部）、萨姆 -3 型（16 部）、萨姆 -6 型（60 部）等远程地对空防空导弹共约 100 余部；萨姆 -9、萨姆 -13 系列自行式近程地空导弹 130 枚；"箭 -2M"（即萨姆 -7B）、萨姆 -16 等便携式肩射防空导弹约 800 枚。

五、科索沃战争评说及启示

科索沃战争是发生在一个特殊地区的一场特殊战争。地区特殊是因为，第一次世界大战在南斯拉夫爆发，第二次世界大战的战火也是从欧洲开始燃起。战争特殊就特殊在，以美国为首的北大西洋公约组织，动用了这个世界上最大的军事集团中几乎所有的现代化武器装备，进行了一场以空袭反空袭为主要作战样式的现代局部战争。今天，科索沃战场硝烟已经散尽，但战争留下了许多难以弥补的创伤，远远超出人们的意料。虽然南联盟上空北约机群消失了，但军事斗争仍在继续，各种矛盾并没有解决。科索沃战争对国防和军队建设的影响，值得我们深层次思考。

（一）以劣胜优在信息化局部战争中仍具有强大的生命力

一时强弱仰其力，千秋胜负在于理。凡战争，就有强弱对比、胜负之分。凡军队，就有质量优劣、力量强弱之别。

科索沃战争是一场交战双方力量强弱悬殊的局部战争。它是由美国、英国、法国、德国、荷兰、比利时、挪威、西班牙、意大利、丹麦、土耳其等 19 个世界上最强的国家组成的军事联盟发起的军事打击。以美国为首的北约，共集结了 1100 多架飞机，在美国第六舰队，德国、英国、荷兰、意大利、西班牙和土耳其等国的一些军舰，法国"福熙"号航空母舰、两艘驱逐舰以及一艘英国驱逐舰的支援下，先后出动飞机 36000 架次，其中攻击架次达 10000 架次，投掷和发射了 23000 余枚炸弹和导弹，其中 35% 为精确制导武器。据报载："从第二阶段开始，北约空袭重点打击了科索沃地区的南联盟军队，北约称摧毁南军 450 余门火炮和追击炮，220 余辆装甲运兵车和 130 余辆坦克，导致南联盟军队 5000 余人死亡，受伤人数超过 10000 人。北约的空袭还摧毁了南联盟大量的基础设施。据北约统计，轰炸使南联盟的主要生产能力下降 2/3，炼油能力全部丧失，39% 的广播电视转播站线路瘫痪或严重损坏。"[①]

南联盟的武装部队共有 11.4 万，其中 4.3 万是新兵。军事力量不及北约的 1/39，综合实力不及北约的 1/696。南联盟以 1 ∶ 39 和 1 ∶ 696 的悬殊力量抗击北约以美国为首的 19 个军事强国，让北约官兵深信的"两个晚上空袭足以解决问题"。但是，南斯拉夫人民的顽强抵抗使这场具有明显现代信息化战争特征的战争决策者失望了，原以为"两个晚上空袭足以解决问题"的战争，却足足持续了 78 天。在这场以弱抗强的较量中，南斯拉夫人民以灵活机动的战法，不畏强敌，顽强抗击，英勇作战，先后击落击伤北约各种先进飞

---

① 《解放军报》1999 年 7 月 7 日。

机 98 架，其中直升机 7 架，无人机 30 架，其他先进飞机 61 架（包括 1 架 F-117 隐身轰炸机），拦截巡航导弹 238 枚。在连续强烈的空中打击下，南联盟军队创造了"保存自己"的奇迹。战争结束后，驻扎在科索沃的南联盟第 3 集团军 47000 人，军容严整，机械化装备基本齐全，撤出行动有序，根本不像溃败之军。不仅如此，战争结束后，北约在核查空袭结果后发现，南联盟的实际损失与北约公布的数字相差很大，78 天狂轰滥炸，南联盟驻科索沃部队装备的 300 多辆坦克仅损失了 13 辆，使北约首脑们相当震惊。这些战绩是以弱抗强的历史佐证，其意义远远超出了军事范畴，具有重要的政治影响。

在强弱如此悬殊的战争中，能够保存这些力量，不是一般的"胜利"，科索沃战争实践表明，以弱抗强，以劣胜优，在信息化条件下的局部战争中仍然有强大的生命力。只要科学运筹，树立以现有装备打赢敌人的信心，劣势装备的军队能有效抗击强军的进攻。

（二）战争威胁并不遥远，不能"刀枪入库、马放南山"

1999 年 5 月 8 日，以美国为首的北约悍然使用导弹袭击我国驻南斯拉夫联盟共和国大使馆，造成 3 人死亡，20 多人受伤，馆舍严重毁坏。这是严重违反国际法和国际关系准则的野蛮行径。当天，中国政府发表严正声明，强烈抗议北约野蛮侵略中国主权、残暴践踏中国尊严的罪恶行径，要求以美国为首的北约对此承担全部责任，并保留采取进一步措施的权力。

全国人大、全国政协、各民主党派、全国工商联、各人民团体以及新闻单位，纷纷发表声明，举行座谈集会，声讨以美国为首的北约的血腥暴行。义愤填膺的人民群众和高等学校的学生纷纷举行示威游行，严厉声讨以美国为首的北约的暴行，坚决支持中国政府维护国家主权和民族尊严的严正立场。

血的事实，使爱好和平的人们更加清醒地认识到，虽然和平与发展是当今世界的时代主题，但天下并不太平。以美国为首的北约的暴行告诉世界人民，强权政治有时会置联合国宪章和有关的国际法与国际公约于不顾，对主权国家进行军事打击。科索沃虽远在欧洲，然而战场却离我们并不遥远。以美国为首的北约袭击中国驻南斯拉夫大使馆事件警示我们：国家必须强大，国防必须强大，要想赢得未来战争的主动，就必须发展经济，增强国防实力，加快现代化建设。华夏子孙切不可忘记"兵者，国之大事"的古训，不可淡漠忧患意识，必须增强国防观念。

（三）高素质国防人才在局部战争中大有用武之地

持续 78 天的世纪末之战，以美军为首的北约军队几乎动用了所有现代化的信息装备和空袭兵器，各类人才在激烈的军事斗争中尽显本色。透过科索沃战争的硝烟，我们可以看到，高素质人才在局部战争中大有用武之地，国防人才培养越来越迫切。

信息时代，呼唤信息人才。信息时代的战争，交战领域在拓展，攻击样式在变化，要适应这种新变化，需要从国防人才培养的源头抓起，尽快提高人才的科技素质。在北约大规模空袭面前，南联盟军队的兵力兵器处于明显劣势，但军民凭借较好的训练素质顽强抗击，取得了诸多令人称道的战绩。科索沃战争中，南联盟信息人才利用国际互联网频繁向北约的信息中心、指挥系统、通信渠道等发起反击。空袭第 7 天，自称"黑客联盟"的一群电脑"网上战士"，在一个名为"黑客地带"的网址上向北约宣战，号召全世界的网民加入这场网上战争。使著名的美国五角大楼的计算机系统曾一度陷入不正常工作状态，美军"尼米兹"航空母舰上的计算机系统瘫痪了 3 个小时，白宫的网络服务器停止工作一天。俄罗斯黑客把美国空军 F-117A 隐形战斗轰炸机的全部秘密详细公布在阿尔巴尼亚的一个网站上。仅此一举，就使美国损失数十亿美元。在这个没有硝烟的战场上，高素质人才的作用得到充分发挥，而"信息盲"就难有用武之地。科索沃战争进一步表明，由于武器装备的科技含量不断提高，对国防人才的素质提出了更高的要求。未来战争，信息就在眼前，战场就在身边，提高官兵的科技素质，建立科技密集型的国防人才队伍，更为迫切。

军事与政治紧密交融，提高国防人才的政治谋略和科学决策能力非常重要。以美国为首的北约以维护人权为幌子，武装干涉南联盟，实际上是其称霸世界野心的一次大暴露，说明了战争仍然是政治的继续。科索沃战争表明，科学技术的进步不仅没有削弱战争指导者在局部战争中的作用，相反，各类人才在战争各时节的作用更加明显，各级各类人才大显身手的舞台更为广阔。科学预见战场指导的变革，不断提高全面素质，努力适应未来战场要求，才能驾驭未来战争。因此，培养国防人才，不仅要提高其运用现代化武器装备的技能，更需要提高从全局运筹战争的谋略水平；不仅要培养战役战术意识，更要培养战略意识，提高战略运筹能力，战略上的胜利，才是更重要的胜利。

技术发展拓展了战争的时空观，提高国防人才的心理素质不可或缓。现代技术特别是信息化条件下的局部战争，威胁主要来至空中，指挥系统从地面移向太空。一场战斗，敌机不知在何处，警报就拉响了，飞机一过就有大片地域受到威慑。军队的心理压力大，人民的心理压力更大。但是，南斯拉夫人民没有屈服，反而使以美国为首的北约无从下手，反映出一个民族在战争状态下的良好心理素质。信息化条件下的局部战争，空袭规模之大，持续时间之长，客观上要求国民心理素质在战斗力中的比重不断增大。

科索沃战争实践表明：人才对战争的影响在变化，战争对人才的要求在提高。我们认识人才、培养人才的观念也需要随战争形态的变化而不断更新。

（四）空袭反空袭战争的主要斗争样式，催生全民防空新模式

科索沃战争是一场以空袭反空袭为主要斗争样式的，陆、海、空、天、电多维一体的现代战争。78 天的作战，每天都有空袭爆炸声，每天都有反空袭的炮声和警报声。

北约的空袭是前所未有的。在打击武器上，北约出动了多种先进飞机，大量使用精确制导炸弹，对南联盟进行精确打击。例如，使用碳纤维弹对供电设施进行破坏，用"哈姆"高速反辐射导弹，摧毁雷达系统和重要防空设施；首次使用电磁脉冲弹，产生强大电磁脉冲，使南联盟电子设备和电子系统瘫痪。这些新式武器，不仅具有打击力，而且具有威慑力。在空袭规模上，空袭架次越来越多，次数越来越频繁。在空袭战术上，用无人驾驶飞机作诱饵，引诱南联盟的雷达开机，一旦锁定南军雷达的位置，战斗机即用导弹攻击。北约还动用先进的电子战飞机，对不同频率范围内的无线电通信和各种雷达实施干扰压制，使南联盟军队的通信中断，雷达迷盲。

空袭造成的破坏也是前所未有的。北约首轮空袭，就把南联盟经济目标和后勤设施作为打击的重点，对公路、机场、桥梁、仓库、营房进行猛烈轰炸。仅交通设施，先后摧毁了 50 多座桥梁，12 条铁路干线，5 条公路干线，5 个民用机场，著名的多瑙河上所有的桥梁都被摧毁。北约不仅把南联盟的军事目标作为轰炸的重点，而且还把炼油和石油供应设施列入其中，南联盟 41% 的军用油库、57% 的军地两用油库被炸毁。

南联盟反空袭的作用是不可低估的。北约空袭前期，南联盟不但没有遭到重大损失，还给北约空军以沉重打击。3 月 26 日，南联盟击落两架北约战斗机，两名飞行员被俘。3 月 27 日，美国空军最先进的飞机之一 F-117 隐身战斗轰炸机被击落，世界舆论哗然。在反空袭作战中，南联盟先后击落了飞机 61 架，无人机 30 架，直升机 7 架，巡航导弹 238

枚，创造了反空袭作战的佳绩。另外，南联盟的防空也非常出色。多年来，南联盟构筑了大量地下工事和民防设施，可保障 800 万居民进入地下工事防空。北约空袭 78 天，南联盟军队的供应没有中断过。

南联盟反空袭的经验是可以借鉴的。科索沃战争中，俄罗斯曾参加过越南战争和中东战争的防空军官兵向南联盟军队传授了反空袭的经验。例如，加强隐真示假，在北约实施密集轰炸时，同时开启多部雷达，特别是假阵地上的雷达。仅就"打走不打来"这一条看似违反常规的经验，就非常实用。因而，隐真示假，以假乱真，就成为南斯拉夫人民智斗北约的绝招。据南斯拉夫《政治报》8 月 9 日透露，战争爆发后，军方召集 3 名飞机模型设计师，制造同"米格"战机实体一样大小的飞机模型，作为吸引北约轰炸的诱饵。他们克服种种困难，很快就造出十分逼真的飞机模型。主体结构使用胶合板，支架和底座用金属材料，轮胎是从公共汽车上拆下来的。用真涂料把飞机油漆了许多遍，还把汽车排气管的金属板用来制造飞机模型的排气装置，使飞机产生金属反射。负责警卫的南联盟士兵见了惊奇地说，只要装上发动机，就可以飞起来了。这种飞机模型运到机场不久，就被北约的导弹击中。北约飞行员看到他们的辉煌战绩，就吹嘘说，南联盟空军早已不存在了。谁知，南联盟以假代真，保存了相当数量的"米格-29"战斗机。

科索沃战争大规模空袭反空袭作战引起了军事家们对现代化的空军建设和海军建设的高度重视。他们认为，没有现代化的空军，就难以进行有效的空袭；现代海军不仅是海上作战的主力，也是进行空袭的作战平台。从海湾战争到科索沃战争，美国向海外派兵的行动，航空母舰比空军基地的作用还明显。因此，以空袭反空袭为主要作战样式的科索沃战争，是否会改变未来军队建设的模式，这是科索沃战争留给我们的一个时代命题。必须重视科索沃战争对军队质量建设的深刻影响，在加强质量建设的同时，关注世界各国军队结构的变化，提高军队的反空袭能力，加强全民的防空意识。

（五）科索沃战争的爆炸声，激发了爱国保家的新举措

科索沃战争的战幕拉开以后，以美国为首的北约不断加大空袭规模，妄想使用武力使南联盟屈服就范。按常规，听到敌机来袭的警报，应迅速组织人员疏散隐蔽，但南斯拉夫人民却别有新招。空袭第一天，南联盟发出动员令：国家预算的重要战略物资全部用于国防，工人、农民和政府工作人员坚守岗位，65 岁以下的成年男子加入反侵略的行列。更为新奇的是，面对密集轰炸，南联盟首都大张旗鼓地组织音乐会，组成"人体盾牌"护桥，用"人链"护厂来抗击北约的空袭。这些行动都是北约的决策者始料未及的。当敌机来袭之时，成千上万的人聚集在广场上听音乐，这已超出了艺术的范畴，成为一种政治行动，是爱国行动的最好诠释。当来袭警报响起之时，成千上万的人手拉手集中在北约飞机正要轰炸的桥梁等公共建筑物上，警报已超出防空的范畴，成为凝聚民心的集结号，是向侵略者示威的一种斗争手段。这些在局部战争激烈对抗中所取得的经验教训，尤其是抗击强敌的经验，是值得我们深入思考的。

团结一切可以团结的力量。当今世界，国与国之间的联系日益紧密，利益交织复杂，由霸权主义、强权政治、民族矛盾、宗教对立、领土争端、资源纠纷和社会动荡等引发的任何一场局部战争，都具有复杂的国际背景和外部联系，都会受到来自多方的牵制和影响，使人民战争面临复杂的国际环境和一系列新问题。要充分发挥人民战争的整体优势，以整体合力战胜敌人。要充分发挥人民战争正义性的优势，把握军事行动的政治性和政策性，使人民战争在更大的范围和更广泛的领域产生影响。要通过强有力的政治思想工作，使人民群众明确战争的目的，激发人民群众参加和支援战争的热情。要调动一切积极因素，建

立国际统一战线，联合一切爱好和平的国家和人民，最大限度地孤立敌人，为夺取胜利创造有利条件。要运用各种媒体伸张正义，鼓舞民众士气，激发爱国热情，瓦解敌人意志。

大力提倡为国为民献身的精神。应根据新时代的特点，持续、广泛、深入地进行中华民族光荣传统教育和以爱国主义为核心的国防教育，使青年学生了解中华民族反抗侵略的斗争史，了解我国面临的复杂国际环境及现实和潜在威胁，唤起居安思危的忧患意识，培养为国家为民族勇于献身的使命感和保卫国家安全的责任感，最终把强烈的爱国热情转化为尚武崇军的满腔热忱和实际行动。

积极鼓励经济力量和技术力量支前参战。未来条件下，战争的目的和规模发生重大变化，军事行动严格控制在一定的时空间内，打击的目标、占领的区域和投入的部队以及军（兵）种，都是根据战争的政治需要确定的。这将使战备与建设、战争目的与人民群众的利益关系出现新的矛盾，对战争动员重心、动员形式、动员手段等提出了新的要求。一旦战争爆发，绝大多数人民群众直接参战的机会相对减少，主要是以立足本职、增加生产、搞好科研、提供大量的专业技术人才、提高后备兵员的素质等多种形式，间接支援战争，为"打得赢"作出贡献。因此，未来条件下人民群众参加和支援战争的形式将由以往全面参战转向局部参战，直接参战转向间接参战，由人力支前为主更多地转向技术力量支前为主，集中表现在技术支援和经济力量支前方面。

不断创新人民战争的新战法。未来条件下的局部战争，将是陆、海、空、天、电一体的立体战争，战场空间增大，参战部队的机动能力大大提高。电子战、网络战、机动战、导弹战、信息战等一系列新的作战样式登上战争舞台。夜间突袭成为基本的一种打击手段。信息技术与火力系统结合而构成的信息武器装备系统，以计算机为核心的信息网络化构成的未来数字化战场，将创造出信息化战争这样一种全新的战争形态。这些历史性变化，必将改变人民战争的已有模式。未来的人民战争，要充分利用我国在交通、电信、工程、医疗、机械制造等许多领域业已建成较为先进的基础工程设施，发挥它们的社会服务功能和支前保障潜力。要了解军事需求，搞好战时保障的社会力量的组织、训练，使他们熟悉有关命令法规，精通战时业务，真正做到招之即来，来之能战。要像战争年代藏兵于民、藏粮于民那样，做好藏现代技术于民的战场建设，为保障战争胜利奠定坚实的物质基础。

充分运用先进科学技术。现代条件下，武器装备中高技术含量增多，航空兵和精确制导武器在局部战争中唱"主角"，电磁优势成为双方争夺的制高点，C^4ISR系统成为指挥作战的"大脑和中枢"。高技术兵器的广泛使用，大大提高了武器的杀伤破坏力和突袭的精度，信息化程度已成为衡量战斗力强弱的重要因素。因此，提高人民战争的科技水平成为保家卫国的重要环节。随着我国经济和科技的发展，民间技术力量日趋增强，民用技术向军用转化的条件越来越好，军队应加强同地方的科技合作和对口联系，地方可以帮助部队培训科技人才。要以主战武器装备为重点，不断提高战争的科技水平；要以支援战争的主要行业为重心，加快高技术渗入进度；民间电子技术领域人才济济，平时应探索民转军的具体措施；地方要对口储备一些专业技术干部和预备役人员，必要时还应组建专业技术预备役部队，为赢得未来战争奠定技术基础。

思考题

谈谈科索沃战争中空军的地位及其作用。

第三节 阿富汗战争

阿富汗战争于 2001 年 10 月 7 日打响,至 2002 年 4 月基本结束。阿富汗战争是"9·11"事件后,美国对塔利班武装和本·拉登为首的"基地"组织进行的一场反恐怖战争,也是一场信息化条件下的非对称战争。战争双方实力对比过于悬殊,未形成典型意义上的攻防对抗。战争期间,以美军为首的多国部队先后调遣兵力 8 万余人,出动 5 个航母编队、4 个两栖舰船大队及 500 多架战机,对阿富汗塔利班政权和拉登"基地"组织实施了代号为"持久自由行动"的军事打击,历经空袭、城市战、特种作战、地面战等主要行动,推翻了塔利班政权,摧毁了"基地"组织在阿富汗的据点,建立了阿富汗新政权。

一、作战企图

冷战结束后,美国为谋求更广泛的全球利益,巩固其一超独霸的地位,提升其主导国际事务的能力,不断利用时机,扩张其全球势力。美军进行阿富汗战争的主要目的,不仅是瓦解塔利班政权,消灭本·拉登及其恐怖组织,而且有更深层次的战略企图。通过阿富汗战争,美国要借机铲除危害美国国家利益的国际恐怖组织及其纵容、支持和庇护者;涉足中亚地区,与俄罗斯争夺中亚势力范围;增强美国在南亚的影响力,为控制南亚奠定基础;积极谋求在阿富汗的长期军事存在,确保能够长期控制里海石油资源;通过打拉两手的结合运用,分化伊斯兰世界,保持和扩大其在该地区的既得利益;并且,借此次战争建立由美国主导的反恐怖国际联盟。

塔利班则希望保持自己在阿富汗的声望和力量。一方面试图团结整个伊斯兰世界的影响,通过外交斗争避免遭受军事打击;另一方面不甘失败,企图使美军陷入游击战争的泥潭,从而可以赢得东山再起的机会。

二、战争准备

(一)美军战争准备

2001 年 9 月 11 日,美国遭受恐怖袭击后,立即迅速反应,至 10 月 7 日战争发起,仅在 26 天内,就基本完成了各方面的充分准备。

1. 通过国会授权,赋予军事行动合法性

美国前总统布什 2001 年 9 月 13 日发表讲话,发誓要打赢"21 世纪的第一场战争"。次日,参众两院联合通过决议,授权布什"动用一切必要和适当的力量"进行报复行动。9 月 17 日,布什召开国家最高安全会议,宣布组建"战争内阁",正式向袭击美国的恐怖分子宣战。

2. 建立各级指挥机构,制订打击计划

为有效指挥对阿富汗的作战行动,美军首先迅速建立各级指挥机构。美国政府成立了

战时内阁，美军建立了战区联合指挥中心和前方指挥中心，从而形成三级指挥机构。9月17日，美国政府组建了包括总统、副总统、国务卿、国家安全顾问、国防部部长、司法部部长、联邦调查局局长、中央情报局局长、参谋长联席会议主席在内的战争内阁，负责军事打击的战略决策，美军在佛罗里达州坦帕的麦迪尔空军基地，设立战区联合指挥中心，负责对所有战斗行动的作战指挥。同时，中央总部在沙特阿拉伯的苏丹王子空军基地设立前方指挥中心，负责指挥控制中央司令部下属各军种及特种部队的具体作战行动。并且，各参战军兵种部队分别在苏丹王子空军基地、巴林、阿富汗边境等地建立各自的指挥所，以直接指挥作战行动。在指挥机构建立后，美国跨部门反恐怖指挥协调机构在短时间内制订了包括法律、经济、外交、军事手段在内的反恐怖长期作战计划。国防部在此基础上，研究制订了打击塔利班政权和"基地"组织的军事行动计划。该计划包括空中火力打击、特种作战、地面进攻等不同规模的多种行动方案。

3. 迅速调集兵力，形成四面合围之势

计划制订后，美海军出动了 4 艘航母，与英国的"卓越"号航母一起，迅速集结到波斯湾和印度洋海域，美空军则派遣作战飞机 120 多架，直升机 200 多架，加上美第 101 空中突击师、第 10 山地师、特种部队及其他力量，总兵力达 18 万人，主要部署在阿富汗周边 800 ~ 1500 千米的印度、巴基斯坦以及西线和南线的 10 多个军事基地，对阿富汗塔利班形成了四面合围之势。西线，美国空军集结在德国和土耳其的北约军事基地，可以直飞至阿富汗；北线，美国的运输机也已部署在乌兹别克斯坦首都塔什干的杜塞尔军事用机场，这两处空军基地距离阿富汗边境仅 19 千米；南线，第 82 空降师和第 101 空军突击师也已抵达巴基斯坦边境城市奎达和白沙瓦附近基地，此外 8 架美军 F-117 隐形战机、1 架 C-5B 运输机已由沙特阿拉伯的基地秘密飞抵印度，进入最高战备状态。

4. 多管齐下，预先组织情报工作

当作战对象和作战目标确定后，美军迅速利用多种手段实施侦察，组织了细致周密的情报工作。美国情报部门调整了数颗卫星的运行轨道，专门发射了 1 颗最先进的照相侦察卫星，加大了对阿富汗的侦察能力。美军还出动了 U-2 等先进的高空侦察机，对塔利班军事目标进行侦察。在地面，美军特种部队于 9 月 22 日进入阿富汗，在交通要道和秘密地点安装了一种可自动伪装的监测仪，以掌握塔利班的部队调动情况。此外，美国还加强了与一些国家的情报共享，在 9 月 20 日前就与阿富汗的邻国以及俄罗斯建立了情报共享的渠道。同时，加强保密工作的力度，防止泄密。

5. 针对阿富汗特殊地形，展开战前训练

美海军航母战斗群在向海湾地区机动过程中和到达指定位置时，编队中的舰船不断进行协同训练，舰上的战机一直在频繁起降，进行适应性训练；进驻各军事基地的空军战机也开展了与地面部队信号指示人员之间的协同训练。针对阿富汗特殊的地形情况，美军还着重进行了地面作战训练。第 10 山地师重点演练了山地战战法。

（二）塔利班武装力量战争准备

1. 开展外交活动，力求延缓军事打击

针对美国的指控，塔利班政权积极利用驻巴外交机构和一些阿拉伯国家电视台，与美国展开外交战，试图转移国际社会视线，拖延美国对阿军事打击行动。一是推脱责任，竭力辩解。"9·11"事件发生的当天，塔利班政权立即发表声明，否认与恐怖袭击事件有关。二是频繁警告，针锋相对。在推脱责任的同时，塔利班领导人及其宣传机构还多次对美国发出警告，暗示如对阿进行军事打击，其后果将招致整个伊斯兰世界的反击。三是分化盟国，威胁近邻。

塔利班针对欲参加对阿军事行动的国家发出警告，暗示其参战行动将会对本国安全造成危害。

2. 宣布开展"圣战"，实施战略威慑

美、阿双方关于能否交出拉登的谈判陷入僵局后，第二天，塔利班宣布向美国发动"圣战"，阿富汗进入紧急状态，全面封锁领空，并警告将"对任何闯入境内的飞机进行打击"。阿富汗的伊斯兰领袖还公开号召全世界伊斯兰国家和伊斯兰教信徒要团结一致，共同反抗美国。

3. 加紧防御准备，应对美国军事打击

为应对美国的军事打击，塔利班加强了战争准备。一是调整部署。主要包括：派遣25000名武装人员到阿南部与巴基斯坦接壤的边境，防止美国从阿巴边界发起地面攻击；增兵到阿富汗北部主要城市和阿塔边境，防止反塔联盟借机反扑；加强境内重要目标的守卫，准备抗击美国的空袭和反塔联盟的地面进攻；在南部城市坎大哈组织阿富汗有史以来规模最大的陆空联合军事演习，以显示战斗力和血战到底的决心。二是进行全民动员，扩大武装部队规模。塔利班武装实施了全国总动员，强行从每家每户征用一个壮丁，用以补充作战部队。三是完善防御设施。塔利班武装给各省和地区下达文告，责令其保护重要的军用、民用设施，动员各地民众构筑必要的掩体，做好迎敌空袭的准备。同时，塔利班部队也加紧修筑防御工事，在重要目标周围构筑地堡、战壕和防空武器阵地。四是分发武器，武装民众。塔利班武装将配置在阿富汗各地的武器仓库打开，向各村镇民众分发了大量的火箭筒、枪械等轻武器。

三、作战经过

阿富汗战争可大致分为三个作战阶段。

（一）战略空袭作战阶段（2001年10月7日—10月18日）

在此阶段，美军主要使用高性能作战飞机和巡航导弹对阿富汗地面目标和一些战略目标进行空袭和轰炸，从而掌握制空权。美军先后出动了F-117隐形战斗机、B-1B战略轰炸机、B-2A战略轰炸机和B-52轰炸机，重点打击了阿富汗的三大城市，即首都喀布尔、塔利班指挥中心坎大哈和北部军事重镇贾拉拉巴德。在极短的时间内，对阿富汗的通信设施、交通枢纽、防空雷达、防空导弹阵地和恐怖分子训练营地实施了摧毁性打击。经过第一阶段的轰炸，美军取得了制空权，摧毁了塔利班80%的重要目标。

（二）空地协同作战阶段（2001年10月19日—12月7日）

10月19日夜至20日晨，美特种部队在坎大哈西南实施了特种作战。随后，美军多支小规模特种作战分队分散在阿富汗南部地区采取行动，为空中打击指示目标，重点轰炸与北方联盟交战的塔利班部队，突击指挥所、装甲目标、火炮阵地、堑壕以及人员藏身的洞穴和坑道等，以杀伤有生力量为主，直接支援北方联盟的地面进攻行动。美空军、地面部队和北方联盟加紧了对坎大哈的围攻，迫使塔利班守军大部在12月7日宣布投降，部分残余武装退守东部的托拉博拉山区。

（三）搜索清剿作战阶段（2001年12月8日—2002年4月）

12月8日以后为第三阶段，主要是清剿塔利班和"基地"组织残余分子，抓捕奥马尔

和拉登。坎大哈被攻占后，塔利班主力被打垮，有组织的抵抗活动基本结束，只剩下小股部队撤到东南部山区转入游击战。美军结束大规模空中作战行动，随后以小规模特种作战为重点，地面部队与北方联盟联合作战，在空中火力的配合下进行地面围剿行动。美军先后发动了"蟒蛇""雷鸟""美洲狮""鸟居""秃鹰""山地毒蛇"等数次大规模清剿行动。尽管美军对洞穴群狂轰滥炸，击毙了一些武装分子，缴获和销毁了一些武器，但并未彻底消灭残余武装。

四、参战主要装备

阿富汗战争中，美军拥有世界上最尖端的军事技术，而塔利班使用的多是落后的步兵轻武器。在整个战争中，美军投入的舰船数量达到海湾战争时的水平，超过科索沃战争，投入空军、海军的飞机共计达到 500 架，达到科索沃战争初期的兵力规模，使用的精确制导武器占全部弹药的比例达到 60%。

（一）美军参战主要装备

1. 情报侦察装备

战争期间，美军所使用的情报侦察装备遍布太空、空中、海上和地面。太空侦察卫星多达 30 ~ 50 颗，包括 3 颗 KH-11、KH-12"锁眼"光学侦察卫星，2 颗"曲棍球"雷达成像侦察卫星、5 颗"大酒瓶"电子信号侦察卫星，以及跟踪与数据中继卫星、GPS 导航卫星、气象卫星等。空中侦察装备有 RC-135 和 U-2 高空战略侦察机、E-8C 对地监视飞机和 EP-3、P-3C 等海军侦察机，舰载 RF-18 战术侦察机以及 12 架"捕食者"无人机和 2 架"全球鹰"无人机。美军投入的侦察机约占飞机总数的 10%。海上侦察装备有电子侦察船上的远程雷达和信号分析系统。地面侦察装备包括可探测地下设施的电磁波扫描仪、引力测量雷达、HAARP 天线阵。特种部队使用了各种夜视仪、热传感器、气味传感器、"变色龙"监视仪、"预言者"战术信号情报系统等。美军还使用了两种具有侦察功能的炮弹，一种是装在 155 毫米榴炮弹上的 TV/BDA 电视侦察炮弹，另一种是装在 155 毫米榴炮弹上的视频成像侦察炮弹。

2. 电子战装备

电子战装备主要有 EA-6B 电子战飞机、USQ-113 通信干扰机，直升机、战斗机和运输机安装的红外对抗吊舱、导弹告警设备等自卫装备。美空军的 B-52 和 B-1B 轰炸机还使用了拖曳式诱饵自卫保护装置。

3. 海上作战装备

战前，美军在阿拉伯海和地中海等海域最多时共部署各型舰船 88 艘，其中，在阿拉伯海部署 4 个航空母舰战斗群和 2 个两栖攻击舰编队，共有各型舰船 61 艘；在地中海部署各型舰船 27 艘。此外，战争期间，美军还派遣部分舰船轮换参战。此外，英国皇家海军共有 24 艘舰船在"卓越"号航空母舰的带领下参与了对阿富汗的军事行动。

4. 空中作战装备

战争期间，美军在阿富汗周边地区共部署各型飞机约 530 架。其中，美空军在阿富汗周边地区共部署各型飞机约 260 架；在印度洋迪戈加西亚基地，驻有 10 架 B-52 远程重型轰炸机和 8 架 B-1B 重型轰炸机；沙特阿拉伯驻有各型飞机约 100 架；科威特各型飞机约 40 架；在土耳其驻有 F-15、F-16 等型飞机 50 多架；在印度驻有 F-117 隐形轰炸机 8 架；在阿曼驻有空军特种作战部队 6 架 AC-130 武装攻击机；在吉尔吉斯斯坦驻有美军

部分侦察机、特种作战飞机和运输机。海军部署在阿拉伯海的 4 个航空母舰战斗群共载有各型飞机 270 架，包括 F-14 与 F/A-18 战机，EA-6B 电子战飞机，E-2C、E-3A 预警机和多种直升机。其中，"企业"号航空母舰载有各型飞机 78 架，"卡尔·文森"号航空母舰载有各型飞机 78 架，"罗斯福"号航空母舰载有各型飞机 80 架，"小鹰"号航空母舰载有各型飞机 30 多架。此外，美军"捕食者"和"全球鹰"无人机、大量的 KC-10、KC-135、S-3B 空中加油机和驻本土的 6 架 B-2 隐形轰炸机也参加了这次战争。

5. 特种作战装备

驻扎在巴基斯坦、乌兹别克斯坦基地和印度洋航母上的美军特种部队为每位士兵配发了一套单兵装备，包括战斗装备、被服装备等约 40 余件，总重量达 70 千克。作为战斗装备的重要组成部分，美军在阿富汗战场首次使用了"陆地勇士"士兵系统中的智能头盔系统和士兵计算机系统。特种部队士兵佩戴这种头盔进入阿富汗山区作战时，可将信息传送到作战司令部协调中心，增强了特种作战人员与指挥部间的联系。此外，为防止恐怖组织可能发动生化武器攻击，美军特种兵在进入塔利班控制区作战时，都配备了防化作战装备。部分特种部队还根据任务需要装备有 UH-60"黑鹰"、AH-64"阿帕奇"、HC-130H、MH-53 等飞机，以及"隼"式轻型高速攻击突击车等。

6. 精确制导武器

美军投入了大量从海上和空中发射的各种精确制导武器，主要包括 BGM-109C/D"战斧"巡航导弹，AGM-86C/D 空射巡航导弹，AGM-84E、AGM-154A、AGM-130 远程空对地导弹，GBU-28/B 激光制导钻地炸弹，GBU-10/16 激光制导炸弹，BLU-82 燃料空气弹，BLU-118"热压炸弹"，采用惯性和 GPS 复合制导的 GBU-29/31/37 联合直接攻击弹药（JDAM），以及带终端制导子弹药的 CBU-97 空投集束炸弹等。美军航母舰载机还配备了 AIM-7、AIM-9P、AIM-120 等空战导弹。

（二）塔利班武装力量参战主要装备

相对美军而言，塔利班武器装备以轻武器为主，重型武器装备由于长期缺乏零配件和保养条件，多数无法使用。轻武器主要有 AK-47 自动步枪、机枪、火箭筒、枪榴弹和无后坐力炮。坦克和装甲部队有 T-62、T-54、T-55 主战坦克和 BMP、BTR 装甲车约 650 辆，其中可供正常使用的坦克不足 30 辆。炮兵拥有各种火炮有数百门，主要型号包括 122 毫米、152 毫米火炮，107 毫米、122 毫米多管火箭炮，76 毫米、82 毫米、120 毫米迫击炮。防空力量的装备主要有 23 毫米 ZU-23 双管自动高炮和 100 毫米高炮，还有 300 余枚"毒刺"导弹（多数已接近有效期）。空军有 10 架苏 -22 歼击轰炸机、5 架米格 -21 战斗机、10 架直升机和 40 架已失修的运输机。

五、阿富汗战争评说及启示

阿富汗战争作为世纪初之战，对国际战略格局和地区局势的影响是深刻的，中国作为世界上最大的发展中国家，阿富汗的邻国，中亚地区的利益相关者，认真分析和研究阿富汗战争，可以从中得出许多新的启示。

（一）广泛的国际支持，对实现战争意图具有重要的影响

随着经济"全球化"的不断深入，国与国之间关系的联动性明显增强，世界上任何一

个角落发生的任何一个重大事件，不可避免地牵动国际战略和地区局势的一系列变化。因此，在重大军事行动中，能否得到广泛的国际支持，对实现战争意图具有重要的影响。尽管美国是当今世界上唯一的"超级大国"，具有超强的军事实力，但仍然十分重视依靠强大的联盟力量打赢战争。冷战结束后，美国发动的海湾战争和科索沃战争都充分依靠原有的联盟力量和积极利用临时的利益相关联盟力量。这次阿富汗战争前，美国更是凭借其唯一"超级大国"的地位，建立了一个更加广泛的国际反恐联盟。

"9·11"事件发生后，美国前总统布什9月20日在对国会发表的讲话中，强硬地指出："每个地区的每个国家现在都要作出一个决定，要么和我们站在一起，要么就和恐怖分子同流合污。"同时，美国派出政府高级官员到世界各地访问，寻求各国对美反恐战争的支持。美国不仅得到了许多国家的情报支援，而且有89个国家向美国军用飞机授予领空飞越权，76个国家授予美军用飞机着陆权，23个国家同意接纳美军部队，使这些国家直接或间接地加入到美国的反恐战争中来。

回顾当年苏联入侵阿富汗，虽然在武器装备上占据明显优势，但穷尽10年之力也未能彻底消灭阿富汗反政府武装。而这次阿富汗战争，美国之所以能迅速取得初步成功，其中一个重要的原因就是迅速组建强大的国际反恐怖联盟，使阿富汗的塔利班政权及"基地"组织陷入孤立无援的境地，并在美军强大的军事压力下迅速退出喀布尔。

（二）人心向背对战争胜负仍具有不可低估的作用

尽管当前世界各种冲突不断，但和平与发展的时代主题仍没有改变，爱好和平的国家和支持正义的人民力量在不断增长。任何一个国家，不论是大国还是小国，发动侵略战争或进行恐怖活动都将遭到爱好和平的人民的坚决反对和沉重打击。

"得道多助，失道寡助"。1990年年底，伊拉克武装入侵科威特，企图以武力吞并科威特的行为，遭到了世界大多数国家的反对；随后，美国以反对伊拉克武装吞并科威特为名，打着联合国的旗号，组成反伊联军，向伊拉克发动了大规模军事进攻，很快解放了科威特。

阿富汗战争美国始终高举"反恐"大旗，声称对阿富汗的军事行动，目的是打击恐怖主义，使美国在道义上居于非常有利的地位，赢得了广泛的国际支持。反观阿富汗塔利班政权及"基地"组织则是恐怖主义的庇护者和恐怖分子，自然成为人们反对的对象，从而陷入被动挨打的境地。

（三）迅速有效的危机反应机制，是将危机转化为战略机遇的制度保证

美国进行阿富汗战争的理由是打击恐怖主义，然而，从目前采取的一系列政策看，美国明显有更深刻的战略企图。冷战结束后，在欧洲，美国通过实施北约东扩来营造有利于美国的安全环境；在亚太，美国通过加强与盟国的关系，来进一步确定美国在亚太地区的主导地位；就在美国的欧洲战略和亚太战略得到一定进展之时，美国又将目光转向中亚地区。然而，由于中亚地区地处俄罗斯南部边境，是俄罗斯的传统势力范围，美国难以在中亚地区扩大影响。

"9·11"事件无疑是一场灾难，然而，美国却迅速看到这场危机为美国所提供的机遇，认为这是进军中亚地区的大好时机。于是，立即将打击目标锁定到支持恐怖主义的本·拉登和庇护本·拉登的阿富汗塔利班政权，并迅速实施强大的军事打击。以打击阿富汗和本·拉登为名，美军第一次进驻中亚国家，实现了美国在该地区军事存在的长远企图，即配合欧洲战略和亚太战略的实施，从战略上对俄罗斯和中国进行牵制。

（四）赢得对方民心，对军事斗争的胜利具有促进作用

与科索沃战争不同的是，阿富汗战争是美国与一个伊斯兰国家的战争。由于美国奉行霸权主义，并在中东地区长期采取偏袒以色列的政策，加上缺乏与阿拉伯国家的交流，美国一直与许多伊斯兰国家的关系比较紧张。阿富汗是一个内陆国家，由于连年战乱，人民处于极度贫困之中；塔利班政权上台后，对内实行政教合一的统治，对外封闭，普通民众受其影响颇深。从阿富汗战争开始，美国就遭到了许多伊斯兰国家民众的反对，一些穆伊斯兰国家的政府也面临着内部巨大的压力，美国非常担心因为战争而导致与整个穆斯林世界的对抗。因此，在进行军事打击的同时，其宣传机器不断宣称打击目标是恐怖分子，并对阿富汗民众提供战时援助，以争取民心。据美国联盟信息中心公布的资料显示，自 2001 年 10 月，美国先后向阿富汗提供了 1.87 亿美元的援助，包括食品、帐篷、毯子、医疗设备等物资；同时，紧急向阿富汗空投食品，向救援人员无法达到的地区空投了 242.37 万份口粮，以显示美国对阿富汗民众的关心。

美国的做法在一定程度上降低了阿富汗民众对塔利班政权的支持，配合了军事行动的实施。

（五）摧毁对方战争意志，对战争全局具有十分重要的作用

科学技术在军事上的广泛应用，使武器装备日趋现代化，战争的科技含量日益提高。武器装备的高科技化不仅改变了战争的方式，也使战争的成本日益提高。阿富汗战争开始，美国用于战争的费用每天高达 3000 万美元，2001 年 11 月 16 日美国华盛顿战略与预算评估中心公布的报告称，自开始对阿富汗实施军事打击以来，美国花费在纯战争上的费用就已经超过 10 亿美元。世界上任何国家，包括像美国这样的超级大国也难以长时间地承受如此高昂的费用。加之战争久拖不决，还将增加交战双方的人员的伤亡。因此，充分发挥高技术武器装备系统的威力，摧毁对方的战争意志，使对方丧失信心，对于战争的全局具有十分重要的作用。

冷战结束后，美国发动的几场局部战争都非常注重摧毁对方的战争意志，如在科索沃战争中，不仅对南联盟的军事目标进行猛烈轰炸，而且还对其民用基础实施进行打击，瘫痪其经济命脉，最后迫使南联盟屈服。阿富汗战争中美国也采取了同样的做法，虽然塔利班武装和"基地"组织装备落后，明显不是美国的对手，但战前美国就在印度洋部署了强大的攻击力量，从心理上威慑对手。战争开始后，美国动用了侦察卫星、无人驾驶侦察机、B-52 战略轰炸机、B1-1B 战略轰炸机、B-2 隐形轰炸机等高技术兵器，并从海上发射巡航导弹，对阿富汗的通信设施、电力系统、防空设施、部队营地、机场、弹药库等各种军事和民用目标实施猛烈的轰炸。在美军的强大攻势下，塔利班武装和"基地"组织成员士气低落、斗志丧失，致使成建制的部队，甚至高级官员纷纷放下武器。12 月 6 日，塔利班最高领导人奥马尔宣布撤出其最重要的根据地坎大哈，潜入山区。至此，美军在阿富汗的军事行动开始转变为追击塔利班残余。

思考题

谈谈阿富汗战争反恐作战行动对我们的启示。

第四节 🔭 伊拉克战争

　　伊拉克战争是一场以武装占领这一传统目的为主旨，而在具体作战实施上大大有别于以往的信息化战争。同海湾战争相比，伊拉克战争持续时间短，战争节奏快，没有明显的战争阶段划分，"震慑作战"、地面进攻、特种作战、信息作战等多种作战行动交织进行。同科索沃和阿富汗战争相比，伊拉克战争动用兵力兵器规模大，指挥控制更复杂。总之，区别于以往美军发动的局部战争，伊拉克战争信息化程度最高，参战装备复杂，装备保障要求更高。这场战争表明美军不仅是在以往军队建设基础上的简单质量提高，而是适应信息化条件下战争形态的转变要求，初步检验并推进了全面转型。以伊拉克战争为参照，建设信息化军队、打赢信息化战争成为世界新军事变革深入发展的战略目标。

一、作战企图

　　2003 年 3 月 20 日上午，以美英两国为主组成联军部队，在未经联合国授权的情况下，对伊拉克发动了代号为"伊拉克自由行动"的作战行动，拉开了这场 21 世纪以来最大规模局部战争的序幕。经过一个多月的交战，美英联军基本控制了伊拉克全境。2003 年 5 月 2 日，美国前总统布什在"林肯"号航母上宣布，战争的"主要战斗行动"结束，联军推翻了萨达姆政权，基本占领了伊拉克全境，取得了军事上的胜利。

（一）美英联军作战企图

　　美英联军的作战企图非常明确，即"推翻萨达姆，建立亲美新政权，进而控制中东"。依据这样的企图，美英联军作战原则可概括为：先发制人，直指要害，多战并用，速战速决。

（二）伊军作战企图

　　伊拉克军队作战企图也非常清晰，即"依托本土，顽强抵抗，持久作战，以拖待变，争取国际舆论的声援和支持"。依据这样的企图，伊军作战原则可概括为：依托要点，分区防守，军民一体，防反结合，持久制胜。

二、战争准备

（一）美英联军战争准备

1. 作战方案制订与完善

　　为准备伊拉克战争，美国战略决策者、指挥机构和战区指挥员经过长达 14 个月酝酿

与完善，形成了最终用于伊拉克作战的方案，即代号为"1003 作战计划"。该计划主要修改达 20 多次，制订完善始终处于一种动态之中，一直持续到 2003 年 3 月开战之前。最后确定以国防部长拉姆斯菲尔德为主的战略指导，运用特种部队和轻装地面部队，空袭、特种作战和地面攻势同时展开，形成快速决定性胜利。

2. 作战兵力投送、集结与作战布势

2002 年 9 月 4 日美国前总统布什公开宣布"倒萨"行动开始，即展开兵力投送与部署，主要分三个阶段进行。第一阶段，主要投送和部署应急作战部队，开设指挥机构，进行演习和为后续部队到达作准备；第二阶段，海军、空军主要参战兵力到位，并集中海军、空军力量投送陆军轻型作战部队，形成基本作战态势；第三阶段，主要投送陆军重型作战部队，形成优势的地面作战态势。

3. 指挥机构建立与完善

早在 2002 年 12 月，美军中央总部陆军部队司令部兼陆军第三集团军司令部就从美国本土佐治亚州移至科威特。2003 年 1 月，美军中央总部海军陆战队部队司令部的部分人员赶往巴林，与在沙特空中作战指挥机构和巴林的海军司令部一起，构成美军对伊作战指挥体系。这一指挥体系主要由 6 个指挥机构组成，即美国中央总部前进指挥所（卡塔尔，多哈赛利耶基地）、中央总部陆军司令部（科威特，多哈兵营）、中央总部空军司令部（沙特，苏丹王子空军基地）、中央总部海军司令部（巴林，麦纳麦基地）、中央总部陆战队司令部（巴林，麦纳麦基地）和中央总部特种作战司令部（卡塔尔，多哈赛利耶兵营）。

4. 装备准备

首先，保持常驻装备，及时调整战略储备。海湾战区是美国空军的重点部署地区，美国以对伊拉克南北两个禁飞区进行例行巡逻为借口，一直在土耳其、沙特阿拉伯、科威特、巴林等国部署有飞机，并辟有专门的机场、基地和物资存放处。此外，美国空军在波黑维和行动时，还在意大利部署了大量飞机，在德国、英国等欧洲的北约国家内也部署了大量飞机。其次，充分发挥空间侦察卫星的作用，获得作战必需的情报。为保障这次战争的顺利实施，美军动用了太空几十颗军用卫星。战前，各种侦察卫星已经详细地侦察了伊拉克的各种战略目标。利用核查机会，空中 U-2 侦察机对主要战略目标进行核对，并利用 GPS 进行精确定位。最后，新型武器逐步定型，计划投入实战使用，主要包括以下几种：可以更灵活地穿越各种地形，绕开复杂障碍，能检测生化武器的新一代机器人；根据油气炸药技术原理制造的，爆炸后可消耗空气中的氧气，从而使周围的所有生物因窒息而立即死亡的温压炸弹（窒息炸弹）；爆炸后迸出高级碳素纤维致使电流短路，进而切断供电的石墨炸弹；利用大功率微波束毁坏和干扰敌方武器系统、信息系统和通信链路中敏感电子部件的电磁脉冲弹；用于对机场跑道、地面加固目标及地下设施进行攻击的钻地炸弹；改进型"战斧"巡航导弹。

（二）伊拉克军队战争准备

1. 重新划分防区

伊拉克全国正常情况下分为北部、中部和南部 3 个军区，分别由南方、中央和北方 3 个作战集团负责防守。为了更有效地抗击美英联军可能发动和进攻，伊军最高当局于战前对军队部署进行了调整。根据 2003 年 3 月 15 日《第 61 号总统令》，伊军对战区进行了新的划分，将伊拉克全国重新划分为四大战区，即南部战区、幼发拉底河战区、中央战区和北部战区，并围绕四大战区有重点地进行了兵力部署。

2. 装备准备

首先，调整装备配备，力争发挥主战装备的威力。如将较为先进的 T-72 式主战坦克，用

于主要防御方向伊拉克南部；合理搭配防空兵力形成以重要城市为中心的要地防空体系。其次，分散隐蔽，加强防护。伊拉克军队多次进行"城市战"训练，民兵组织也发放了包括 40 火箭筒在内的轻武器及手榴弹等传统武器，从军营里撤出武器装备，隐蔽在城市、乡村和树林里。伊拉克吸取了海湾战争中预警指挥系统首先遭到毁灭性打击的教训，战前采取了多种隐真示假、隐藏躲避的方法，加强了预警指挥系统的防护。最后，积极引进先进技术和装备，有效对付高技术武器装备。伊拉克在极端困难和受到制裁的情况下，采取各种渠道，积极引进能用于对付高技术装备的技术和装备，如 GPS 干扰仪、夜视器材等，提高与美英联军对抗的能力。

3. 展开战争动员与紧急备战行动

第一，进行广泛深入的政治动员。伊拉克根据自己的经济和军事实力，把动员的首要目标放在凝聚精神力量上。广泛开展国家利益教育，揭露美军入侵的目的是为了掠夺石油资源、消灭阿拉伯世界，号召民众为国家利益而战；利用民族宗教信仰，激发反美仇美情绪，组织发动"圣战"；进行效忠教育，培养嫡系亲信，建立"萨达姆敢死队"；对自杀性袭击行为进行大力宣扬，对杀敌者予以重奖，鼓励民众采取多种手段和方式奋勇作战。第二，加强城市防卫作战准备。作为备战措施之一，伊拉克政府已经决定在战争爆发后对巴格达实行戒严。军队和执政的阿拉伯复兴社会党骨干分子将封锁巴格达的各个交通要道，禁止居民自由走动。对于一些容易发生骚乱的地区，安排了特别的应急武装力量，保障社会稳定。第三，启动紧急计划，以防美英联军突袭。战前伊军采取一系列措施，防止美军突然袭击，造成群龙无首的混乱局面的出现。同时，大量使用地下光缆通信等多种方式保证通信联络畅通。第四，伊军的防空部队加强了对抗美军高技术空袭兵力兵器的战术和技术准备，实施了各自为战、按预定计划协同作战等措施。

三、作战经过

伊拉克战争是一场信息化条件下的局部战争，作战行动多样，战争阶段划分模糊，从总体上看，按战争时间顺序可分为以下作战行动。

（一）美英联军精确打击与伊军重点防御作战（3月20日—3月25日）

美英联军采取的主要作战行动包括：一是展开"斩首"和"震慑"行动。3月20日凌晨，由于中央情报局报告萨达姆正在巴格达南部一座住宅开会，布什总统下令进行空袭。"斩首"行动 5 时 34 分开始，但没有成功，萨达姆 1 小时后在电视上呼吁国民起来抵抗美国发动的战争。21 日 20 时，美军发动了更大规模的"震慑"行动，投弹3000 枚，发射了 320 枚巡航导弹，巴格达等大中城市 1700 多个目标遭到轮番轰炸。二是发起地面作战。美军第 3 机步师、第 7 装甲骑兵团、第 1 陆战师和英军第 7 装甲旅、第 3 突击旅等地面部队 20 日 21 时从科威特出发，兵分五路向巴格达挺进，包围要点，超越攻击。主攻部队第 3 机步师穿越沙漠后，绕过纳西里耶、纳杰夫等要点高速推进，第一天行进 160 千米，第二天行进 90 千米，第三天行进 40 千米，25 日进抵巴格达以南仅 80 千米的卡尔巴拉；美海军陆战队经巴士拉、乌姆盖斯尔向北推进；英军则主攻巴士拉。

伊军进行了有限的地面防空作战，但要点防御作战比较顽强。在开战后数小时，伊军即向科威特北部发射了战术导弹，几天里发射 10 余枚，并猛烈炮击进攻法奥半岛的美英联军。伊军在巴士拉、纳西里耶、纳杰夫、卡尔巴拉等战略要点与美英联军激烈交战，给美

英联军造成了较大的伤亡,在一定程度上迟滞了美英联军的作战进程。

（二）美英联军重点进攻与伊军伺机反击作战（3月26日—3月31日）

英美联军及时调整改变空袭重点目标:一是开始打击共和国卫队主力,利用强大的空中力量为地面部队推进扫清障碍;二是开始打击伊军指挥和民用通信等设施;三是直接攻击伊拉克电力系统和广播电视台。

尽管美英联军的目标仍然锁定巴格达,但推进速度明显放缓,同时开始巩固后方补给线。基本形成了以巴士拉、纳西里耶、纳杰夫和卡尔巴拉为中心的四个战场:英军围攻巴士拉;纳西里耶主要是由向北推进的美海军陆战队负责进攻,第82空降师于3月31日增援5000人;纳杰夫主要是美第七装甲骑兵团负责进攻;卡尔巴拉是第3机步师负责进攻。26日晚,美军宣布增兵三万,包括原计划从土耳其开辟北方战线的第4机步师,数艘美军舰艇从地中海驶入红海。

伊军继续运用灵活机动的战法与美英联军周旋,其中小股部队游击战术成为在战场上杀伤美英联军的主要手段。虽然没有使战场形势改观,但取得了一些战绩,击落、击毁了一些直升机、无人机、坦克和装甲车辆。在运用各种常规战法的同时,伊方还使用了自杀袭击等非常规手段打击美军。3月29日,一名伊拉克军官在纳杰夫发动自杀性炸弹袭击,造成四名美军死亡,并摧毁两辆坦克和两辆装甲输送车。

（三）美英占领巴格达与伊军全面瓦解（4月1日—4月9日）

4月2日—4月3日,美军逐渐形成对巴格达的三面合围态势。东南方向:美海军陆战队主力2日上午在库特渡过底格里斯河,沿高速公路迅速向巴格达开进;西南方向:第3机步师主力绕过卡尔巴拉逼近巴格达;北部方向:美军特种部队3日夜间从巴格达北部发起进攻并突入一座总统官邸,形成了围攻态势。萨达姆国际机场的争夺比较激烈,经过十多个小时艰苦激战,美军在4日上午占领该机场。5日,美军装甲编队两次突入巴格达市中心进行战术侦察,结果发现共和国卫队几乎没有组织抵抗。6日,美军逐步夺取了一些关键的道路和桥梁,并收缩包围圈,后续部队也不断就位,为总攻巴格达做准备。7日和8日,美军突入巴格达市中心,经过不太激烈的城市作战,9日即控制了巴格达东部地区。

美英联军持续轰炸北部城市提克里特、基尔库克和摩苏尔,为攻陷巴格达后继续进攻北部地区做准备。为配合地面作战行动,美军从4月6日起开始在巴格达上空进行24小时不间断的空中巡逻,并对地面目标实施攻击。截至4月7日,美英联军发射了750枚"战斧"巡航导弹、14万多枚精确制导炸弹和大量的集束炸弹。

（四）美英联军清剿作战与战后安排（4月10日—5月2日）

1. 攻占北部战略重镇和维持社会秩序（4月10日—4月14日）

攻占巴格达和巴士拉后,美英联军随即将攻击重点转向北部地区,先后攻占基尔库克、摩苏尔和提克里特。随后,美英联军转入维持社会秩序与搜捕阶段,国际社会继续关注战事以及战后重建问题。

2. 转入清剿与战后安排（4月15日—5月2日）

4月11日下午,美军向所有部队下发通缉令,开始在伊全境展开搜捕伊军政高官的行动。除了以装甲部队控制交通要道外，主要以中央情报局特工、美军特种部队"三角洲突击队"以及一个名为"灰狐"的特工小队，在伊拉克各地秘密追踪和暗杀萨达姆及其复兴社会党高官。美军第4机步师向中部和北部地区开进，参加了后期的搜捕行动，并控制一些城市。5月2日，美国总统布什发表讲话，称伊拉克战争的"主要战斗行动"已经结束。

四、参战的主要装备

伊拉克战争是一场典型的非对称战争。在综合实力上，一方是全球唯一的超级大国美国及其盟友英国，另一方是遭受了海湾战争惨败，并历经十几年经济制裁孤立无助的伊拉克。在军队质量上，一方是全方位迈向信息时代的"基于能力型"的高技术军队，另一方则是尚未完成机械化改造的传统型军队。在参战装备上，作战双方武器装备的代差有的甚至高达数十年，其中蕴涵的技术差更不可同日而语。战争中双方武器装备作战运用各有特点，研究伊拉克战争作战双方装备作战运用具有重要的现实意义。

（一）美英联军参战主要装备

1. 信息装备

争夺信息优势，需要综合运用各种信息技术手段和信息化武器装备。信息装备是美英联军参战装备体系的基础和"黏合剂"，主要包括信息支援系统和信息战装备两大部分。信息支援系统包括：由3颗KH-11B光学成像卫星、3颗"长曲棍球"雷达成像卫星、3颗电子侦察卫星、导弹预警卫星和12颗第二代"白云"海洋监视卫星组成的卫星侦察网络；14颗"国防卫星通信系统"卫星、4颗"军事星"和"跟踪与数据中继卫星"组成的军事通信系统；28颗导航卫星组成的GPS系统。空中执行侦察、指挥任务的有E-2C和E-3C预警机、E-8C对地监视飞机、EP-3和RC-135电子侦察机、U-2高空侦察机以及"捕食者""全球鹰"、RQ-7A"影子"200无人侦察机等。信息战装备主要是进行远程大功率干扰的美空军EC-130H"罗盘呼叫"电子战飞机，还有美海军和陆战队装备的EA-6B电子战飞机。用于实体摧毁的主要有"哈姆"反辐射导弹、微波炸弹等，后者主要是利用大功率微波来干扰和毁坏敌方武器系统、信息系统和通信链路中的敏感电子部件。

2. 空中作战装备

美英联军使用的空中打击平台主要分为两大部分：一是从停泊在波斯湾和地中海的航空母舰上起飞的400余架舰载机，包括第一次参加实战的F/A-18E/F"超大黄蜂"战斗机；二是从伊拉克周边基地和二线基地起飞的1100余架空军飞机，主要包括B-1B和B-52H战略轰炸机、B-2A隐身战略轰炸机、F-117A和F-15E战斗轰炸机、F-15和F-16战斗机、A-10和英国"美洲虎"攻击机，另有RQ-1B"捕食者"无人攻击机。另外，美英联军使用了许多新型航空弹药：英国"风暴阴影"防区外空地导弹，具备全天候作战能力和发射后不用管能力，射程超过200千米；美军最大型常规制导炸弹——燃料空气弹，重达21000磅（约9500千克，装药8200千克）；AGM-154"联合防区外武器"（JSOW），是由德州仪器公司制造的一种制导炸弹，主要用于攻击静止的飞机、导弹阵地等目标；CBU-105传感引信集束炸弹，是CBU-97"传感器引爆武器"加装"风力修正弹药布洒器"后的改进型，主要用于打击坦克、车辆等大型集群运动目标。

3. 海上作战装备

美英海军共有7大航母战斗群参加了这次伊拉克战争。主力战舰120余艘，舰载战机约500架。舰载战机美军约有450架，包括250架F-18"大黄蜂"攻击机和175架其

他作战飞机。英军舰载攻击机主力机型为"鹞"式战斗机。另外，每个航母战斗群，通常配备 200 枚左右的巡航导弹。

4. 地面作战装备

从地面作战部队的武器装备来看，基本上呈现两个特点：一是少数部队配备了全新的或改装的数字化武器装备，成建制、成系统形成了信息化作战能力，如第 4 机步师是当今世界上第一个数字化师并应用于实战。二是部分主战装备仍处于三代水平，在维持机械化武器装备原貌的基础上进行了信息化改造，提高了火力、防护力和信息感知能力，占有明显的火力优势和信息优势。装甲战斗车辆主要有 M1A2 和 M1A2SEP（数字化）主战坦克，挑战者 2，M2A3 步兵战车，"武士"步兵战车等。火炮主要有 155 毫米 M109A6"帕拉丁"自行榴弹炮，105 毫米 M119 牵引式榴弹炮，155 毫米 M198 牵引式榴弹炮，M270 多管火箭炮，60 毫米、81 毫米和 120 毫米迫击炮等。导弹主要有"爱国者"反导系统、陆军战术导弹系统、"海尔法"反坦克导弹等。直升机主要有 AH-64D"长弓阿帕奇"攻击直升机、UH-60"黑鹰"多用途直升机、CH-46C"海上骑士"（海军陆战队）和 CH-47"支奴干"运输直升机、EH-60 电子战直升机等。

与海湾战争相比，单兵作战装备有较大改进：一是单兵防护装备，轻型数字化头盔舒适可靠，顶部的雷达可以报告确切位置，右眼前方的分子观测器能够显示出武器种类，具有很好的通信能力；二是夜视装备；三是单兵突击武器；四是数字化装备，主要试验了隔墙探测技术、背负式计算机系统和微型无人机等。单兵计算机可使单兵与陆军最先进的 C⁴KISR 系统直接联系起来，微型无人机由特种部队随身携带，需要时发射升空进行侦察。

5. 特种作战装备

战争中，美军使用的特种作战装备主要有两大类。一是特种作战的单兵装备。美军特种部队配备有保密的单兵通信设备、激光指示器、GPS 接收机、光电侦察装备、夜视装备、单兵武器等特种作战装备，它们是特种部队遂行任务的根本保证，确保在单独行动条件下能够隐蔽地完成侦察战场环境、发现与跟踪目标、目标定位和引导空中打击，甚至直接对目标实施攻击。在信息化战场中，单个士兵已经成为整个作战网络中的一个节点，作战效能大为提高，在一定情况下，特种部队士兵所获取的战场信息甚至可以起到战略层次的决定性作用。二是特种作战的专用装备。美国各军种特种部队都有一些各具特色的特种作战装备，如空军特种部队的 AC-130 攻击运输机、EC-130E 心理战飞机和 HH-53 特种作战直升机等，海军"海豹"突击队的微型潜艇、海洋动物兵等。

（二）伊军参战主要装备

1. 陆军武器装备

主战坦克约 2200 辆。其中 T-55/62 式、59 式共约 1500 辆，T-72 式 700 辆。装甲侦察车 BRDM-2 式、AML-60/90 式、EE-9"响尾蛇"式、EE-3"蛙蛇"式各若干辆。装甲步兵战车 BMP-1/2 式约 1000 辆。装甲人员输送车约 2400 辆，包括 BTR-50/60/152 式、OT-62/64 式、MTLB 式、YW-701 式、M-113A1/A2 式、"潘哈德"M-3 式、EE-II、"褐斑洞蛇"式各若干辆。牵引炮约 1900 门，包括 105 毫米、122 毫米、130 毫米、155 毫米各若干门。自行火炮约 150 门，包括 122 毫米 2S1 式、152 毫米 2S3 式、155 毫米 M-109AI/A2 式和 AUF-1 式各若干门。火箭炮约 500 门，包括 107 毫米、122 毫米、127 毫米、132 毫米、262 毫米炮各若干门。迫击炮 81 毫米、120 毫米、160 毫米、240 毫米炮各若干门。地地导弹"飞毛腿"式 6 部，约 27 枚导弹。反坦克导弹 AT-3"耐火箱"式、AT-4"塞子"式、"米兰"式、SS-II 式、"霍特"式各若干枚。

无后坐力炮 73 毫米、82 毫米、107 毫米各若干门。反坦克炮 85 毫米、100 毫米各若干门。直升机约 300 架，其中武装直升机 72 架。

2. 空军武器装备

装备各型飞机约 370 架，主要包括轰炸机 6 架，轰 -6D、图 -22 各若干架。战斗 / 对地攻击机约 130 架，其中米格 -23BN、"幻影"F1、苏 -7、苏 -20、苏 24-MK、苏 -25 各若干架。制空战斗机约 180 架，其中米格 -21、米格 -23、米格 -25、"幻影"F-IEQ、米格 -29 各若干架。空地导弹 AM-39、AS-4/5/9/11/12/30L、C-601 各若干枚。空空导弹 AA-2/6/7/8/10、R-530/550 各若干枚。

3. 海军武器装备

导弹护卫舰 1 艘，近海巡逻战斗舰艇 6 艘，巡逻舰 5 艘，扫雷舰 4 艘。

4. 防空武器装备

装备有法制 KARI 综合防空系统。高炮约 6000 门，包括 23 毫米、37 毫米、57 毫米、85 毫米、100 毫米、130 毫米炮各若干门。地空导弹发射器 500 多具，包括 SA-2/3/6/7/8/9/13/14/16 式、"罗兰"式和"阿斯派德"式各若干。

五、伊拉克战争评说及启示

伊拉克战争，由于美伊双方综合国力的"整体差"和科学技术的"时代差"而没有形成势均力敌的对抗，是一场"不具备典型意义的非典型战争"，但反映出未来信息化战争的基本特征。广泛而深入地研究伊拉克战争，对我国国防和军队建设有着重要的影响及意义。

（一）伊拉克战争是美国新军事变革成果的大展示，必须认清变革形势，加速完成机械化和信息化的双重历史任务

伊拉克战争是美国主导下发动的一场战争，是称霸全球、建立以美国为主导的世界新秩序，推行单边主义的开始，也是重新确立美国在中东的战略地位以及检验其军事变革成果的试验场。

多年的新军事革命，美国武器装备在高度机械化的基础上实现了半信息化，而伊拉克装备尚处在机械化半机械化状态，经过海湾战争后 10 多年的制裁和战前联合国的武器核查，军事力量较之海湾战争进一步弱化。此次战争中，美动用了包括数字化第 4 机步师在内的几乎所有最精锐部队，加上预警和侦察飞机及其通信系统，形成了 C^4KISR 系统，从而使整个战场单向透明，美军完全掌握着战场主动权，连续组织了"斩首行动""震慑行动"空降突击及"蛙跳式"的越点进攻等系列作战行动，快速摧毁伊拉克的抵抗意志，实现速战速决。

美军在强调军事理论对军队建设和战争准备的先导作用的同时，一直重视利用其"得天独厚"的战争实践检验军事变革成果。科索沃战争，美军试验了"非接触"作战理论；阿富汗战争，尝试了"网络中心战"理论；伊拉克战争不仅检验和完善了"快速决定性作战"理论，而且全面检验了数字化部队建设成果，为陆军的数字化建设提供依据。伊拉克战争试用了舰载"超级大黄蜂"战斗机、"捕食者"无人攻击机、电磁脉冲炸弹等一大批新式武器装备，有力地推动了军事力量建设与使用的一体化。主要表现在：力量建设上，以新理论为指导，研制以信息为主导的武器装备系统，确立适合联合作战需要的体制编制，明确"按照作战的要求训练，按照训练的方式作战"的原则，坚持建设与使用的统一。力量

使用上，以虚拟实验和演习确定战法，运用信息优势，使陆、海、空、天、信息等各种力量高度融合，系统集成，实行一体化联合作战，充分发挥各军种及其武器装备的作战效能。由此可见，根据新作战构想建设作战力量，再通过实战加以检验，促进军队和战法改革，已成为美军扩大军事优势、提高国防和军队建设效率的重要途径。

伊拉克战争中美军速战速决，凸显军事变革对国防实力和军队战斗力的倍增效果。这进一步验证了我军关于新军事变革的科学判断：为打赢未来信息化战争，适应世界军事发展的趋势，必须从国情军情出发，积极探索中国特色军事变革的途径，积极发挥我后发优势，力避我后发劣势，通过跨越式发展，实现机械化和信息化的双重历史任务。

（二）伊拉克战争是美军新型武器的试验场，必须以信息化战争为牵引，确立武器装备发展新思路，实现武器装备的跨越式发展

信息时代战争，不仅要创新作战理论，而且更需要与之相适应的武器装备。伊拉克战争中，美军把许多科技含量很高的新型武器装备运用到战场，并起到了重要的作用。

一是大量使用精确制导武器，凸显精确打击作战新概念。海湾战争、科索沃战争和阿富汗战争中，美军分别发射了280枚、700余枚、500多枚巡航导弹，其中，精确制导弹分别占总弹药量的8%、35%和60%。这次伊拉克战争，美军在伊境内共投掷各类2.4万余枚炸弹，其中精确制导弹药占80%左右，在数量上比前几次战争中要多得多，并且具有打击精度更高、空防能力更强的特点。

二是新旧装备相结合，尽量降低战争成本。伊拉克战争中，美军在运用先进武器平台的同时，还频繁动用了大批经信息化改造的传统武器装备。例如，空袭作战中频频亮相的F-14战机属二代半战机，由于加装了"快速战术图像系统"，具备在复杂气候条件下准确分辨目标的能力。此外，还注意将高价值的新型弹药与低成本的传统弹药混合使用。战前美军对B-1B轰炸机的计算机软件进行了改装，使其能在一次攻击行动中同时使用联合直接攻击弹药、风偏修正弹药和普通炸弹三种不同的弹药，攻击效能明显提高。

三是与作战指导思想相结合，增强心理震撼能力。美军为完成"斩首"行动，准备了大量的钻地弹药，以期对隐藏在地下堡垒的伊拉克军政领导人和生化武器设施进行毁灭性打击。为加强"震慑"行动的心理效果，美军通过媒体大肆渲染"炸弹之母"的试验景象。为打击伊拉克共和国卫队，美军还不顾一些国际组织的反对，大量使用CBU-105等集束炸弹和贫铀弹。但不可否认的是，根据作战指导思想而有针对性地使用武器，大大提高了火力打击效率，给对方造成极大的心理震撼，摧毁了伊军的意志和信心，加快了战争进程。

四是与信息支持系统结合，战场管理水平有所提高。首先，美军作战反应速度进一步提高。海湾战争中美军从发现目标到打击目标需45分钟，阿富汗战争中减少到15分钟，伊拉克则控制在10分钟以内。其次，敌我识别能力增强。美军为作战部队装备最新型"防误伤战术通信系统"，随时跟踪战场情况，精确分辨敌友，防止误伤。最后，战场管理水平大大提高。由于火力单元与战场信息支持系统的紧密结合，大大提高了战场管理水平，误伤比率低于18%。此外，伊拉克战争实践表明，以卫星为代表的空间系统所展示的非凡魅力，昭示着未来战争中卫星将日益承担起使战场指挥官和作战人员"耳聪目明"的重要作用，建立以天基为支撑枢纽的作战体系，是国防和军队建设的当务之急。

伊拉克战争中武器装备的使用情况和特点对我军装备的发展有着很重要的启示。虽然我军的武器装备有了很大进步，但与美军相比存在明显的"差距"。同时，周边国家和地区武器装备水平的提升，对我军的压力也不小。因此，我们必须坚持以科研为先导，引进

与自力更生相结合，重点发展信息化装备，同时改造现有武器装备，加强系统改革，在关键技术、关键武器装备实行重点突破，有所赶超。

（三）战争仍然是综合国力的较量，国防动员尽快实现向信息化转型，是凝聚和强化战争力量的重要途径

伊拉克战争持续时间仅仅 21 天，相当于海湾战争的一半，但美军投入的兵力却不及海湾战争的一半。美军以如此少的兵力在短时间内取得了胜利，究其原因，除了两国在武器装备、作战理论等方面的"代差"之外，其成熟而完备的动员体制、快速而高效的动员效能，是赢得战争的重要因素。分析研究伊拉克战争动员活动，对我国国防动员建设以及军事斗争准备有着重要的意义。

伊拉克战争，美军武装力量动员呈现有序分批进行，后备力量动员使用重点发生转移的特点。美国在朝鲜战争、越南战争以至海湾战争中，都曾进行过大规模的力量动员，分别达到 60 万人、54 万人和 53 万人。前两场战争由于实施"添油式"动员，战场兵力对比始终没占上风，未能赢得胜利。海湾战争中，美国吸取"添油式"动员的教训，开战前基本完成了 53 万大军的动员部署，从而形成压倒性优势，取得了"久违"的胜利。但在伊拉克战争中，美国秉持高技术武器装备制胜的理念，不再像以往那样进行大规模的动员，武装力量动员呈现出两个方面的变化：一方面，动员的总兵力是在开战前后分几次完成的。其中，战前动员约 19 万人，占 63%，战后动员约 11 万人，占 27%。另一方面，后备力量动员使用的重点转向维护本土安全。由于受到"9·11"事件的影响，美国没有把所动员的后备力量悉数用于作战或作战保障上，大约 70% 留在本土，"担负交通和能源领域以及具有象征意义的目标的安全警戒任务"，以满足国家预警等级上升到"橙色"的需要。派往战区的预备役人员，主要补充到现役部队，担负战斗支援、战斗保障任务或直接参战。

伊拉克战争爆发前，美英等国就进行了充分的经济动员准备。在资金准备方面，组织实施规模庞大的资金动员。在武器装备生产和军需采购方面，迅速启动，高速生产，仅"战斧"巡航导弹就生产并储备了 3000 多枚。在医疗卫生方面，动员了大量人力，增建医疗设施。在交通运输动员方面，征集了 77 艘大型混合滚装船和 1100 余架各类运输机，先后向伊拉克周边国家的军事基地运送了 300 多万吨军需物资、700 余架直升机、2000 多辆坦克和装甲车，以及上千具导弹发射架和大量的火炮。同时，依靠信息化的动员系统实施了"精确化"动员，即战争需要多少就动员多少，最大限度地减少冗余，避免因战时大规模的经济动员给整个国民经济造成结构性的破坏，进而对社会生活产生全面影响。避免了海湾战争时所出现的那种大量作战物资堆积在后方基地，战后一大半需要运回国内或转送盟友的现象。

伊拉克战争中，美军的各种动员行动中，政治动员贯穿始终。伊拉克战争首先是一场"政治战"，需要给战争披上"合法与正义"的外衣。在国内，为统一国民思想与意志，美国将伊拉克列为"邪恶轴心"国之首，渲染、夸大其对美国和周边地区的威胁，并历数萨达姆"罪状"，游说国会通过对伊动武议。国际上，为了"师出有名"，美声称"要打赢一场政治外交战"，广泛开展外交斡旋，诱、压并举，手段多样，最大限度地争取国际社会的支持。反战不反美，反战不亲伊，成为绝大多数国家对待此次战争的官方态度。

如果说美国在伊拉克战争的动员"先锋"是政治，那么科技动员就是"主角"，强调由技术密集型动员取代人力密集型动员。美英联军动员的 30 万军队的科技含量之高前所未有，包括出动了美陆军第一个数字化师——第 4 机步师；动用的飞机和舰艇，多数经过信息化改装，其中所有的飞机均能投掷精确制导弹药；租用了 3 倍于海湾战争的卫星通信信

道；动员了 10 倍于海湾战争（近 2 万名）的高科技人员进行战场技术保障。在后备力量动员方面，动员专业门类繁多、科技含量更高。其中，防化、通信、维修、扫雷等专业技术部队人员比重较大，科学编组和严格训练后，具有快速遂行任务的能力。

媒体对战争的高度介入，很可能成为现代信息化战争的重要特点，并在战争中发挥越来越大的作用。与以往相比，伊拉克战争是第一场媒体对全程现场直播的战争。美军一改以往对新闻媒体严格管控、限制和挤压的做法，允许 500 多名记者以"嵌入"方式随军采访，多家电台实时播放战争实况，将媒体的重要作用融合于战争之中，并通过更为严格的新闻控制手段，左右战争局势与战场态势，影响国际舆论导向，激发己方士气，瓦解敌方意志。

研究伊拉克战争动员活动，对我国国防动员建设以及军事斗争准备有着重要的意义。面对纷繁复杂的国际战略形势，强权政治对主权诉求的压制，媒体对战争的高度介入，使现代战争中国防动员所涉及的范围越来越广，国防动员的视野必须随之扩大。伊拉克战争昭示人类战争形态向信息化战争发展的同时，也将导致国防动员发生根本性的变革，我国的动员建设必须尽快向信息化动员转型。

（四）民族凝聚力是综合国力的重要组成部分，必须弘扬爱国主义精神，把增强国民的抵抗意志作为国防教育的基本内容

伊拉克战争在开始后的第 21 天，首都巴格达陷落；第 27 天，美国宣布战争基本结束。尽管伊拉克使用多种方式与美国展开外交斗争，揭露美国的侵略嘴脸，赢得国际社会的同情；与美军展开心理战，鼓舞军民积极备战，反击敌人的入侵；实施重点防御，建立了以巴格达为中心的防御作战体系等多种措施，并取得了一定效果，曾使美军一度陷入被动，但最终因实力过于悬殊，加之政权基础不牢，人心不齐，因而导致速败。

战争是国力、武器装备等物质力量的较量，也是精神力量的较量。如果说经济实力、武器装备、作战理论等因素与美军存在巨大差距是导致伊拉克战败的直接原因，那么伊军军心涣散、萨达姆不得民心则是伊拉克政权迅速崩溃的根本所在。与库尔德人的民族仇恨、不同宗教派别的权力之争、长达 12 年的被制裁和封锁、萨达姆政权的高压统治，使伊拉克民众长期陷入民不聊生的境况之中，可以说，绝大多数民众早已对萨达姆失去了信心。当关心这场战争的人们期盼伊军精锐之师——共和国卫队在战争最后关头对美军反戈一击时，战争却戛然而止了。巴格达巷战的血雨腥风没有如期发生，巴格达陷落了，萨达姆不见了，大批高官消失了，共和国卫队人间蒸发了。

今天，战争的硝烟早已散去，回首这场战争，被层层揭开的战争迷雾下竟是如此令人痛心疾首的现实：巴格达的陷落是伊拉克守城部队司令与美军达成协议，将巴格达拱手让给了美军。事实雄辩地说明，除去萨达姆的暴政因素之外，伊拉克输掉的不仅仅是一场战争，它输掉的是顽强的抵抗意志、崇高的民族精神、强烈的爱国之心！伊拉克战争的现实给人们敲响了警钟，加强国防和军队建设，必须大力培植爱国主义精神，培育敢打必胜的勇气和意志。

思考题

结合伊拉克战争谈谈你对信息化战争的认识。

参考文献

[1] 郝翔. 国防教育概论 [M]. 北京：高等教育出版社，2002.

[2] 行龙，李文海. 近代中国的民族觉醒 [M]. 北京. 清华大学出版社，2002.

[3] 傅景云. 国防教育概论 [M]. 北京：军事科学出版社，2003.

[4] 罗友礼. 国防理论 [M]. 北京：军事科学出版社，2003.

[5] 高鸿春. 国防知识 [M]. 北京：军事科学出版社，2003.

[6] 方宁. 国防法规 [M]. 北京：军事科学出版社，2003.

[7] 王文昌. 国防力量 [M]. 北京：军事科学出版社，2003.

[8] 王中兴，立勤. 国防历史 [M]. 北京：军事科学出版社，2003.

[9] 张兴业. 国防精神 [M]. 北京：军事科学出版社，2003.

[10] 洪保秀. 邓小平国防思想研究 [M]. 北京：解放军出版社，1998.

[11] 兰书臣. 国防教育 [M]. 北京：解放军出版社，1988.

[12] 苏仲仁. 国防教育瞭望 [M]. 北京：中国人民大学出版社，1993.

[13] 方敏. 大国防纵横谈 [M]. 北京：兵器工业出版社，1991.

[14] 吴亚非. 国防知识教程 [M]. 北京：国防大学出版社，1999.

[15] 黄志忠. 对外开放与国防教育 [M]. 北京：国防大学出版社，1990.

[16] 许江瑞. 国防法概论 [M]. 北京：军事科学出版社，1999.

[17] 周荣庭. 信息国防论 [M]. 北京：军事科学出版社，2002.

[18] 牛力. 国防与军队建设的科学指南 [M]. 北京：解放军出版社，2004.

[19] 张万年. 当代世界军事与中国国防 [M]. 北京：军事科学出版社，1999.

[20] 汪庆荣. 国防教育 [M]. 北京：高等教育出版社，2004.

[21] 余高达. 国防教育 [M]. 北京：中国大百科全书出版社，2007.

[22] 毛泽东选集 [M]. 北京：人民出版社，解放军出版社重印，1991.

[23] 邓小平文选 [M]. 北京：人民出版社，1993.

[24] 江泽民文选 [M]. 北京：人民出版社，2006.